WENN...

Aus den Wassern vom Ashi-See

R. W. Yamamoto

K. W. Yamamoto

© 2014 Ralf Yamamoto
Mail: bigskunk@db3.so-net.ne.jp
Japan
206-0812 Tokio
Inagi-Shi, Yanokuchi 1137-1
Clio Yanokuchi Ichibankan 306

Umschlaggestaltung: Ralf Yamamoto
Umschlagbild:
Oben: Aufnahme vom Fujisan aus dem Archiv des Autors
© 2008, Ralf Yamamoto
Unten: Foto vom Ashi-See aus dem Archiv des Autors
© 2010, Ralf Yamamoto

Sprachliche Beratung
und grafische Elemente: Kazumi Yamamoto

ISBN-10: 1497352363
ISBN-13: 978-1497352360

In stillem Gedenken an die
Opfer des
Großen Ostjapanischen
Erdbebens
vom 11. März 2011.

»Was im Nachhinein zur Katastrophe wird, ist im Vorfeld nämlich keine. In der Begrifflichkeit liegt eine Wertung, die zu einem fatalen Missverständnis führt, nämlich dass Tsunamis, Vulkanausbrüche und Feuersbrünste Ausnahmen von der Regel sind, tückische Überraschungsattacken eines übellaunigen Planeten. Doch das sind sie keineswegs. So genannte Katastrophen sind zuallererst Naturereignisse und im Übrigen die Regel. Wir müssen lernen, dass die Erde sich reckt und streckt und muckst, wie es ihr passt, und dass sie sich nichts Böses dabei denkt. Sie fordert uns Verständnis ab für ihre Lebensweise. So ist sie nun mal, die alte Dame.«

Aus: „Nachrichten aus einem unbekannten Universum" von Frank Schätzing
© 2006, Verlag Kiepenheuer & Witsch GmbH & Co. KG, Köln, Germany

(mit freundlicher und schriftlicher Genehmigung des Autors und des Verlages)

Shibuya, Tokio, Japan

Wie Glühwürmchen bewegte sich die Kette aus Lichtpunkten durch das gespenstische Halbdunkel des frühen Nachmittages. Die Reihe war ungleichmäßig und oft verschwanden einzelne Punkte, nur um kurze Zeit später an anderer Stelle wieder zum Vorschein zu kommen.

Von rechts war ein martialisches Quietschen zu hören, das in den Ohren schmerzte. Als sie zerrissen, erzeugten große Metallteile der Fassadenverkleidung eines der hier stehenden Einkaufstempel dieses nervenaufreibende Geräusch. Wie auf Kommando verschwand die Lichterkette im Dunkel. Das Kreischen des Metalls wurde lauter, schien dabei näher zu kommen, nur um sich letztendlich im Getöse einer Implosion aufzulösen. Eines der hier errichteten Gebäude war zusammengestürzt und niemand konnte sagen, wie viele Menschen es mit sich in den Tod gerissen hatte. Die Beantwortung der Frage nach den Opfern war in diesem Moment vollkommen unwichtig. Es gab auch niemanden, der sich zu diesem Zeitpunkt dafür interessierte. Später würden sicher Beamte oder Soldaten nach den Toten suchen, aber im Augenblick gab es wichtigere Dinge zu tun.

Durch eine dicke schwarzgraue Wolke am Himmel war es bereits so dunkel, dass man den aus dem Schutt aufsteigenden Staub nur schemenhaft erkennen konnte. Aber jeder hatte ihn auf der Zunge, schmeckte ihn, atmete ihn ein und wer konnte, hielt sich ein Stück Stoff vor die Nase.

Das Getöse des zusammenstürzenden Gebäudes machte zum wiederholten Male einer gespenstischen Stille Platz. Die schreiende Ruhe, die sich über die Ruinen des Stadtviertels legt, erschien greifbar, war jedoch vollkommen unnatürlich. Wie so vieles andere an diesem Tag passte sie nicht an diese Stelle mitten in Tokio, war völlig fehl am Platze. Zusammen mit diesem eigenartigen Dunkel und dem Staub ließ sie sich mit normalem Menschenverstand nicht erklären oder in das Gesamtbild der Situation einfügen.

Was war passiert? Wieso hatte sich die Welt binnen weniger Sekunden so grundlegend verändert? Wie konnte das geschehen?

Die Lichterkette kämpfte sich mühsam weiter voran. Das schwankende Licht an der Spitze gab die Richtung vor. Die kleinen Bergsteigerlampen auf den Köpfen der Gestalten warfen schmale Lichtkegel auf den Weg vor ihnen. Vorsichtig, einen Schritt nach dem anderen, gingen sie weiter. Sie fragten nicht, wohin sie das Licht an der Spitze bringen würde, sie folgten ihm einfach, froh über den Umstand, dass es überhaupt jemanden gab, der bereit war, in einer Situation wie dieser die Führung zu übernehmen. Wie alle Japaner waren sie es gewohnt, einfach zu folgen und genau das zu machen, was man ihnen auftrug.

»*Tomatte*! Halt!«, rief die Stimme ihres Anführers. »Ich muss nachsehen, wo wir sind. Ruhen Sie sich bitte etwas aus! Versuchen Sie, etwas zum Trinken zu finden! Vielleicht gibt es hier noch einige Automaten. Wenn Sie etwas finden, nehmen Sie bitte so viel mit, wie Sie in die Rucksäcke stecken können. Denken Sie auch an die anderen! Wir brauchen nicht nur Wasser, sondern auch Energie. Versuchen Sie also, Cola oder Saft oder etwas Ähnliches zu finden. Wenn Sie etwas zum Essen finden, Snacks oder Schokoriegel oder was auch immer, nehmen Sie das auch mit.«

Der Mann, der die Führung der Gruppe übernommen hatte, war Ausländer, wie man deutlich hören konnte. Sein Japanisch war fehlerhaft, aber dennoch verständlich. Er ging ein paar Schritte weiter und zog ein kleines Gerät aus der Tasche. Er dankte dem Schicksal – oder der Eingebung, dass er sich das Gerät am Morgen in die Tasche gesteckt hatte. In der Mittagspause wollte er eigentlich in einem nahe gelegenen Park herausfinden, wie genau die Positionsangaben des Gerätes auch mitten in der Stadt waren, wo die vielen Gebäude den Empfang beeinträchtigen konnten. Was er jetzt von dem beleuchteten Display ablas, sagte ihm, dass sie auf dem richtigen Weg waren. Nur noch wenige hundert Meter, dann sollten sie einen der größten Bahnhöfe der Stadt er- reicht haben.

Erneut begann der Boden ein furchteinflößendes Eigen- leben zu entwickeln. Sofort ging der junge Mann in die Ho- cke. Der Boden schwankte heftig. Bald waren in der Umge- bung die Geräusche einstürzender Gebäude hörbar.

›Das wievielte Erdbeben war das eigentlich?‹ Er hatte längst aufgehört, sie zu zählen. Wie viele Erdbeben hatte er schon miterlebt, seitdem er vor Jahren in dieses Land gekom- men war? Er legte auch diese Frage vorerst in der Rubrik »Unwichtig« ab.

Noch einmal atmete er tief ein, zog seine Maske wieder über die Nase und ging in kleinen Schritten die wenigen Me- ter zu der kleinen Gruppe zurück, deren Anführer er aus der Not heraus geworden war ...

... Die Gruppe hatte sich zufällig in einem kleinen Fach- geschäft für Sport- und Wanderartikel gefunden. Alle waren Kunden, die in der Mittagspause Einkäufe erledigen oder sich einfach nur umschauen wollten.

Dann begann alles mit einer gigantischen Explosion.

Ein Schlag, der in seiner Wucht Hunderten gleichzeitig abgefeuerter Kanonenschüsse glich, erschütterte das alte Ge- schäftsgebäude und ließ es einen Satz in die Höhe machen. Die Kraft der Bewegung schlug die mit einem feinen Draht- gitter, das im Falle eines Erdbebens ein Zerbrechen des Gla- ses eigentlich verhindern sollte, durchzogenen Scheiben der Türen und Fenster in großen Scherben aus den Rahmen.

Teile der Deckenverkleidung waren auf den Boden ge- stürzt und große Trümmerteile der Fassade hatten den Aus- gang verbarrikadiert. Auf diesem Wege war an ein Entkom- men nicht zu denken. Und so drängten sich alle in einer Ecke des Geschäftes, in der sie einen kleinen Hohlraum gefunden hatten. Dieser Raum war unter Regalen entstanden, die sich beim Umstürzen ineinander verkeilt hatten. Etwa zehn Personen kauerten vollkommen verängstigt unter dem Dach aus Regalen und warteten auf weitere Anweisungen von irgendjemandem. Genauso, wie es ihnen Zeit ihres Lebens beigebracht worden war und wie sie es immer geübt hatten.

Obwohl sich nur ein besonders starkes Erdbeben ereignet hatte, wie alle zu dieser Zeit vermuteten, wurde es schnell dunkel. Wie die Nacht senkte sich eine nie vorher gesehene Dunkelheit über den sonst ständig in grelles Licht getauchten Stadtteil. Die Beleuchtung war kurz nach den ersten Erschütterungen ausgefallen. Nun griff dieses furchterregende Dunkel nach ihnen. Ein Dunkel, von dem keiner wusste, woher es kam und wie es überhaupt so kurz nach Mittag hatte entstehen können.

Er war definitiv nicht als Held geboren. Aber jetzt erwachte in ihm der Überlebenswille. Entschlossen stand er auf und suchte als erstes nach dem Regal, in dem er die Helmlampen für Wanderer und Bergsteiger wusste. Er konnte sich auf seinen gut ausgeprägten Orientierungssinn verlassen, der ihm schon oft geholfen hatte. Dennoch brauchte er länger als er dachte, weil er zum einen fast nichts sehen konnte und zum anderen sowohl die Regale als auch deren Inhalte kreuz und quer auf dem Boden lagen.

»Ach, Alter«, sagte er leise zu sich selbst. »Warum stocherst du im Dunkeln herum? Hast du etwa kein Licht?«

Er hatte sich an sein Mobiltelefon erinnert, das über ein sehr helles Display verfügte. Und von dem wusste er, dass es das Umfeld ein Stück weit erhellen konnte Er nahm das Smartphone aus der Schutzhülle, entriegelte es und prüfte mit einem schnellen Blick, ob er ein Netz hatte.

Keine Chance!

Mit Hilfe des bläulichen Displaylichtes orientierte er sich zwischen den Trümmern, fand das gesuchte Regal und zog das Benötigte aus dem Chaos. Wie sollte er die Sachen jedoch zu seinen Mitüberlebenden bringen? Bald fand er das Regal mit den Rucksäcken und griff sich einige davon. Er schaute nicht nach Preis oder Farbe. Jetzt ging es für die anderen und ihn nur um das Entkommen aus ihrer misslichen Lage. Dazu war ihm beinahe jedes Mittel recht.

Der Boden unter seinen Füßen erzitterte erneut. Nicht so heftig wie beim ersten Mal, aber immer noch sehr deutlich spürbar. Es war nicht das chaotische Rucken und Zucken der Erde wie während eines Erdbebens, die Bewegungen glichen viel mehr dem Schaukeln eines Bootes auf den Wellen. Von der Decke des alten Gebäudes rieselten Staub und Schutt. Aus der Ecke, in die sich die Gruppe geflüchtet hatte, konnte er laute, hastig gesprochene Wortfetzen vernehmen, die er jedoch nicht verstehen konnte. Er rief in die Richtung:

»*Heisei o tamotsu*! Bewahren Sie Ruhe!«

Noch hatte er nicht alles gefunden, was er suchte und brauchte.

Das Geschäft führte eine große Auswahl an Bergsteiger-schutzhelmen. Schnell packte der junge Mann einige davon in die Rucksäcke, die von seinem Rücken und seinen Armen baumelten. Er griff sich noch einige Wanderstöcke und war fertig er mit seinem »Einkauf«. In diesem Moment war er mehr als nur froh, dass er Ausländer war und dass er zu einigen Dingen trotz seines schon langen Aufenthaltes in Japan noch immer eine andere Einstellung hatte als die Einheimischen. Japaner hätten es nie im Leben gewagt, sich auf diese Art und Weise das zu besorgen, was sie zum Entkommen oder Überleben benötigten. **Noch** nicht.

Über sich vernahm er ein lauter werdendes Knacken und Krachen. Es klang, als ob irgendwo in den oberen Teilen des Gebäudes Balken brechen würden. Größere Stücke der noch vorhandenen Deckenverkleidung stürzten zu Boden und landeten manchmal nur knapp neben ihm.

Er hastete zu der kleinen Gruppe zurück und verteilte die Sachen in Windeseile unter den verängstigten Menschen. Kurz darauf verließen sie das Gebäude durch ein Loch in einer der hinteren Wände...

... Jetzt saß er neben einer jungen Frau, die er erst vor einiger Zeit getroffen hatte.

»Danke«, sagte sie leise zu ihm. »Danke, dass Sie uns gerettet haben.« Der Anführer der kleinen Gruppe drehte den Kopf weg, das Licht ihrer Kopflampe blendete ihn.

»Oh, entschuldigen Sie bitte.« Sie schaltete das Licht ihrer Helmlampe aus. »Sie sind zwar Ausländer, aber ich habe bei Ihnen keinen Akzent gehört. Sprechen Sie viel Japanisch?«

»Ja und nein«, antwortete er langsam, die Worte bewusst wählend. »Und leider auch nicht so gut und viel, wie ich gern möchte. Aber es geht.«

»Darf ich fragen, wo Sie herkommen? Sind Sie Amerikaner?«

»Ich?« Er war überrascht, dass jemand in einer Situation wie dieser danach fragte, woher er kam. »Nein, ich bin kein Amerikaner. Ich komme aus Deutschland. Meine Frau ist aber Japanerin. Und deshalb bin ich vor Jahren nach Japan gezogen.«

»Ach so ist das. Jetzt verstehe ich. Deswegen haben Sie das so gemacht.« Sie zeigte auf die Sachen, die ihr Anführer für sie auf *seine* Weise besorgt hatte. »Ein Japaner hätte so etwas sicher nicht getan.« Sie schaute ihn lange an. »Wir haben eben eine ganz andere Kultur.«

»Ich weiß«, erwiderte er. »Und ich bin sehr froh darüber. Aber in einer Situation wie dieser muss man anders handeln als normalerweise. Verstehen Sie mich bitte nicht falsch, aber ich möchte einfach nur überleben. Und ich möchte irgendwie nach Hause kommen, möchte meine Frau in die Arme nehmen. Ich hoffe, dass ihr nichts passiert ist.«

Zum ersten Mal nahm er bewusst wahr, wie die Sorgen um seine Frau sich in ihm breit machten.

»Hallo! Wir haben etwas zum Trinken gefunden!«, rief ein junger Mann, der mit einem prall gefüllten Rucksack auf sie zukam und sich auf ein großes Trümmerstück setzte. Er griff in den Rucksack, holte eine Flasche heraus und reichte sie dem Anführer der Gruppe.

»*Arigatou gozaimasu*! Vielen Dank!«, sagte dieser und trank einen großen Schluck Tee aus der Plastikflasche. Der Tee tat gut, obwohl er ihm nicht wirklich schmeckte.

Die Luft um sie herum war trocken und staubig geworden. Sie brannte in den Augen, kratzte in der Luftröhre und reizte zum Husten. Ein befremdlicher Geruch vermischte sich mit dem Staub und dem Rauch, der aus unzähligen Ruinen aufstieg. Der Gestank von faulen Eiern stieg ihm in die Nase und mit einem Male wusste er, an was ihn dieser erinnerte.

»Au Scheiße!«, entfuhr es ihm in seiner Muttersprache. »Au Scheiße! Das kann doch nicht wahr sein!«

Seine Gesprächspartner verstanden nicht und er musste ihnen erklären, was er mit seinen Worten meinte.

Vor vielen Jahren, lange vor dem Ostjapanischen Beben im Jahre 2011, war er mit einem Freund nach Hakone gefahren. Von dort aus waren sie auf einen Vulkan gestiegen, den Owakudani. Während der Fahrt mit einer Seilbahn zum Gipfel hatte er diesen penetranten Gestank zum ersten Mal in freier Natur wahrgenommen. Den Geruch von faulen Eiern mochte er noch nie.

Er war weder Geologe und noch Wissenschaftler einer anderen Fachrichtung, interessierte sich aber sehr für die Wissenschaften und seit dem großen Beben im Jahre 2011 hatte er sich intensiv mit den Fragen befasst, die sich aus der Plattentektonik mittelbar und unmittelbar für ihn ergeben konnten.

»Das kommt von einem Vulkan«, sagte er in ruhigem Ton, die Worte langsam aussprechend. »Dieser Geruch kommt von einem Vulkan.«

In den Gesichtern der anderen konnte er den Schrecken erkennen, den seine wenigen Worte ausgelöst hatten. Der Fuji, einer der heiligen Berge Japans, erhob sich nur wenige Kilometer von Tokio entfernt. Nach dem Beben im Jahr 2011 stellten die Seismologen fest, dass die vulkanischen Aktivitäten im und um den Fuji stetig zunahmen. Vorerst waren sie nur mit den äußerst sensiblen Geräten der Wissenschaftler nachweisbar, aber sie waren unbestreitbar vorhanden. Der Fuji war kein erloschener Vulkan, er war inaktiv, ruhend, schlafend, oder wie man den Zustand auch bezeichnen mochte. Niemand konnte voraussagen, ob und wann der Vulkan das nächste Mal ausbrechen würde. Nach dem Beben in Japans Nordosten war die gesamte japanische Inselkette instabiler geworden und die Prognosen versuchten, sich gegenseitig in ihrer Vehemenz zu übertreffen. Wissenschaftler sagten ein weiteres großes Beben in oder nahe der Hauptstadt Japans voraus. Für dieses Erdbeben rechneten die Forscher mit einer Magnitude von 8,0 oder mehr auf der Richterskala.

»Wir müssen zum Bahnhof!«, sagte der Anführer der Gruppe, stand auf und rief die anderen zusammen. Die scharten sich um ihn und kurze Zeit später marschierten sie wieder, einer hinter dem anderen, in Richtung Bahnhof. Er hoffte, dass er dort mehr Hilfe bekommen würde und dass es auch sicherer sein würde als zwischen den Häuserblöcken.

Akihabara, Tokio, Japan

D ie Angestellte der Vertriebsabteilung einer kleinen Firma hatte nur eine einzige Frage: »Was war gerade geschehen?«

Eben noch hatte sie auf dem Stuhl hinter ihrem Schreibtisch gesessen. Ein gigantischer Ruck war durch das Gebäude der Firma gegangen und es schien ihr, als ob das ganze Haus einen gewaltigen Satz in die Höhe gemacht hätte.

Nichts, aber auch wirklich gar nichts hatte dieses Starkbeben angekündigt. Es gab keine der üblichen Vorwarnungen im Radio und auch von der extra auf ihrem Mobiltelefon installierten Software zur Erdbebenwarnung hatte sie keinerlei Informationen bekommen. Es passierte einfach.

Noch bevor sie sich des Geschehens überhaupt bewusst wurde, kauerte sie unter dem Schreibtisch, wie auch sie es gelernt und geübt hatte. Es war eine Reaktion, nichts anderes als ein in vielen Jahren stetiger Wiederholungen antrainierter Reflex.

Sie nahm sich aus der untersten Schublade ihres Schreibtischs den dort verstauten Helm und stülpte ihn über ihre langen Haare. Vermutlich sah sie komisch aus, aber der Helm würde sie vor dem schützen, was von der Decke fallen konnte. Sie wusste, dass sie, nachdem die Bewegungen der Erde aufgehört hatten, das Gebäude schnellstmöglich verlassen musste.

Der Fußboden hatte eine starke Neigung angenommen, obwohl das neu errichtete Bürohaus erdbebensicher gebaut sein sollte. Aber – erdbebensicher bis zu welcher Stärke? Sie wusste es nicht. Kazuko Yamada fühlte Panik in sich aufsteigen, eine nie zuvor gespürte Angst. Wo sollte sie hin? Wie sollte sie sich verhalten? Was war richtig? Was war falsch?

Vorsichtig krabbelte sie unter ihrem Schreibtisch hervor. Glasscherben bohrten sich in ihre Hände. Sie schrie vor Schmerz kurz auf, zog größere Splitter aus der Haut und legte sich ein Taschentuch auf die Wunden, aber sie wusste, dass sie sich als Allererstes aus dem Gebäude evakuieren musste.

Wo waren die Mitarbeiter aus ihrem Büro? Der Kollege, der ihr direkt gegenüber saß, war kurz vor dem Sprung des Hauses zur Toilette gegangen, ihre Freundin und Kollegin Yumiko war im Raucherzimmer. War den beiden etwas zugestoßen? Waren sie verletzt? Hatten sie sich schon in Sicherheit bringen können?

Aus einer anderen Schublade holte sie den kleinen Notfallrucksack, den sie dort deponiert hatte. Das war nur eines der Dinge, die sie, basierend auf den Lehren, die sie aus dem großen Erdbeben im Jahre 2011 zog, in ihrem Leben geändert hatte. Nach dem Beben kauften sie zusammen mit ihrem Mann diesen kleinen Rucksack gekauft, in dem sie nun mindestens einen Liter Wasser und eine Flasche Cola, zwei große

Packungen Kekse, zwei Tafeln Schokolade, einige Gesichtsmasken, ein Ladegerät für das Mobiltelefon nebst Batterien und einige andere Dinge hatte, die man im Notfall brauchte. Bislang musste sie nicht auf den Notfallrucksack zurückgreifen. Jetzt allerdings sah das vollkommen anders aus.

Nachdem sie ihre Wunden notdürftig versorgt hatte, kämpfte sie sich mühsam durch die aus den Regalen gefallenen Aktenberge hindurch, stolperte über zerbrochene Monitore, verhedderte sich in den Kabeln der Elektrik und des Computernetzwerkes. Die Tür des Büros hing schief in den Angeln. Das Licht war ausgefallen und Staubschwaden waberte durch die Räume und Gänge.

Der Gebäudeteil mit der Fluchttreppe lag rechts von ihrem Büro, an der Stirnseite des Gebäudes.

Kazuko Yamada hangelte sich auf dem schiefen Fußboden langsam dem Ausgang entgegen. Sie konnte die Tür nur schemenhaft erkennen, draußen war es fast genauso dunkel wie im Inneren des Gebäudes. Wie konnte das sein? Es war doch gerade erst Mittag. Und dann dieser Gestank? Wo kam er her? An was erinnerte er sie nur?

Einer der Kollegen, die ihre Büros auf der Etage hatten, war geistesgegenwärtig genug gewesen, die Tür zur Fluchttreppe zu öffnen. Somit hatte er den anderen Angestellten die Chance auf eine Flucht und ein Überleben gegeben.

Da, die Tür zur Raucherinsel. Langsam öffnete sie diese und versuchte, im Raum dahinter irgendetwas zu erkennen. Auch hier lag alles durcheinander. Da sich aber nur wenige Gegenstände im Raum befanden, waren die Schäden hier nicht mit denen in ihrem Büro vergleichbar.

Am Fenster sah sie den Umriss einer schlanken Gestalt und ging in kleinen Schritten auf sie zu.

»Yumiko? Yumiko, bist du das?«, fragte sie leise in den Raum. Die Gestalt am Fenster verharrte regungslos, reagierte in keinster Weise auf das Eintreten einer weiteren Person. Aus Kazukos ansonsten hellen, klaren Stimme klangen Schrecken und Entsetzen. »Yumiko?«

Sie ging noch einen Schritt weiter auf die dunkle Gestalt am Fenster zu.

Yumiko konnte ihr nicht mehr antworten. Bei dem Satz, den das Haus gemacht hatte, war das Fenster hinter ihr zerbrochen und eine große Scherbe hatte sich von hinten durch Yumikos schlanken Körper gebohrt. Auf Yumikos weißer Bluse konnte Kazuko Yamada einen dunklen Fleck erkennen. Der Kopf ihrer Kollegin und Freundin hing kraftlos herunter.

Kazuko sank auf die Knie, stützte sich mit blutenden Händen auf dem Boden ab und übergab sich. Es war die erste Leiche, die sie so sah. Nicht friedlich im Bett gestorben wie vor vielen Jahren ihre Großmutter Aiko, sondern umgekommen in einem ... In einem was eigentlich?

Mühsam stand Kazuko wieder auf. Sie nahm sich die Zeit, sich mit einem letzten, stillen Gebet von ihrer Kollegin und Freundin zu verabschieden. Dann machte sie sich auf den Weg nach draußen, auf den Weg in eine Welt, die sich binnen weniger Augenblicke komplett verändert hatte.

Das Laufen auf dem schrägen Untergrund war beschwerlich. Auf der Treppe musste sie sehr aufpassen. Das Bauwerk hatte eine starke Neigung angenommen. Große Teile der dunkelroten Wandverkleidung waren sich aus ihren Verankerungen gerissen worden und auf die Gitter der Stufen gefallen. Leuchttafeln der auf dem Dach befestigten Werbeflächen hatten der abrupten Bewegung des Hauses nicht standgehalten und waren abgestürzt. Absatzschuhe von Frauen, die die Treppe schneller nach unten rennen wollten, lagen verstreut herum oder steckten mit den Absätzen in den Löchern der Treppe.

Einige Stufen tiefer traf sie auf ihre Kollegen. Der letzte Abschnitt der stählernen Treppe, etwa acht Stufen, war durch die Erschütterungen abgebrochen. Die Kollegen unterstützten sich gegenseitig bei dem Versuch, den dabei entstandenen Abstand zum Boden zu überwinden. Von oben ließen zwei Männer eine Person hinab, die am Boden von anderen Kollegen aufgefangen wurde. Ein Mitarbeiter nach dem anderen wurde auf diese Weise in relative Sicherheit gebracht. Der Abstand war für einen Sprung zwar nicht zu groß, der Boden jedoch so stark mit Trümmern bedeckt, dass ein Springen unmöglich war.

»Frau Yamada, haben Sie sonst noch jemanden aus dem Büro gesehen?«, wurde sie von einem Mann unter einem Helm mit einem grünen Kreuz gefragt. Es war Herr Suzuki, der Einsatzleiter für Evakuierungen ihrer Abteilung.

»Yumiko Endou ist tot«, sagte Kazuko leise und schluchzte. »Sie war auf der Raucherinsel, als das hier passierte. Aber, was ist hier eigentlich passiert? Haben die Nordkoreaner etwa doch eine Rakete ...« Weiter wollte sie nicht sprechen, weiter konnte sie nicht sprechen. Seit vielen Jahren hatten Nordkorea und der Rest der Welt politische Differenzen.

»Nein, nein, nein«, versuchte Herr Suzuki zu beruhigen. »Das war nichts anderes als ein Erdbeben, aber ein sehr eigenartiges, wenn ich das einmal so sagen darf. Ich habe schon viele Beben erlebt, aber so eines noch nicht.« Der Einsatzleiter schüttelte ungläubig den Kopf und schickte Kazuko auf die andere Straßenseite.

In dem dortigen Park befand sich die Sammelstelle ihrer Firma, auf der sich die Kollegen nach und nach einfanden.

Sie nannte dem Kollegen, der an diesem Tag die Anwesenheitsliste führte, ihren Namen und informierte ihn auch über ihre tote Kollegin Yumiko und darüber, dass der Körper ihrer ums Leben gekommenen Mitarbeiterin und Freundin noch immer am Fenster der Raucherinsel zu finden sei.

Eine knappe Stunde später wusste Kazuko, dass aus ihrer Firma drei Personen das Leben verloren und sich einige schwer verletzt hatten. Die meisten aber waren mit einem großen Schrecken oder ein paar kleineren Blessuren davon gekommen.

Bahnhof Shibuya, Tokio, Japan

E r saß inmitten der vielen Menschen, die sich nach dem Ereignis auf den Bahnhofsvorplatz gerettet hatten. Von den Gesprächen verstand er nicht viel. Er konnte ihnen nur soweit folgen, dass er verstand, dass niemand so ein Ereignis vorausgesehen hatte. Es hatte keine Warnungen gegeben, es gab keine Vorzeichen, es gab nichts dergleichen. Es gab nur diesen einen Knall und dann das Desaster, in dem sie momentan steckten.

Dennoch wusste er, dass das Geschehen dieses Tages nur das vorläufige Ende einer langen Kette von Ereignissen war. Vor diesem Unglück hatte es viele Vorzeichen und Warnungen gegeben. Vieles davon hatte er aus den Medien erfahren, anderes live erlebt. Nur waren die Vorzeichen und die Vermutungen der Wissenschaftler nicht vollständig, nicht umfassend und auch nicht in die entsprechenden Zusammenhänge gebracht worden. Jedes Ereignis im Vorfeld wurde als Einzelgeschehen betrachtet und auch so bewertet.

Er trank einen Schluck von dem Tee, schloss die Augen und dachte darüber nach, was in den letzten Wochen, Monaten und Jahren geschehen war. Schnell erreichte er den vermutlichen Ausgangspunkt der langen Kette von Ereignissen, die sich nun noch einmal in seinem Kopf abspulte.

Begonnen hatte alles im März des Jahres 2011.

Inagi-Shi, Tokio, Japan

N ur äußerst selten verläuft das Leben in dem Zeitrahmen, den man sich gesteckt hat. Und noch seltener verläuft es auf den Wegen, die man für sich festgelegt hat. Immer wieder kommen Dinge daher, von denen man zwar weiß, dass sie geschehen können, über die man aber gemeinhin auch sagt: »Die geschehen doch nur den anderen, aber nicht mir. Was soll mir denn schon passieren? Pah, ein Zugunglück! Sicher! Klar doch! Aber nicht, wenn ich in dem Zug sitze. Der herabfallende Dachziegel landet neben mir. Weil ich es bin. Und um jeden Hundehaufen mache ich einen Bogen. Was, bitte schön, soll mir also passieren?«

Es gibt die Ereignisse, die man kommen sehen kann. Im Wetterbericht, sofern man ihn ernst nimmt, wird viele Tage im Voraus vor Regen und sogar vor einem möglichen Wirbelsturm gewarnt. Und schon hat jeder in der Handtasche, im Rucksack und selbst in der Aktentasche einen Regenschirm. Man weiß ja nie, was an Gutem von oben kommt. Normalerweise geht man immer den gleichen Weg zu seinem Ziel. Da kennt man nach einiger Zeit jeden Stein beim Namen, mit den Bäumen ist man per Du und mit den Hecken und Zaunpfählen am Wegesrand macht man schon mal den einen oder anderen Plausch. Und wie war das doch gleich mit den Hundehaufen? Ach ja, aber doch nicht hier! Hallo, Vorschriften sind dazu gemacht, dass man sie einhält. Da fallen Veränderungen sofort ins Auge und man wird ein wenig vorsichtiger.

Und dann gibt es die Ereignisse, die einen überfallartig treffen, unerwartet, ohne jedwede Vorankündigung. Dinge, die einfach geschehen, vollkommen unabhängig von allem, was man gerade macht oder vorhat. Der Postmann klingelt und überbringt mit freundlichem Lächeln die Papiere vom Finanzamt. Man trifft genau den einen Bekannten, den man eigentlich nicht mehr sehen wollte. Man kommt nach einem langen Arbeitstag endlich am Bahnhof an, will sich auf den Heimweg machen und von hinten spricht einen die Schwiegermutter an.

Manchmal geschehen jedoch auch Dinge, von denen man zwar weiß, dass sie geschehen können, die einen aber dann, wenn sie eintreten, trotz allen Wissens und aller Vorbereitungen vollkommen überraschend treffen.

Wie zum Beispiel am 11. März des Jahres 2011 das Erdbeben, das in die Geschichte Japans und der Welt einging.

Inagi-Shi, Tokio, Japan

R udi lebte inzwischen seit etwa fünf Jahren im Land des Lächelns. Hier hatte er seine Liebe gefunden und gemeinsam mit ihr ein neues und vollkommen anderes Leben aufgebaut. Hier war der Platz, an dem er seine eigenen Grenzen immer weiter nach außen verschieben musste, nur um Schritt zu halten. In dem Land entdeckte er Fähigkeiten an sich, von denen er in seiner alten Heimat nicht einmal wusste, dass sie in ihm geschlummert hatten.

Nun stand er hier, in einem Land, in dem so vieles anders war als in Deutschland, am Fenster ihrer Eigentumswohnung und sah zu einer Hügelkette.

Es war ein wunderbarer Vormittag an einem ganz normalen Freitag: kalt, aber sonnig. Nur ein sanfter Wind bewegte die Blätter der immergrünen Gewächse, die er im Garten des Nachbarhauses sehen konnte.

Der Tag versprach, trotz der Kälte angenehm zu werden. Nichts kündigte an diesem Vormittag an, dass aus einem normalen Freitag in wenigen Stunden ein Tag werden würde, der mit Grauen und Tod, mit Chaos und Zerstörung, mit Verlusten und menschlichen Tragödien in die Geschichte seiner Wahlheimat und der Welt eingehen sollte.

Rudi sah noch einmal nach draußen, zog einen Rollkragenpullover über das karierte Flanellhemd, darüber den dicken Anorak. Er steckte sich die Ohrstöpsel seines MP3-Players in die Ohren, zog die Schuhe an, nahm sich die Schlüssel für das Fahrrad und die Wohnungstür vom Flurschrank und verließ in seiner gewohnt ruhigen Art die Wohnung.

Nach etwa einer Stunde hatte er seine Einkaufstour beendet, war auch in den anderen Geschäften des Einkaufscenters gewesen und wieder auf dem Weg nach Hause. Inzwischen war es etwas wärmer geworden, die Sonne schien und blendete ihn.

Ein Blick auf die Uhr sagte ihm, dass der Postmann noch nicht in ihre Straße gekommen war. Dennoch musste er schon viel Werbung für Wohnungen, die zum Kauf angeboten wurden, aus dem Postkasten entfernen und im Papiermüll entsorgen.

Nachdem er wieder in der Wohnung angekommen war, räumte er den Einkauf weg, setzte sich aufs Sofa und atmete durch, bevor er mit der Zubereitung des Abendessens begann. Er stellte den Topf auf den Herd, ohne diesen einzuschalten. So, nun hatte er wieder ein paar Minuten Zeit.

Er setzte sich an den Tisch und versuchte, aus dem Gedächtnis heraus dieses eine verflixte Kanji zu schreiben, dessen Schreibweise er sich schon seit Tagen einzuprägen versuchte. Und auch diesmal scheiterte er wieder, und wie immer an der gleichen Stelle in der fest vorgegebenen Strichfolge.

Rudi stand auf, stellte sich an das große Fenster, stützte sich mit einer Hand am Rahmen ab und sah hinaus auf die Landschaft hinter dem Haus, in dem seine Frau und er vor Jahren die Wohnung gekauft hatten.

Die Natur zeigte sich anders als in Deutschland. Auch jetzt, schon fast am Ende des Winters, sah er Unmengen von Grün. Die Bäume in den meisten Gärten waren immergrüne Gewächse. Er war sehr erstaunt, weil er noch im Februar an vielen Bäumen Blüten sehen konnte. Blühende Bäume, draußen, im Winter, so ein Bild hatte er in seiner alten Heimat nie gesehen. Wie anders war doch dieses Land? Wie schön war dieses Land? Und wie aufregend war dieses Land?

Er schaute auf seine Armbanduhr. Es war erst kurz nach dreizehn Uhr und noch würden ein paar Stunden vergehen, bis seine Frau nach Hause kam. Für ihn bestand also absolut kein Grund, sich unter Druck zu setzen.

Zu diesem Zeitpunkt wusste er nicht, dass er in nur wenigen Minuten beginnen würde, sich um seine Frau große Sorgen zu machen und um sein eigenes Leben Angst zu haben.

Akihabara, Tokio, Japan

*D*er Abteilungsleiter trat leise an den Schreibtisch und fragte seine Angestellte:

»Frau Endou, haben Sie alles für die Südkoreaner fertig gemacht?«

Im Firmenlager wartete eine umfangreiche Lieferung an einen Kunden in Seoul darauf, dass die lange Reise begann. Verpackt in großen Holzkisten, eingehüllt in Plastikfolie und ummantelt von Papierschnipseln, standen mehrere Ausführungen des Verkaufsschlagers ihres Unternehmens zum Abtransport bereit.

»Ja, Herr Abteilungsleiter«, antwortete Frau Endou mit einem Lächeln. Sie war noch jung, erst Ende zwanzig. Ihr pechschwarzes Haar trug sie streng nach hinten gekämmt und zu einem Pferdeschwanz gebunden. Wie alle Japaner hatte sie braune Augen. Das Lächeln auf ihrem Gesicht war weniger Ausdruck guter Laune, es war viel mehr der asiatischen Physiognomie geschuldet, die bei ihr besonders stark ausgeprägt war. »Alle Papiere und Unterlagen sind komplett und liegen bereit.«

Sie nahm eine Mappe vom Schreibtisch und reichte sie ihrem Abteilungsleiter mit der in Japan üblichen Verbeugung

»Sehr schön«, sagte der Abteilungsleiter. »Dann können wir die Sendung ja heute noch auf den Weg bringen. Rufen Sie bitte noch beim Abholservice an! Danke, dass Sie das so schnell fertig gemacht haben.« Er gab ihr die Mappe zurück und verließ das Büro. Seine Untergebene setzte sich auf ihren Platz an der Schreibtischkombination, griff zum Telefon und rief die Spedition an, die den Transport der Lieferung zum Flughafen Haneda vornehmen sollte. Die Auftragserteilung verlief reibungslos und sie konnte sich darauf verlassen, dass die Ware termingerecht abgeholt und abgeliefert wurde. Nachdem sie diese Arbeiten erledigt hatte, nahm sie aus einer Schublade des Schreibtisches ihre Zigaretten und ging zur Raucherinsel. Sie hatte ihre Mittagspause um ein paar Minuten verschoben, um die benötigten Unterlagen für die Behörden beider Länder zusammenstellen zu können. Die Messgeräte mussten noch diese Woche aus dem Lager und nur darauf kam es an. Sie war froh, dass es in ihrem Team keine Probleme gab, wenn einer der Kollegen seine Pause verlegte, um anstehende Arbeiten noch schnell zu erledigen.

Sie ging langsam über den Flur und schloss die Tür der Raucherinsel schnell hinter sich. Obwohl im Moment niemand hier war, hing noch immer Rauch in der Luft.

Ihre einstündige Mittagspause würde bis Viertel vor drei dauern, wie sie mit einem Blick auf die große Wanduhr festgestellt hatte. Danach musste sie noch einmal drei Stunden arbeiten, bis sie endlich ins Wochenende gehen konnte. Sie kaufte sich eine Flasche Tee, stellte sich ans Fenster und sah hinaus. In der Ferne konnte sie heute sogar den Fuji sehen, den berühmtesten Berg Japans. Majestätisch erhob er sich mit seinem schneebedeckten Gipfel in der Landschaft, Symbol der Schönheit. Sie musste lächeln, als sie sich an einen bekannten Spruch erinnerte:

»Wer einmal auf den Berg Fuji steigt, ist weise. Wer ihn zweimal besteigt, ist ein Narr.«

Sie war auf dem Gipfel des Berges gewesen. Den langen Weg hatte sie in Kauf genommen und war gemeinsam mit vielen anderen mitten in der Nacht auf den Berg gestiegen, um dann am Morgen den Sonnenaufgang hoch über den Wolken zu erleben. Würde sie die Bilder dieses einen, ganz besonderen Sonnenaufganges jemals vergessen können? Sie glaubte es nicht, wie konnte sie auch?

Um den Gipfel herum schwebten an diesem Tag ein paar kleinere Wolken, und es schien, als würden diese an der Spitze des Berges festhängen. Ein wunderschöner Anblick, wie sie sich selbst eingestand. Sie drehte sich um, schaute wieder in den Raum, den Berg im Rücken und dachte voller Vorfreude an den baldigen Feierabend und das Wochenende. Yumiko Endou drückte die Zigarette aus und ging zu ihrem Arbeitsplatz zurück. Sie ahnte nicht, dass all ihre Planungen in wenigen Augenblicken von einem Ereignis über den Haufen geworfen werden würden, wie es die Welt bislang nur selten erlebt hatte.

Stuttgart, Deutschland

Auch der letzte Arbeitstag der Woche begann mit dem Läuten des Weckers, der neben ihrem Bett stand. Nicht nur ihr, sondern auch ihrem Kater Kalle passte das schrille Geräusch des kleinen viereckigen Monsters auf dem Nachttisch absolut nicht. Beide fügten sich jedoch in die Tatsache, dass es eine Pflicht gab, der sie auch an diesem Tag noch einmal nachkommen mussten. Das Wochenende hatte schon am Vortag leise an die Tür geklopft und sich mit einer sehr lieben SMS angekündigt.

»Na komm, Dicker«, sagte Antje, nachdem sie endlich wach geworden war. »Lass uns den Tag angehen.« Sie streichelte ihrem Kater noch einmal das Fell, schlug die Bettdecke zurück und quälte sich aus dem Bett. Kalle sprang auf und rannte zum Bad.

Es war jeden Morgen das Gleiche. Sie standen gemeinsam auf, gingen zusammen zur Toilette und ins Bad, der Kater wich ihr nicht von der Seite. Kalle war sehr anhänglich und lieb. Dieser Kater hatte einst ihrem besten Freund gehört, der nun in einem fernen Land lebte und den Kater bei seiner Auswanderung nicht mitnehmen durfte. Sie hatte sich zu dieser Zeit eine Katze zulegen wollen und so ergab es sich, dass sie Kalle zu sich nahm, als ihr Freund auswanderte. Sie hatte diesen Schritt bislang nicht bereut.

Nachdem sie sich für den Tag fertig gemacht hatte, schaltete sie den Fernseher ein. Sie wollte die ersten Nachrichten des Tages wenigstens teilweise sehen, bis sie Punkt sieben Uhr die Wohnung verlassen musste. Die Firma, in der sie arbeitete, hatte ihren Sitz in einer anderen Stadt. Antje hatte rund dreißig Kilometer über eine Bundesstraße zu fahren, um an ihren Arbeitsplatz zu gelangen.

In der Küche wartete ihr Kater schon auf sein Futter.

»Na, was willst du heute haben?«, fragte sie ihn, obwohl sie wusste, dass sie keine Antwort bekommen würde. Kalle mauzte kurz, gähnte herzhaft und sah sie mit treuen Augen an. Ihm war es fast egal, was er zu fressen bekam, solange es kein Thunfisch war, den Kalle absolut nicht fressen mochte.

Sechs Uhr dreiundvierzig, wie sie mit einem Blick auf die Uhr feststellte. Noch hatte sie ein paar Minuten, bis sie sich in das morgendliche Chaos auf den Straßen stürzen musste.

»Weißt du, wer heute Abend kommt?«, stellte sie dem Kater die nächste Frage, ohne eine Antwort auch nur zu erwarten. »Heute Abend kommt der Sven.«

Ein verliebtes Leuchten war in ihren blaugrünen Augen zu sehen. Sie freute sich auf das Wochenende, das sie mit ihrem Freund verbringen würde. Dem Kater war auch dieser Umstand vollkommen egal, er schlang einfach nur das Futter in sich hinein.

»Ein schweres Erdbeben hat vor wenigen Augenblicken Japan erschüttert«, meldete der Nachrichtensprecher im

Fernsehen. »Übereinstimmenden Angaben der amerikanischen Erdbebenbehörde USGS (United States Geological Survey) und des Geoforschungszentrums Potsdam zufolge hatte das Beben eine Magnitude von 7,9 auf der Richterskala. Das Epizentrum befand sich etwa einhundertdreißig Kilometer östlich der japanischen Hauptinsel Honshuu im Pazifischen Ozean. In der fast vierhundert Kilometer entfernten Hauptstadt Tokio war das Beben deutlich zu spüren. Die Tsunami-Frühwarnzentrale auf Hawaii gab eine Tsunamiwarnung für Japan und die Westküste Nordamerikas heraus. Über Opfer und Schäden ist derzeit noch nichts bekannt.«

Antje hob ruckartig den Kopf, sah fassungslos zum Fernseher, konnte den Worten des Sprechers nicht glauben. Ihr bester Freund lebte seit mehreren Jahren in Japan, hat dort seine Frau und seine Liebe gefunden. Und jetzt das!

Sie setzte sich auf ihr weiches Sofa und wartete voller Angst auf weitere Informationen über das Beben. Sie hatte bereits vollkommen vergessen, dass sie zur Arbeit musste. Was sie gerade gehört hatte, zerriss ihr förmlich das Herz.

Rudi, ihr bester Freund, lebte nicht weit vom Katastrophengebiet entfernt.

Pacific Tsunami Warning Center (PTWC), Honolulu, Hawaii

Wie fast immer mit einer Kaffeetasse in der Hand, saß John McFarley in seinem schwarzen Bürostuhl, während er in den Unterlagen las, die sich vor ihm auf dem Schreibtisch stapelten. Der Monitor vor ihm zeigte nur das Bild eines Bildschirmschoners. Bislang war es ein ruhiger Tag, ein Tag wie geschaffen für Routine.

Durch das Fenster drang das Licht der untergehenden Sonne ins Zimmer und überzog alles mit diesem Rot, das

John in den Abendstunden liebte und das alles in einem ganz besonderen Licht erstrahlen ließ.

Sein Dienst hatte vor zwei Stunden begonnen und würde sich noch bis Mitternacht hinziehen. John McFarley mochte die Arbeit in den Abendstunden. Die Hektik des Tages war dann bereits Geschichte und er konnte sich als Leiter der Spätschicht den Aufgaben widmen, die neben der Überwachung der Ozeane zu erledigen waren: Bestellungen, Berichte, Schreibkram – Routine eben.

Er unterschrieb ein Dokument und legte es zur Seite, nahm das nächste Blatt Papier und wollte gerade mit dem Lesen beginnen, als der Bildschirm in den Betriebsmodus wechselte und in feuerroten Buchstaben eine Erdbebenmeldung anzeigte.

John sprang von seinem Stuhl auf, rannte in den Lageraum und setzte sich zu seinen Kollegen, die wie er an diesem Abend ihren Dienst versahen.

Eine Aufgabe des Pacific Tsunami Warning Centers, PTWC, in Honolulu auf Hawaii war es, Erdbeben im pazifischen Raum der Erde zu beobachten und anhand der Daten schnellstmöglich zu ermitteln, ob eines dieser Beben stark genug war, um einen Tsunami auszulösen. Es gab wissenschaftlich fundierte, feststehende Kriterien, die für das Entstehen eines Tsunami erfüllt sein mussten. Wenn ein Erdbeben die vorgegebenen Parameter erfüllte, schlugen bei ihnen im wahrsten Wortsinn die Alarmglocken an.

»Ein Erdbeben vor der Nordostküste Japans«, rief Sue ihrem Chef zu und wandte sich wieder ihrem Computer zu. Gerade kamen von den weltweit verteilten Messstationen die neuesten Daten herein. »Vorläufige Magnitude 7,9, einhundertdreißig Kilometer nordöstlich von Sendai, erste Tiefe etwa zwanzig Kilometer, mit einem Tsunami ist definitiv zu rechnen.« Ihre Angaben kamen schnell, waren knapp und äußerst präzise. Für unnütze Worte war keine Zeit. Wenn es zu einem Tsunami kommen sollte, zählte jede Sekunde. »Die betroffene Region in Japan wird sich nach ersten Schätzungen auf die Präfekturen Iwate, Fukushima und Miyagi an der Nordostküste erstrecken. Wir geben eine Tsunamiwarnung heraus. Wir rechnen vorerst mit einer Welle mit ungefähr drei Metern Höhe.«

John sah auf den Bildschirm vor sich, bestätigte Sue's Angaben und schickte mit einem Mausklick die Tsunamiwarnung hinaus, die binnen weniger Zehntelsekunden in Japan ankommen und dort die entsprechenden Maßnahmen zum Schutz der Menschen auslösen würde. Diese Schritte waren genau geplant und immer wieder geübt worden, in Japan erst vor wenigen Tagen.

Obwohl die Warnung verschickt war, musste die Entwicklung genauestens verfolgt werden. Die Daten wurden präzisiert und die Berechnungen zu wichtigen Faktoren immer wieder neu durchgeführt. Zu diesen Fakten zählten der exakte Ort und die genaue Stärke des Erdbebens, die Tiefe und Lage des Erdbebenherdes und die Höhe des erwarteten Tsunamis.

»John!«, rief Kim von einem anderen Computer. »Die Magnitude ist viel höher als wir zuerst angenommen hatten. Derzeit haben wir eine 8,4. Wir müssen davon ausgehen, dass der Tsunami deutlich höher wird, als wir anfangs vermutet haben. Wir müssen die Warnung schnellstens korrigieren.«

John griff zum Telefon und sorgte dafür, dass ein paar Kollegen in Japan einen weiteren Adrenalinschock bekamen.

»Beobachtet weiter! Wir hatten in letzter Zeit mehrere Fehlalarme. Ich möchte, dass es diesmal perfekt wird. In Japan leben zu viele Menschen auf zu engem Raum, als dass wir uns einen Fehler erlauben dürfen. Wenn sich etwas ändert, dann will ich das sofort wissen.«

John ging zurück in seinen Raum, um die Behörden in den anderen Staaten am Pazifik zu informieren. Die Welle des Tsunamis würde an keiner Ländergrenze anhalten, alle mussten sich darauf vorbereiten. Und je stärker das Beben war, desto höher wurde die Welle und umso größer auch der Schaden, der von ihr angerichtet werden konnte.

Regierungsviertel Nagatachou, Tokio, Japan

*D*ie Debatte war in ihre entscheidende Phase getreten. Die Gemüter der Parlamentarier hatten sich erhitzt, die Diskussion war anstrengend, aber eine Lösung endlich in greifbare Nähe gerückt.

Der Premierminister hatte sich nach seiner Erwiderung auf die Worte seines Vorredners gerade in seinen Sessel gesetzt, als das Beben das Parlamentsgebäude erfasste.

Die schweren Kronleuchter an der Decke des Sitzungssaales schaukelten wild in alle Richtungen und mit sorgenvollen Gesichtern richteten die Abgeordneten ihre Blicke nach oben. Bedienstete des Parlamentes stürzten in den Sitzungssaal, um etwaige Anweisungen ihrer Vorgesetzten in Empfang nehmen und weiterleiten zu können.

Die Scheiben der großen Fenster klirrten und machten den Anwesenden klar, wie verletzbar sie waren und in welch gefährlicher Situation sie sich befanden. Schnell entfernten sich die Abgeordneten aus dem unmittelbaren Gefahrenbereich. Die Diskussion um eine geplante Erhöhung der Mehrwertsteuer war sofort vergessen, als allen klar wurde, dass ein schweres Erdbeben das Land getroffen hatte. Noch wussten die Mitglieder des Parlamentes nicht, mit welcher Stärke dieses Beben das Land erschüttert hatte und wo das Epizentrum lag. Dass es allerdings ein extrem starkes Erdbeben war, hatten alle am eigenen Leib erfahren.

Schnell unterbrach der Parlamentssprecher die Debatte und die Abgeordneten begaben sich in ihre Büros, um auf neue Informationen zu warten oder erste Anweisungen zu erteilen.

Der Premierminister wurde in seinem Büro mit den neuesten Daten empfangen.

»Herr Premierminister, ein Beben mit einer vorläufigen Stärke von 8,8 hat den Nordosten des Landes erschüttert. Das Epizentrum liegt ersten Angaben zu Folge rund einhundertdreißig Kilometer östlich der Tohoku-Region. Besonders schwer betroffen werden nach ersten Analysen die Präfekturen Iwate, Miyagi und Fukushima. Außerdem ist ein Tsunami unterwegs. Wir rechnen nach Angaben der JMA (Japan Meteorological Agency) mit einer Höhe von drei bis vier Metern. Davon betroffen sein werden auch die Atomkraftwerke Fukushima Daiichi, Fukushima Daini und Onagawa; die vorhandenen Schutzvorrichtungen sind dafür aber vollkommen ausreichend. Die Schnellabschaltung der Reaktoren ist bereits erfolgreich durchgeführt worden.«

»Danke«, entgegnete der Premierminister kurz angebunden und setzte sich hinter seinen Schreibtisch. »So wie es Neuigkeiten gibt, möchte ich umgehend informiert werden.«

Der Angestellte bestätigte die erhaltenen Anweisungen und kehrte an seinen Arbeitsplatz zurück. Es war doch nur ein weiteres Erdbeben. Der Tsunami, der auf die Ostküste Japans zurollte, war zwar besorgniserregend, aber noch nicht von solchen Ausmaßen, dass man in Panik verfallen sollte, die Tsunamischutzmauern in der betroffenen Region waren alle mindestens sechs Meter hoch.

Mit der Tsunamiwarnung war auch der Alarm ausgelöst worden, der die Menschen in den voraussichtlich betroffenen Regionen dazu aufforderte, sich unverzüglich in Sicherheit zu bringen. Gleichzeitig war er für die Feuerwehrmänner in den Orten das Signal, die Tore der Tsunamischutzmauern zu schließen und so das Land hinter den Schutzmauern zu sichern. Dieser Vorgang wurde mehrmals im Jahr geübt und jeder Einzelne wusste, was er in einem Moment wie diesem zu tun hatte.

Allerdings ahnte zu dieser Zeit kein Mensch, dass die eingeleiteten Maßnahmen nicht ausreichen würden. Die Angaben, über die sie zu diesem Zeitpunkt verfügten, waren nicht ganz korrekt.

Inagi-Shi, Tokio, Japan

R udi hatte gerade mit dem Kochen begonnen, als der Boden unter seinen Füßen unvermittelt begann, ein Eigenleben zu entwickeln. Es war nicht das erste Erdbeben, das er erlebte. Aber irgendetwas war an diesem Beben anders. Er spürte den Unterschied zu anderen Erdbeben schon nach wenigen Sekunden. Bei einem normalen Beben war es meist so, dass zwar alles plötzlich ins Schwanken und Wanken geriet, die Bewegungen aber ebenso schnell fühlbar nachließen und kurz darauf ganz aufhörten. Dies geschah oft schon nach vier, fünf Sekunden, oft sogar noch früher. Darum machte er sich im ersten Moment auch keine weiteren. Diese Sekunden waren noch nicht vorbei. Seine anfängliche Angst vor Erdbeben hatte er seit Langem überwunden, für ihn gehörten sie inzwischen schon zum Alltag.

Aber irgendetwas war diesmal anders. Das Schaukeln der Erde wollte kein Ende nehmen. Im Gegenteil, die Bewegungen des Bodens wurde immer ungestümer. Rudi konnte sich kaum noch auf den Beinen halten. Schlagartig erinnerte er sich an die Worte, die ihm seine Frau regelrecht ins Gehirn gestanzt hatte:

»Bei einem Erdbeben sofort Gas und Wasser abstellen und die Wohnungstür weit aufmachen, damit du im Notfall noch aus der Wohnung kommst!«

Er drehte das Gas ab und prüfte unnötigerweise, ob die Flamme auch wirklich aus war, bevor er sich auf den Weg zur Wohnungstür machte. Er öffnete sie und machte einen Schritt hinaus auf den Gang, der die einzelnen Wohnungen der Etage miteinander verband und zu den beiden Treppen an den Seiten des Hauses führte.

Draußen war alles in Bewegung. Die Kabelmasten am Straßenrand schwankten furchterregend, Leitungen spannten sich und hingen kurz darauf wieder schlaff durch. Er spürte Angst in sich aufsteigen, ein nie zuvor erlebtes Gefühl. Was er sah und spürte, versetzte ihm einen Schrecken ungeahnten Ausmaßes. Wenn die Kabel rissen, was würde passieren? Und wenn die Rohre platzten, was würde dann geschehen? Wie sollte er sich verhalten?

Seine Frau hatte ihm immer wieder gesagt, dass er sich bei einem Erdbeben unter einem Tisch verstecken und dort das Ende der Bewegungen abwarten sollte. Er wollte aber kein Feigling sein. Nur – konnte man einen Menschen als feige bezeichnen, der versuchte, sich in Sicherheit zu bringen?

In ihm kämpften zwei Gefühle gegeneinander. Zum einen war das die Angst, die ihm eindringlich befahl, sich in Sicherheit zu bringen und auf der anderen Seite der Wunsch, das Geschehen in allen Einzelheiten mitzuerleben, genau zu beobachten, was wann wo wie passierte.

Er ging zurück in die Wohnung, schaltete vom DVD-Player auf den Fernseher um und sah die ersten Meldungen über das Beben.

Das Erdbeben war verheerend. Die Behörden gaben die Magnitude aktuell mit 8,6 an. Das wirklich Erstaunliche allerdings war, dass das Fernsehen überhaupt noch funktionierte.

Er setzte sich auf das Sofa, noch immer schwankte der Boden und er hörte, wie in der Wohnung irgendetwas zu Boden fiel. Er hatte später noch genügend Zeit, sich um die Auswirkungen des Bebens in der Wohnung zu kümmern. Zuerst musste er mit seinen eigenen Gefühlen und Empfindungen klar kommen.

Er wusste, dass das Haus, in dem sie ihre Wohnung hatten, erdbebensicher gebaut war, zumindest bis zu einer gewissen Stärke. Aber – würde das ausreichen? Er sah zu den Wänden und zur Decke, versuchte zu erkennen, ob sich schon irgendwo Risse zeigten.

In seinem Kopf entwickelten sich ganz andere Bilder. Bilder von einstürzenden Gebäuden, von toten und sterbenden

Menschen, von verstümmelten Körpern. Er hatte viele Filme von und über Erdbeben gesehen, aber nun steckte er selbst in solch einem Monster der Natur, sah sich schon unter den Trümmern seines Zuhauses liegen. Nicht zum ersten Mal in seinem Leben stellte er sich die Frage, wie sich das Sterben wohl anfühlen würde. Was würde in und mit seinem Körper geschehen, während er unter den Trümmern lag und vergeblich auf Hilfe wartete? Wie würde es sich anfühlen, miterleben zu müssen, wie das Haus in sich zusammenfiel, während man selbst darin eingeschlossen war?

Rudi wusste es nicht, konnte sich auf diese Fragen keine Antworten geben. Er hatte keine und er kannte auch niemanden, der ihm seine Fragen hätte beantworten können.

Im Fernsehen erschien im unteren rechten Teil des Bildes ein Quadrat mit einer ersten Tsunamiwarnung. Sicher, diese Warnungen waren relativ oft zu sehen und normalerweise wurden sie nach nur wenigen Minuten wieder zurückgenommen. Aber heute blieb die Warnung im Bild. Aber die Farben, mit denen die Küstenlinie nachgezeichnet und mit denen die vermutliche Höhe der Tsunamiwelle optisch dargestellt wurde, änderten sich fortwährend. Sie wechselten von Gelb und Orange über Rot ins Violett. Violett war die Farbe für die höchste Gefahrenstufe.

Er schaltete den Fernseher auf den zweiten Sprachkanal. Zuerst hörte er eine koreanische Ansage, es folgte eine in Chinesisch, in Portugiesisch und zum Schluss in Englisch. Er hörte die Warnung vor einem Tsunami, der mit einer Höhe von bis zu zehn Metern auf die Nordostküste Japans zuraste. Er konnte die Aufforderung zur sofortigen Evakuierung der von der Welle direkt betroffenen Gebiete verstehen, zumindest akustisch. Bis es diesen Worten jedoch gelang, auch in sein Bewusstsein vorzudringen und ihm zu sagen, was das für ihn bedeutete, bis zu diesem Punkt dauerte es eine Weile. Sein Denken war wie gelähmt, die Angst hatte ihn erstarren lassen. Er saß nur auf dem Sofa, starrte in den Fernseher, sah die Bilder, hörte die Worte, aber noch drangen sie nicht in sein Bewusstsein vor. Es war einfach zu viel auf einmal. Trotzdem konnte er den Blick nicht vom Bildschirm abwenden. Gebannt sah er die Bilder, die man zeigte. Es waren die neuesten Angaben über die Stärke des Bebens. Die zuständigen Behörden hatten es inzwischen auf eine Magnitude von 8,8 hochgestuft. So ein starkes Beben hatte er noch nie erlebt. Schon jetzt war es stärker als das Große Hanshin-Erdbeben 1995 in Kobe.

Wie viele Menschen waren bislang ums Leben gekommen? Wie viele würden noch umkommen? Würde er auch zu ihnen gehören?

Noch immer schwankte der Boden. Er fühlte die Bewegungen in seinen Beinen, die Erdstöße waren allerdings deutlich schwächer geworden. Mit dem Abnehmen der Bewegungen jedoch waren immer drastischere Informationen auf dem Bildschirm zu sehen. Über das normale Fernsehbild wurden die Angaben zu der erwarteten Wellenhöhe des Tsunamis in den vermutlich betroffenen Regionen gelegt. Fünf Meter, sechs, acht, bis zu einer Höhe von zwölf Metern sollte sich die Welle nach neuesten Angaben auftürmen.

Sicher, er hatte schon von Tsunamis gehört und gelesen. Er erinnerte sich an die Berichterstattung über das Erdbeben und den verheerenden Tsunami im Jahr 2004, der in verschiedenen Staaten am Indischen Ozean, besonders aber in Indonesien mehr als 200000 Menschenleben kostete. Er hatte die Berichte in den Nachrichten gesehen, hatte sich die Sondersendungen angeschaut – und das Thema beiseitegelegt, als andere Meldungen aktueller geworden waren.

Aber nun? Jetzt saß er selbst in dem Land, in dem sich das alles zutrug, auf dem Sofa du starrte fassungslos auf den Bildschirm. Das Erdbeben selbst hatte er gut überstanden und für die Region, in der er lebte, gab es keine Warnung.

Die Meldungen überschlugen sich nicht nur in ihrer Häufigkeit, sondern auch im Schrecken, den sie verkündeten. Immer neuere Bilder erschienen, eines schlimmer als das andere. Und der Tsunami rollte unaufhaltsam auf die Küste zu.

Nichts und niemand waren in der Lage, die Welle aufzuhalten, die sich im seichten Wasser höher und höher auftürmte. Wo sollte das hinführen? Wie sollte das enden?

Das Beben war vorüber, zumindest was die Bewegungen des Bodens anging. In seinen Beinen glaubte er aber noch immer das Rucken und Zucken der Erde zu spüren. Abe er wusste, dass es lediglich seine eigenen Nerven waren, die ihm diesen bösen Streich spielten.

›Absolut normal‹, dachte er sich. Immerhin, das Beben hatte eine gefühlte Ewigkeit gedauert, in Realzeit waren es knapp fünf Minuten.

Nur mit Mühe riss er sich von den Bildern los, die auf dem Bildschirm zu sehen waren. In der Wohnung wurde es kalt. Er hatte bei der ganzen Aufregung vergessen, die Wohnungstür wieder zu schließen. Die ersten Schritte in Richtung Tür machte er schwankend, als wolle er Bewegungen ausgleichen, die es nicht gab.

Vom Absatz der Treppe schaute er auf die Straße und die Nachbargebäude hinunter. Die Menschen aus den Häusern der direkten Nachbarschaft hatten sich zu kleinen Gruppen zusammengefunden und diskutierten leidenschaftlich miteinander. Von seinem Standpunkt aus konnte er nichts verstehen. Er konnte sich jedoch denken, um was es ging.

Er schloss die Tür hinter sich, ohne sie zu verriegeln. Aus den vielen Publikationen, die er gesehen oder gelesen hatte, wusste er, dass es zu Nachbeben kommen konnte, die fast genauso schwer werden konnten wie das Hauptbeben.

Was waren die nächsten Schritte? Er brauchte etwas Zeit, bis er die nächsten Aktionen im Kopf geplant und die Reihenfolge festgelegt hatte. Von einem so starken Beben zu erfahren war eine Sache, selbst mittendrin zu stecken und alles am eigenen Leibe zu spüren, war etwas vollkommen anderes.

Zuerst einmal sah er sich in der Wohnung um. Das Erdbeben hatte das Gebäude ordentlich durchgeschüttelt. Jetzt wollte er sich nach Schäden umsehen, die er dokumentieren musste, um sie der Versicherung melden zu können.

Nur im hinteren, durch eine Schiebetür vom Rest der Wohnung abgetrennten, Teil des Wohnzimmers konnte er einen Schadensfall erkennen. Das Bild seiner verstorbenen Großmutter war auf den Boden gefallen, ohne dass dabei der Rahmen oder das Glas zu Bruch gegangen waren. Glück im Unglück, sagte er sich.

Er griff zum Mobiltelefon und versuchte, seine Frau zu erreichen, die irgendwo mitten in der Stadt in einer Firma arbeitete. Dass er kein Netz bekam, verwunderte ihn nicht wirklich. Er kannte dieses Phänomen auch aus Deutschland. In jeder Silvesternacht brachen dort die Netze zusammen, weil jeder zur gleichen Zeit Neujahrswünsche an jeden verschicken wollte. Dabei leben in Deutschland lediglich rund 80 Millionen Menschen, es gab nur äußerst selten Erdbeben und keine unaufhaltsam auf das Land zurollenden Tsunamis.

Er versuchte, das Gas wieder anzustellen, um weiter am Abendessen zu kochen. Das Gas ließ sich jedoch nicht entzünden. Die Erdbebensicherung im Gaszähler hatte die Sperre ausgelöst, die er nun wieder lösen musste.

»Gar nicht mal unschlecht«, sagte er leise. »So kann man auf simple Weise verhindern, dass sich nach einem Erdbeben Brände entwickeln und ausbreiten können. Keine schlechte Sache!«

Als er wieder vorm Fernseher saß, liefen die ersten Meldungen von Bahnlinien ein, die ihren Betrieb entweder komplett oder zumindest in großen Teilen eingestellt hatten. Auch dieses Phänomen kannte er schon. Nach Erdbeben ab einer bestimmten Stärke geschah es regelmäßig, dass die Bahnlinien ihren Betrieb vorübergehend einstellten. Aber eben so schnell wie die Züge gestoppt wurden, verkehrten sie auch wieder. Die Liste der inzwischen gesperrten Autobahnen, gerade in Richtung Nordosten, wurde immer länger.

Wie heftig dieses Beben den Inselstaat tatsächlich bewegt hatte, wusste zu diesem Zeitpunkt noch keiner. Die genauen Zahlen und Auswirkungen auf das Land und sogar den Planeten wurden erst einige Wochen später bekannt.

Noch machte Rudi sich um diesen Aspekt der Geschichte keine Gedanken. Viel mehr Sorgen bereitete ihm der Umstand, dass er keine Möglichkeit fand, mit seiner Frau zu kommunizieren. Beim Versuch, sie über das Mobiltelefon zu erreichen, bekam er die freundliche Mitteilung einer netten Frauenstimme, dass die Nummer, die er eben angerufen hatte, derzeit nicht erreichbar sei. Er bekam die gleiche Meldung allerdings auch, als er das eigene Festnetztelefon anrufen wollte. Und er stand unmittelbar neben dem Apparat. Er versuchte, sich selbst eine Mail zu schicken. Sein Mobiltelefon blieb jedoch während des Sendevorganges hängen. Es schien so, als ob alle Wege der mobilen Kommunikation abgeschnitten waren.

Im Fernsehen waren neue, noch erschreckendere Bilder zu sehen. Nur noch wenige hundert Meter trennten die weiße Schaumkrone der Tsunamiwelle vom Festland. Von einem Hubschrauber aus wurden die Bilder der Tsunamiwelle über das japanische Fernsehen NHK live in die laufenden Programme eingespeist.

»Komisch!«, dachte sich Rudi mit einem ironischen Stirnrunzeln, »Dass das Fernsehen funktioniert, das Mobiltelefon aber nicht, ist schon eine verdammt eigenartige Kiste.«

Akihabara, Tokio, Japan

Kurz nachdem die Warnung für ein Erdbeben in ihrer Region erfolgt war, schrie eine tiefe Männerstimme in den Raum:

»Schnell! Unter die Tische! Ein Erdbeben!«

Kaum hatte der Mann die Worte gerufen, begann auch schon der wilde Tanz des Firmengebäudes.

Aus den Schränken stürzten Akten, Monitore verloren ihren Halt und fielen auf Schreibtische, Tastaturen oder zu Boden. Ein dunkler Fleck breitete sich auf dem Teppich aus, eine mit Kaffee gefüllte Tasse war erst der Schwerkraft gefolgt und dann zu Bruch gegangen.

Alles schwankte. Die Bürostühle rollten hin und her und wechselten bei jedem neuen Erdstoß unkontrolliert die Richtung. Manchmal stießen sie gegen Tische und Schränke. Die Angestellten hörten Glas zerbrechen, die Türen schlugen auf und zu. Die Geräusche im Haus vereinigten sich zu einem noch nie gehörten Stakkato.

»Was passiert gerade?«, fragte Yumiko leise. Wie alle Japaner hatte auch sie schon viele Erdbeben miterlebt, aber so ein schweres noch nicht. »Ist das etwa das ›Große Beben‹?«

Im Gebiet der Kanto-Ebene, in dem auch Japans Hauptstadt Tokio liegt, wartete man schon seit vielen Jahren auf ein schweres Erdbeben. Obwohl es sich noch nicht ereignet hatte, kannte man es bereits unter dem Namen, den dieses erwartete Erdbeben von den Wissenschaftlern bekommen hatte: Tokai-Beben. Ein Erdbeben, von dem Wissenschaftler sagten, dass es mit einer Magnitude von 8,0 oder höher die Metropolregion in ihren Grundfesten erschüttern würde. Die starken Erdbeben in der Kanto-Ebene traten in der Vergangenheit relativ regelmäßig alle achtzig bis einhundertfünfzig Jahre auf. Folgte man dieser statistischen Regelmäßigkeit, dann war das nächste große Beben überfällig.

Kazuko hockte unter ihrem Schreibtisch und sah Yumiko ins Gesicht. Auch sie konnte nicht glauben, dass sie einmal ein Beben dieser Größenordnung miterleben würde. Die Angst, die sie in diesem Moment empfand, konnte man ihr deutlich ansehen. Trotzdem schüttelte sie den Kopf.

»Ich glaube nicht, dass das ›Das Große Beben‹ ist. Dafür ist es irgendwie nicht, wie soll ich sagen, heftig genug. Es fühlt sich zu weich an, wenn du verstehst, was ich meine. Außerdem ist es zu weit weg.« Sie hatte mit der auf ihrem Mobiltelefon installierten Software geprüft, wo sich das Beben ereignet hatte und festgestellt, dass das Epizentrum weit entfernt von Tokio lag. »Das Beben war oben in Tohoku, östlich von Sendai im Ozean.«

Sendai war eine Millionenstadt direkt an der Nordostküste Japans.

»Kazuko, ich habe furchtbare Angst«, gab Yumiko allen
Traditionen zum Trotz zu und schluchzte. »Ich habe einfach
nur unbeschreiblich furchtbare Angst. Hast du so ein schweres Beben schon einmal erlebt?«

Kazuko schüttelte den Kopf. Ihre langen, schwarzen
Haare flogen durch die Luft. Ihre Urgroßeltern hatten oft
vom großen Kanto-Beben 1923 in Tokio und Yokohama erzählt, aber sie selbst hatte ein Beben mit solcher Intensität
noch nicht erlebt. Beim großen Kanto-Beben im Jahr 1923
waren allein in Tokio über 140000 Menschen ums Leben gekommen, die wenigsten allerdings durch das Beben selbst.
Die Feuer, die nach den Erschütterungen die Stadt verwüs-
teten, waren für die meisten Opfer verantwortlich. Das Erdbeben hatte sich während der Mittagszeit ereignet, als alle
kochten und dazu Gas oder offenes Feuer benutzten.

Es gibt keinen Japaner, der in seinem Leben nicht schon
das eine oder andere mehr oder weniger schwere Beben erlebt hätte. Es verging kaum eine Woche, in der es in dem
Land kein oftmals auch nur lokal spürbares Erdbeben gab.
Der richtige Umgang mit solch einem Ereignis wurde von
Kindesbeinen an so lange geübt, bis einem das richtige Verhalten in Fleisch und Blut übergegangen war und man die
vorgesehenen Aktionen ohne jedes Nachdenken ausführte:
das schnelle Verschwinden unter den Tischen, das Schützen
des Kopfes mit Taschen oder Helmen. In den Kindertages-
stätten bekamen die Kinder einen kleinen Umhang, der sie
beim Tragen wie Gartenzwerge aussehen ließ. Dieser
Schutzumhang sollte Kopf und Hals vor Funken, Feuer und
kleinen Teilen schützen, die herumfliegen konnten.

»Wer keine Angst hat«, sagte Kazuko, »ist kein Mensch.
Das hat mir mein Mann einmal gesagt.« Sie hob den Kopf
und schaute in Richtung Fenster, als ob sie dahinter ihren
Mann sehen konnte, der in diesen Minuten zu Hause war.
Wie würde es ihm gehen? Sie schaute auf ihr Mobiltelefon

und konnte erkennen, dass sie kein Funknetz mehr hatte. Das Abrufen der Erdbebenseite war vermutlich eine der letzten Zuckungen des Netzes gewesen.

Voller Sorgen schaute sie noch einmal zum Fenster.

Das Schwanken des Gebäudes und das Klappern loser Teile hatten endlich aufgehört und die Kollegen begannen, unter ihren Schreibtischen hervor zu kommen. Wenn der Grund nicht so tragisch gewesen wäre, man hätte über das Bild lachen können, das sich in diesem Moment bot. Aber niemandem war zum Lachen zumute.

»Alle Mitarbeiter sammeln sich auf dem Evakuierungsplatz im Park«, rief eine Männerstimme durch ein Megafon im Flur des Gebäudes.

Während des Sicherheitschecks stellte sich heraus, dass alle Mitarbeiter anwesend und mit dem Schrecken davon gekommen waren.

Die Schäden am Bürogebäude selbst waren allerdings beträchtlich. In den Betonwänden hatten sich tiefe Risse gebildet, ein Teil der Treppe war aus den Halterungen gerissen und hing in gefährlicher Schräglage an den Resten der Verankerung. Diese Treppe war nicht mehr benutzbar. Die Türen der Büros schlossen nicht, weil sich die Rahmen verzogen hatten.

Die Verwüstungen in den Räumen waren zwar umfangreicher, aber wesentlich leichter zu beheben. Die meisten Unterlagen waren aus den Schränken gefallen, die Schlösser der Schranktüren hatten der Wucht der Bewegungen nicht standhalten können. Von den Schreibtischen waren sämtliche Monitore auf den Boden gestürzt und viele dabei zerstört worden. Blumentöpfe und Vasen waren dem Zug der Gravitation gefolgt, Stifte und andere Utensilien lagen in einem wilden Durcheinander herum. In den Büros herrschte das Chaos. Es gab allerdings keine Schäden, die sich nicht mit ein paar Stunden Aufräumen und dem Kauf neuer Geräte beheben ließen. Nur die Risse in den Wänden waren bedrohlich anzusehen.

Der Abteilungsleiter, Herr Suzuki, ging durch die Büros.

»Meine Damen, meine Herren. Aufgrund des Erdbebens und der Schäden am Gebäude beenden wir die Arbeit für diese Woche. Begeben Sie sich jetzt bitte vorsichtig nach Hause. Wir sehen uns hoffentlich am Montagmorgen wieder. Sollte es Ihnen nicht möglich sein, am Montag zur Arbeit zu kommen, rufen Sie bitte an. Ich wünsche Ihnen trotz der Ereignisse ein angenehmes und hoffentlich auch erholsames Wochenende. Auf Wiedersehen am montag.«

»Und, wie wirst du heute nach Hause kommen?«, fragte Yumiko und sah Kazuko an.

»Ich hoffe, wie immer«, antwortete Kazuko.

Sie hatte über ihr Mobiltelefon noch keine Nachrichten empfangen können. Wie die meisten Menschen ging sie davon aus, dass nach der üblichen kurzen Unterbrechung die Züge wieder normal verkehren würden. In einem Land, das in jedem Moment seiner Existenz mit der Gefahr von Erdbeben lebte, gab es für Ereignisse aller Arten genau festgelegte Verhaltensmaßregeln, besonders für Bahnlinien. »Ich nehme mir aber Zeit. Das war definitiv das schwerste Erdbeben, das ich jemals erlebt habe. Die Züge werden voll sein, weil sicher viele nach Hause wollen. Aber das werde ich am Bahnhof feststellen. Und du, Yumiko, wie wirst du nach Hause kommen?«

Kazuko zog ihren Mantel an, schlang sich den Schal um den Hals, nahm ihre Tasche und verließ den Umkleideraum ihrer Firma. Ihre Kollegin Yumiko folgte ihr und klapperte dabei mit einem Schlüssel.

»Ich habe heute das Auto genommen«, sagte sie. »Ich will gleich nach Yokohama fahren. Hoffentlich komme ich da überhaupt durch! Mein Mann leitet heute eine Konferenz mit internationalen Gästen und nimmt anschließend an der obligatorischen Feier teil. Und weil er etwas trinken will, darf ich ihn dann nach Hause fahren. Männer!« Sie lachte, verabschiedete sich am Firmentor von ihrer Kollegin und ging in Richtung des großen Parkplatzes.

Als Kazuko am Bahnhof ankam, stand sie vor einem neuen Problem. Hunderte von Menschen hatten sich vor den Kontrollautomaten versammelt, die man passieren musste, um zu den Bahnsteigen und den Zügen zu kommen. Die Schranken waren geschlossen. Bahnangestellte standen vor und hinter den Sperren und beantworteten geduldig die unzähligen und immer gleichen Fragen der Fahrgäste. Ein Mitarbeiter stieg auf eine kurze Leiter und setzte zu einer Mitteilung an.

»An unsere sehr verehrte Kunden! Aufgrund des heutigen Erdbebens haben alle Linien den Betrieb eingestellt. Bitte, bewahren Sie Ruhe! Wir wissen nicht, wann der Betrieb wieder aufgenommen werden kann. Derzeit überprüfen unsere Mitarbeiter die Gleise und Leitungen. Haben Sie bitte etwas Geduld, wir werden Sie so schnell wie möglich über das weitere Vorgehen informieren. Wir danken Ihnen im Namen aller Mitarbeiter für Ihr Verständnis.«

Die Wartenden schauten sich ratlos an. Es war Freitag, es war Nachmittag und es war kalt. Alle wollten nur noch nach Hause. Aber es gab dieses schwere Erdbeben und damit die zwingende Notwendigkeit, alles zu überprüfen und erst wieder zur Benutzung freizugeben, wenn auf und an den Bahnstrecken keine Gefahrenquellen mehr existierten. Sicherheit stand an oberster Stelle.

Mehr und mehr Menschen drängten auf den Bahnhofsvorplatz. Die Situation wurde für die Versammelten zwar immer unangenehmer, aber nicht gefährlicher. Japan war ein sicheres Land, die Menschen hier lebten dicht gedrängt auf sehr engem Raum und dieser Umstand machte sie disziplinierter als Menschen in vielen anderen Ländern.

Viele starrten auf ihre Mobiltelefone und versuchten erfolglos, mit einer der vielen Applikationen einen Weg nach Hause zu finden, einen Weg, den es an diesem Nachmittag allerdings nicht gab.

Unter den Wartenden verbreiteten sich die schrecklichen Neuigkeiten aus dem Nordosten des Landes, der Region, die in diesen Minuten von einer Katastrophe bislang ungeahnten Ausmaßes heimgesucht wurde.

Ein Tsunami raste auf die Küste zu.

In den Fernsehgeräten, die in einigen Geschäften liefen, war die Tsunamiwarnung zu sehen. Sie war nicht zurückgenommen worden. Im Gegenteil, die Angaben wurden ständig aktualisiert und ausschließlich nach oben korrigiert.

Die JMA, die Japan Meteorological Agency, hatte das Beben inzwischen auf eine Magnitude von 8,9 auf der Richterskala eingestuft. Es war damit eines der stärksten Beben, die jemals weltweit registriert wurden. Das Erdbeben war jedoch das schwerste, das in Japan aufgezeichnet wurde. Aber trotz seiner Stärke war das Beben nicht das von allen erwartete Tokai-Beben.

Inagi-Shi, Tokio, Japan

R udi saß wie gelähmt vor dem Fernsehgerät und starrte auf die Bilder der Katastrophe, die live im Fernsehen übertragen wurden. Es waren die Aufnahmen einer Welle, die sich mit unbeschreiblicher Kraft aus dem Meer erhoben hatte und an Land gekommen war. Sie spülte alles hinweg, was sich ihr in den Weg stellte. Er sah zu, wie die schwarze Flut, ohne die Geschwindigkeit auch nur um einen Hauch zu verringern, einen Betrieb aus dem Landwirtschaftsbereich mit sich nahm, Gewächshäuser unter sich begrub, Autos von den Straßen riss und den Menschen keine Chance für ein Entkommen ließ. Der Flughafen Sendai wurde von den Wassermassen überflutet, Passagiere und Personal hatten sich auf die Dächer retten können. Würde das ausreichen? Konnten die Gebäude der Wucht der Wassermassen standhalten, die bereits Unmengen von Trümmern mit sich führten? Pures Entsetzen und nacktes Grauen breitete sich in Rudis Körper und Denken aus.

Sicher, er hatte im Fernsehen die Bilder des Tsunamis im Jahre 2004 aus Sumatra und Indonesien gesehen, doch damals war er Tausende von Kilometern entfernt. Diesmal jedoch trennten ihn nur rund 400 Kilometer vom Ort des Geschehens. In Gedanken verglich er die Entfernung mit seiner alten Heimat, mit dem Land, in dem er geboren und erwachsen wurde. Die Entfernung von seinem damaligen Wohnort bis zur nächsten Meeresküste war genau so groß wie die, die ihn jetzt von dem Tsunami trennte.

Wieder fühlte er dieses Zittern in den Beinen und er war der Meinung, ein Nachbeben würde das Land und seine Stadt heimsuchen. Als er jedoch zu den Ketten der Wohnzimmerlampe sah, erkannte er, dass ihm seine Nerven einen bösen Streich spielten. Die Ketten hingen schlaff nach unten, bewegten sich keinen Millimeter.

Er sah die Bilder im Fernsehen und fragte sich, wie er in einer Situation wie der im Katastrophengebiet wohl reagieren würde. Das Sterben, wie würde es sich anfühlen? Welche Gedanken würden die letzten sein, die er haben würde? In sich sah er wieder die Bilder aufsteigen, die er vor seinem inneren Auge hatte, als das Beben ihn und das Haus durchschüttelte. Er sah sich von Trümmern begraben und nach Hilfe rufen. Nein, er konnte sich dieses Gefühl der Hilflosigkeit und der Hoffnungslosigkeit nicht vorstellen. Es gelang ihm nicht, sich in die Lage eines Menschen zu versetzen, der wusste, dass er sterben würde und Hilfe nicht in Sicht war. Er war nicht fähig, sich auch nur im Geringsten auszumalen, was in einem Menschen in solch einer Situation vorgehen mochte.

Rudi schüttelte den Kopf, als könnte er die düsteren Gedanken aus seinem Gehirn schütteln. Langsam stand er auf, ging in die Küche und zündete sich eine Zigarette an. Er inhalierte tief und dachte an alles das, was er in seinem noch relativ kurzen Leben schon erreicht oder auch noch nicht erreicht hatte.

Wieder versuchte er, einen Kontakt zu seiner Frau zu bekommen, aber das Netz war noch nicht wieder in Betrieb.

Was würde mit in einer Millionenstadt wie Tokio geschehen, ohne öffentlichen Nahverkehr, ohne Kommunikation und ohne Internet?

Er erkannte in diesem einen Moment mehr als deutlich, wie wichtig genau dieser Punkt in seinem Leben geworden war. Die Gespräche mit dem Partner, mit anderen Menschen oder auch nur das freundliche Wort an die Nachbarn. Er musste unwillkürlich lächeln, als ihm das ältere Ehepaar in den Sinn kam, das mit ihnen im gleichen Haus wohnte. Da er den Namen des Paares allerdings nicht kannte, konnte er nicht einfach bei ihnen vorbeigehen, klingeln und fragen, ob alles in Ordnung war.

War denn alles in Ordnung?

In der Wohnung hatte er keine Schäden feststellen können, aber körperlich fühlte er sich alles andere als gut. In ihm war dieses eigenartige Gefühl, das er schon aus anderen Situationen kannte. Und dieses Gefühl sagte ihm, dass irgendetwas ganz und gar nicht in Ordnung war. Seine Knochen fühlten sich an wie Blei und er hatte Durst wie nach einem Zehntausendmeterlauf in glühender Mittagssonne. Er kannte diese Symptome nur zu gut, allerdings aus einem anderen Zusammenhang. Er kannte diese Anzeichen als Warnsignale seines Körpers dafür, dass sein Blutzuckerspiegel eindeutig zu hoch war. Also setzte er sich an den Tisch, nahm sein Messgerät zur Hand und testete den Blutzucker. Wenigstens das Messgerät war nett zu ihm, es zeigte ihm ein freundliches »HI« im Display, was allerdings nichts anderes bedeutete, als dass der aktuelle Blutzucker höher war, als dass ihn das Gerät noch messen konnte.

Ein Ereignis wie ein so gewaltiges Erdbeben hinterließ nicht nur Spuren in der Natur oder an Gebäuden. So ein Starkbeben war auch immer ein Anschlag auf die Gesundheit, nicht nur auf die eines gesunden Menschen. Adrenalin, das in solch einem Moment in großen Mengen in den Körper gepumpt wird, ist ein direkter Gegenspieler des Insulins, dem Hormon, welches den Blutzucker senkt. Bei einem gesunden

Menschen geschieht die Regulierung automatisch und vollkommen unabhängig vom Bewusstsein, bei einem Diabetiker muss alles in Eigenregie und von außen erfolgen.

Rudi fragte sich nicht erst lange, warum sein Blutzucker so stark angestiegen war. Ihm waren die Zusammenhänge mehr als nur klar. Er wusste um die Ursache und er kannte das Ergebnis. Er spritzte sich ein paar Einheiten Insulin mit der Hand und hoffte, dass die Menge ausreichen würde, um den Blutzucker wieder in einigermaßen normale Bereiche zu bekommen. Nachdem er sich gespritzt hatte, ging er in die Küche, atmete tief durch und gönnte sich eine weitere Zigarette.

Das Beben hatte ihm mehr als nur Angst gemacht und erst nach und nach kamen die Auswirkungen zum Tragen und das logische Denken zurück. Unsagbar langsam, Schritt für Schritt, setzte sich in ihm die Erkenntnis durch, dass auch sein Leben vergänglich war.

Er stand, an die Spüle gelehnt, in der Küche, wandte dem Fernseher den Rücken zu und dachte darüber nach, was er vor wenigen Minuten erlebt hatte. War das etwa das große Beben, das man in der Kanto-Region schon seit Jahren erwartete? Ein paar Wissenschaftler bezeichneten dieses Erdbeben als »lange überfällig«. Andere Forscher beharrten hingegen auf dem Standpunkt, dass die Erwartungen und die von der japanischen Regierung herausgegebenen Erdbebengefährdungskarten auf falschen Grundlagen beruhten und somit nicht von wirklichem Nutzen für eine Prognose der Erdbebenstärke waren. Dennoch bereitete man sich in Tokio auf dieses Beben vor und benutzte dabei diese Erdbebengefährdungskarten. Breite Straßenzüge fungierten als Feuerschneisen, überall gab es Feuerlöscher und andere Dinge, die im Notfall eine Rettung ermöglichen sollten. In vielen Unternehmen lagerte man Vorräte für den Ernstfall. Jedes Jahr am ersten September, dem Jahrestag des großen Kanto-Erdbebens von 1923, fanden im ganzen Land Katastrophenübungen statt.

Stuttgart, Deutschland

N och nicht einmal richtig im Büro angekommen, wurde Antje auch schon von allen Seiten mit Fragen konfrontiert:

»Sag mal, hast du schon was von den Dingen in Japan und von deinem Freund gehört?«

Sie fand kaum die Zeit, um ihre Kollegen zu grüßen und ihren Mantel im Schrank zu verstauen.

»Nein«, antwortete Antje ein wenig gereizt, fuhr sich mit zittrigen Fingern durch ihr langes, blondes Haar und schaltete ihren Computer ein. Sicher würde sie ihr erster Arbeitsschritt auf eine der Seiten im Internet führen, auf der sie die aktuellsten Informationen über das Erdbeben in Japan abrufen konnte. »Ich hoffe aber, dass ihm nichts passiert ist.«

Der Computer forderte sie mit einem leisen Ton auf, sich im Netzwerk der Firma anzumelden. Schnell tat sie das, öffnete zuerst im Browser eine Suchmaschine und trug dann den Suchbegriff »Erdbeben in Japan« ein.

Auf dem Weg zur Arbeit hatte sie an diesem Tag ganz bewusst auf das Autoradio verzichtet. Die morgendliche Fahrt auf der Bundesstraße war auch ohne zusätzliche Aufregungen anstrengend genug. Sie wollte aber wissen, wie der aktuelle Stand der Dinge war.

Sie machte sich große Sorgen um Rudi. Er war ihr bester Freund, im Grunde der einzige echte Freund, den sie hatte. Wenn sie sich daran erinnerte, wie sie sich vor vielen Jahren kennen gelernt hatten, musste sie noch immer schmunzeln. Im Laufe der Jahre stellte sie allerdings fest, dass er wirklich nur ein Freund war, ein Mann, der sie als Mensch schätzte, der in ihr nicht vorrangig die Frau sah, die sie ohne Zweifel war. Sie liebten sich auf eine ganz besondere Art und Weise, wie sie sich immer wieder gegenseitig eingestanden, ohne dass Rudis Frau oder ihr eigener Freund einen Grund zur

Eifersucht bekommen hätten. Antje wusste genau, selbst wenn sie splitternackt mit Rudi in einem Bett liegen würde, mehr als eine stundenlange Diskussion würde es nicht geben. Sie kannten sich viel zu gut und wussten viel zu viel über den anderen, als das es für mehr als diese ganz besondere Freundschaft gereicht hätte.

Nun saß sie vor ihrem Rechner und suchte im Internet nach den neuesten Informationen über das Erdbeben. Was sie lesen konnte, beruhigte sie nicht wirklich. Sicher, Tokio lag etwa 400 Kilometer vom Erdbebenherd entfernt und es schien, so zumindest der momentane Stand der Informationen, keine größeren Schäden in der Hauptstadt selbst gegeben zu haben, aber dennoch, sie wollte wissen, wie es ihrem besten Freund ging.

Während der Arbeit sah sie immer wieder nach den neuesten Informationen, die im Netz über das Erdbeben zu lesen waren. Die Nachrichten, die inzwischen auf verschiedenen Seiten im Internet eingestellt worden waren, wurden immer schlimmer.

»Du, ich muss mal ein paar Minuten raus hier«, sagte sie zu ihrer Kollegin. »Schau dir mal im Netz die Informationen an. Das wird immer schlimmer in Japan.«

Antje stand auf, verließ das Büro und ging zur Raucherinsel. Früher war sie selbst Raucherin, hatte sich dieses Laster jedoch abgewöhnt. Nur den Platz, den vermisste sie manchmal schon. Wenn sie irgendwelche Probleme wälzte oder an einem Punkt nicht voran kam, ging sie zur Raucherinsel, holte sich einen Cappuccino am Automaten, setzte sich wie in alten Zeiten auf die breite Fensterbank und dachte über die anstehenden Fragen nach, während sie Schluck für Schluck ihren Kaffee trank.

Heute aber überflogen ihre Gedanken einen Kontinent und viele Jahre. Sie erinnerte sich, wie sie Rudi damals kennen gelernt hatte.

Sie sah aus dem Fenster, sah hinaus auf die Bäume, die in dem kleinen Garten der Firma standen, sah in der Ferne die

Berge, sah den blauen Himmel und wünschte sich, ihm helfen zu können. Sie spürte, wie Tränen über ihre Wangen flossen. Sie fühlte Traurigkeit und Hilflosigkeit in sich aufsteigen. Die Meldungen, die sie im Internet gefunden hatte, waren so unsagbar schrecklich. Zuerst das Erdbeben, dann der Tsunami. Was würde noch passieren? Sie erinnerte sich daran, dass Rudi ihr oft von den vielen kleinen Erdbeben erzählt hatte, die er immer wieder miterleben musste und von den vielen, teilweise aktiven Vulkanen, die es in seiner Wahlheimat gab.

Akihabara, Tokio, Japan

K azuko stand inmitten der Menschenmassen auf dem Bahnhofsvorplatz in Akihabara, Tokios Elektronikviertel. Sie hatte Durst und sie war hungrig. Ihr war kalt und dennoch musste sie warten, bis der Betrieb der Bahnen wieder aufgenommen wurde.

Sie wusste nicht, ob und wie sie nach Hause kommen würde. Neue Nachrichten verbreiteten sich, sie berichteten von dem schweren Tsunami, der die Nordostküste Japans schwer getroffen hatte.

»Was wird denn noch passieren?«, war nur eine ihrer vielen unbeantworteten Fragen.

Immer wieder schaute sie auf ihr Mobiltelefon. Noch immer hatte sie keine Nachricht von ihrem Mann. Wie hatte er das Erdbeben überstanden? Wie hatte er auf die Tsunamiwarnung reagiert? Gab es zu Hause Schäden? War mit ihm alles in Ordnung? Sie wusste es nicht und machte sich deshalb große Sorgen. Nicht nur um ihn allein. Sie selbst war mit Erdbeben groß geworden, aber ihr Mann war kein Japaner. Er kam aus einem Land, in dem es nur äußerst selten Erdbeben gab, die dann auch nur sehr schwach waren, von Tsunamis hatte man in seinem Heimatland zwar schon gehört und auch Berichte gesehen, überleben musste man dort jedoch noch keinen.

Ein älterer Mann begann, von einem kleinen Wagen aus Getränke in Flaschen zu verkaufen. Komischerweise verlangte er nur drei Yen mehr, als er selbst im Supermarkt für die Getränke bezahlt hatte. Es gelang Kazuko, sich etwas Trinkbares zu kaufen. Sie war froh, dass die Menschen in ihrem Land anders waren als sie es von ihrem Mann über die Menschen in seinem Land gehört und auch schon oft im Fernsehen gesehen hatte. Hier gab es keine Panik, die Menschen verhielten sich ruhig und äußerst diszipliniert, warteten geduldig auf neue Informationen oder Anweisungen. Und das war genau der Punkt, den sie an ihrem Heimatland so hasste. Jeder wartete darauf, von einer anderen, möglichst höher gestellten Person genaue Anweisungen zu bekommen. Selbständiges Agieren kam kaum einem in den Sinn. Dies war der langen Tradition ihres Landes geschuldet. Aber ohne diese Disziplin und ohne diese tief verinnerlichte Moral konnte man in diesem Land nicht leben. Es war einfach zu eng, als dass jeder genau den Freiraum bekommen konnte, den ein Mensch im Allgemeinen für sich brauchte.

Ihr Mann hatte ihr einmal gesagt:

»Jeder macht, was er will. Keiner macht, was er soll. Aber - alle machen mit.«

Jetzt kam ihr dieser Spruch wieder in den Sinn und sorgte dafür, dass sich ein kurzes Lächeln auf ihr Gesicht verirrte. Sie musste sich daran erinnern, wie sie ihm am Beispiel dieses Spruches die japanische Art zu leben erklärt hatte, denn in ihrem Land sah man das vollkommen anders:

»Jeder macht, was er soll. Keiner macht, was er will und alle machen mit.« Das war das Prinzip, mit dem das Land bislang überlebt, mit dem es in der Welt ein Gesicht erlangt und mit dem es wirtschaftlichen Erfolg hatte. Japan war die drittgrößte Wirtschaftsmacht der Welt. Und das auch, weil es dieses Prinzip gab und sich jeder Japaner an dieses ungeschriebene Gesetz hielt.

Kazuko trank einen großen Schluck aus der Flasche. Es tat gut, die Flüssigkeit die trockene Kehle hinab rinnen zu fühlen. Bald spürte sie, wie auch das Hungergefühl ein wenig nachließ. Das Getränk enthielt Zucker, wie sie dem Etikett auf der Flasche entnehmen konnte.

Wieder wurde sie an ihren Mann erinnert. Seitdem er nach Japan gezogen war, hatte sich auch ihr eigenes Leben vollkommen verändert. Ihr Mann war Diabetiker und musste auf alles achten, was er aß und trank. Sie hatte es sich im Laufe der Jahre angewöhnt, die Liste der Zutaten zu lesen. Das kam ihr jetzt zu gute. Sie hatte nicht nur etwas zu trinken, sie hatte auch einen Vorrat an Energie, der zwar recht klein, aber dennoch vorhanden war.

Immer mehr Menschen sammelten sich vor dem Bahnhof. In das Gebäude selbst oder in die Nähe der Gleise durfte nach wie vor niemand. Kein Mensch wusste, ob es Nachbeben geben und wie stark diese werden würden.

Das Stehen und Warten machte Kazuko zu schaffen. Die Schuhe drückten, die Beine schmerzten, sie musste unbedingt auf die Toilette. Sie machte sich große Sorgen und sie wusste nicht, wann und wie der Tag enden würde. Nach langem vergeblichen Suchen fand sie eine winzige freie Stelle auf einer Stufe der Bahnhofstreppe und setzte sich auf ihr Taschentuch.

Das Mobiltelefon klingelte in ihrer Handtasche. Überrascht schaute sie auf das Display. Es war eine SMS von ihrem Mann. Hastig öffnete sie das Gerät und las die kurze Nachricht, die er ihr geschickt hatte. Vor über einer Stunde war die Nachricht auf die Reise gegangen. Etwas über eine Stunde für eine Strecke von nur ein paar Kilometern. Aber immerhin, die Mobilfunknetze schienen wieder zu funktionieren. Sofort versuchte sie, zu Hause anzurufen, bekam aber nur die Mitteilung, dass das Netz zurzeit nicht zur Verfügung stehe und man an der Beseitigung der Störung arbeite. Eine Stunde hatte die SMS benötigt, um Kazuko zu erreichen, sechzig lange Minuten. Jetzt wusste sie wenigstens, dass zu

Hause alles in Ordnung zu sein schien. Ihre Sorgen wurden dadurch nicht geringer, aber sie beruhigte sich etwas und konnte sich nun den vor ihr liegenden Dingen widmen: Dem langen Weg nach Hause, vom dem sie noch nicht wusste, wie lang er am Ende sein würde.

Regierungsviertel Nagatachou, Tokio, Japan

*D*as Erdbeben war vorbei. Der Tsunami hatte kurze Zeit später an der Nordostküste Japans bis weit ins Binnenland hinein für unbeschreibliche Verwüstungen und unsägliches Leid gesorgt. Das Wasser hatte nicht nur Tausende Menschenleben gefordert, sondern auch eine wichtige Anlage zur Stromerzeugung beschädigt, das Kernkraftwerk Fukushima Daiichi mit seinen vier Reaktorblöcken.

Aber weder das Erdbeben noch der Tsunami allein waren direkt für das sich daraus entwickelnde Drama verantwortlich. Der hauptsächliche Grund für die immensen Schäden an dem Kraftwerk lag vielmehr in der Unfähigkeit der Verantwortlichen, sich schon im Vorfeld einer möglichen Katastrophe darüber Gedanken zu machen, was im schlimmsten Fall passieren könnte. Sicher, man hatte das Kernkraftwerk Fukushima Daiichi gegen Erdbeben bis zu einer Magnitude von 8,25 auf der Richterskala ausgelegt und für eine entsprechend sichere Bauweise der Anlagen selbst gesorgt, die Schutzmauer gegen einen Tsunami aber war, rückblickend betrachtet, mit einer Höhe von rund sechs Metern eindeutig zu niedrig. Die erste Tsunamiwelle brandete bis zu fünfzehn Meter hoch auf, als sie auf die Küste traf. Sie setzte das Kraftwerk unter Wasser. Die Reaktoren und das Containment hielten dem stand, die Anlagen zur Notstromversorgung allerdings waren nicht gegen eine Überflutung gesichert, weil sie teilweise im Freien standen und die Räumlichkeiten unter der Bodenplatte des Kernkraftwerkes nicht hermetisch gegen die Außenwelt verschlossen werden konnten. Das Wasser drang ein und überflutete die im Untergrund vorhandenen Anlagen. Das führte im Zusammenhang mit vielen anderen Missständen und Versäumnissen dazu, dass die Notstromversorgung im Kernkraftwerk komplett versagte.

Am frühen Abend dieses Schicksalstages für Japan stand der Premierminister in der hellblauen Uniform der Schutztruppen zum ersten Mal vor den Kameras der Welt. In seiner Ansprache teilte er den Menschen in Japan und im Ausland einen Teil dessen mit, was sich während des Tsunamis im Kernkraftwerk ereignet hatte. Auch er kannte zu diesem Zeitpunkt die kompletten Daten noch nicht, aber er teilte den Menschen das mit, was er wusste. Zumindest wollte er nach außen hin diesen Eindruck erwecken.

»Verdammt, was kommt als Nächstes?«, fragte er Minister Daisuke Takahashi, mit dem sich der Premierminister nach der eiligst einberufenen Pressekonferenz zu einem ersten Gespräch traf.

»Herr Premierminister, wir verfügen über keine Informationen direkt aus dem Kernkraftwerk. Nach Angaben des Betreibers sollen derzeit einige Mitarbeiter dabei sein, eine Liste der Schäden zu erstellen, die Höhe der Schäden zu ermitteln und die ersten Schritte zur schnellstmöglichen Beseitigung der Gefahrensituation und zur Wiederherstellung der Betriebsbereitschaft einzuleiten.

Fragen Sie mich bitte nicht, wie diese Maßnahmen aussehen werden, wir haben darüber bislang keinerlei Informationen erhalten.«

Seit Stunden bemühten sich Mitarbeiter des in der Katastrophe zu Schaden gekommenen Kernkraftwerkes darum, die Situation unter Kontrolle zu bringen, die durch den nach dem Tsunami eingetretenen kompletten Ausfall der Batterien und der externen Stromversorgung der Anlagen entstanden war.

All diese Informationen landeten auf dem Schreibtisch des Premierministers. Welche davon konnte man veröffentlichen, welche mussten unbedingt unter Verschluss gehalten werden? Das Problem des Premierministers war, die richtige Auswahl zu treffen.

Hatten die Wissenschaftler nicht schon lange vor einem Starkbeben in der Region gewarnt? Hatte nicht sogar ein amerikanischer Geoforscher gesagt, dass sich kein Japaner auf die im Land erstellten und in Benutzung befindlichen Erdbebenwarnkarten berufen oder gar verlassen sollte?

Der Premierminister erinnerte sich an viele Diskussionen mit Wissenschaftlern. Besonders aber an die mit einem Geophysiker namens Professor Doktor Takayuki Matsumoto. Der Professor wollte wieder und wieder mit ihm sprechen, weil er und sein Team irgendwelche Dinge für möglich hielten, die bislang noch nicht eingetreten waren und die, da war sich der Premierminister absolut sicher, auch nie eintreten würden. Ja, das Land war ein erdbebengefährdetes Gebiet und ab und an kam es auch zu einem Tsunami, aber diese und andere geologische Phänomene traten meist in Gebieten auf, die weit entfernt von der Hauptstadt lagen. Einige Vulkane, die gelegentlich ausbrachen, regelmäßig auftretende Erdbeben, aber mehr geschah normalerweise nicht in diesem Land.

Aber jener Professor Matsumoto hatte ihn vor längerer Zeit auch vor einem Beben gewarnt, dass sich in der Tohoku-Region, dem Nordosten Japans mit den Präfekturen Iwate, Miyagi und Fukushima, ereignen könnte – und sich nun ereignet hatte. Wieso sollte er, der Premierminister Japans, sich mit einem Wissenschaftler treffen? Zumal dann, wenn dieser nur von Wahrscheinlichkeiten und Möglichkeiten sprach und darüber hinaus keinerlei Angaben zum Wann und Wo machen konnte. Warum sollte er seine Zeit damit vergeuden, sich das anzuhören, was ihm dieser Wissenschaftler erzählen wollte? Er hatte andere Dinge zu tun, wichtige Angelegenheiten lagen noch immer unerledigt in einer verschlossenen

Schublade seines Schreibtisches. Er musste unbedingt und ausführlich darüber nachdenken, wie er die Situation, in der sich seine Partei und der Kraftwerksbetreiber nach diesem Desaster befanden, ohne weitere Nachteile für alle Beteiligten möglichst geräuschlos aus der Welt schaffen konnte. Immerhin waren einflussreiche Persönlichkeiten seiner Partei und Regierung mit dafür verantwortlich, dass das Kernkraftwerk Fukushima Daiichi an genau der Stelle und in genau der Art gebaut werden konnte, wo und wie es gebaut wurde. Wie würde es nun weiter gehen?

Sendai, Japan

Vom Gipfel eines kleinen Hügels sahen sie auf ihre Stadt herab, oder auf das, was von der Stadt noch vorhanden war.

Zwischen den Häusern bahnten sich schmutzige Wassermassen ihren Weg. Wasser, das eigentlich keines mehr war. Balken, Kisten, Autos, Bäume und ganze Dächer wurden von den Fluten mitgerissen und sorgten dafür, dass die Schäden in der Stadt immer drastischere Ausmaße annahmen. Der Tsunami war mit unbeschreibbarer Wucht in ihre Stadt eingebrochen. Ohne Gnade riss die Welle alles mit sich, was die Kühnheit besaß, sich ihr in den Weg zu stellen. Nichts konnte sie aufhalten und niemand konnte verhindern, was gerade passierte.

Das Krachen der in sich zusammenbrechenden Häuser, das Rauschen des Wassers, das metallene Scheppern, wenn Autos zusammenstießen, das Quietschen von Stahlträgern, wenn diese brachen, alle diese Geräusche mischten sich zu einem Inferno, das nicht viel harmloser war als das, was sich in diesem Moment zu ihren Füßen abspielte.

Jeder hier wusste, dass es schon immer Erdbeben gab und dass es sie auch immer geben würde. Jeder wusste auch, dass jedes dieser Erdbeben einen Tsunami auslösen konnte, wenn es ein paar Bedingungen erfüllte. Ein Erdbeben musste eine Magnitude von mindestens 7,0 auf der Richterskala erreichen, dabei musste es im Meer stattfinden und das Epizentrum durfte nicht allzu tief unter dem Meeresboden liegen. Erst wenn alle diese drei Bedingungen gleichzeitig erfüllt waren, war ein Erdbeben auch imstande, einen Tsunami auszulösen.

Als die Einwohner der Stadt Sendai die Tsunamiwarnung hörten, wussten sie instinktiv, dass diese drei Bedingungen durch das Erdbeben, das vor wenigen Minuten ihre Heimat erschüttert hatte, erfüllt worden waren und es jetzt darum ging, das eigene Leben und vielleicht das der unmittelbaren Nachbarn zu retten. Nur das zählte in diesen Minuten, alle anderen Angelegenheiten und Dinge waren mit einem Schlag nebensächlich geworden. Die entstandenen Schäden würde später die Versicherung ersetzen, zerstörte Häuser konnten wieder aufgebaut werden, Fabrikanlagen konnte man renovieren, aber das alles funktionierte nur, wenn man selbst am Leben war. Das setzte jedoch voraus, dass man vor der Welle fliehen konnte.

Die Menschen ergriffen die bereitstehenden Notfallrucksäcke und rannten in Richtung der Hügel, die die Stadt umgaben. Erst vor wenigen Tagen hatte es eine Übung zur Evakuierung im Falle eines Tsunamis gegeben. Jetzt erschien das vielen der Fliehenden als Zeichen des Schicksals.

Immer mehr Flüchtlinge strömten auf die Hügel um die Stadt. Zwei junge Männer trugen auf ihren Armen eine ältere Frau. Schnell wurde aus mitgebrachten Decken und anderen Gegenständen ein Platz zum Sitzen errichtet, auf den sie vorsichtig gesetzt wurde. Schnell war die alte Frau in warme Decken gehüllt.

Vorn, an einem Sperrgitter, stand ein Mann und filmte die Vorgänge mit seiner Videokamera. Er konnte nicht glauben, was er sich mit eigenen Augen ansehen musste. Seine Firma, das alte Haus seiner Urgroßeltern, in dem er selbst seit seiner

Kindheit lebte, all das sah er in diesem Moment zusammenbrechen. Schnell hatten sich die Trümmer des Hauses mit den anderen vermischt und trieben weiter, tiefer hinein in die Stadt, die noch bis vor wenigen Minuten seine Heimat war.

Das Krachen der Trümmer hörte nicht auf, das Kreischen von Metall griff nach den Nerven, das Gurgeln des Wassers flutete in die Ohren und marterte das Gehirn. Keiner wusste, ob auch anderen Menschen die Flucht gelungen war. Sie begannen zu ahnen, dass sie viele ihrer Kollegen, Freunde, Nachbarn und Verwandten nie wieder sehen würden.

Japan hat jahrhundertelange Erfahrungen mit Tsunamis. Mehrmals schon kamen die Wellen an Land. Der Name allein sagt mehr, als man aus wissenschaftlichen Erklärungen entnehmen konnte: Hafenwelle.

Einst hatten Fischer den Namen für diese Art von Wellen geprägt. Auf dem Meer, weit entfernt vom flachen Ufer, spürten sie die Welle noch nicht einmal, wenn sie unter den Booten hindurchlief. Wenn die Fischer allerdings zurückkehrten, lagen ihre Dörfer in Trümmern, übersät mit Toten.

Ein Tsunami zeigt seine zerstörerische Kraft nur im flachen Uferbereich einer Küste, wenn die Wassersäule niedriger wurde. Die Welle eines Tsunamis reicht, im Gegensatz zu normalen, vom Wind erzeugten Wellen, bis auf den Meeresgrund. Diese geballte Energie entlädt sich erst im flachen Wasser, wenn der obere Teil der Welle langsamer wird, während der untere Teil mit aller Kraft weiter schiebt. Dann erst türmen sich die Wassermassen auf, werden zu der gefürchteten Welle und schlagen erbarmungslos zu. Die Kraft eines Tsunamis ist so groß, dass sogar Frachtschiffe wie Tischtennisbälle davon geschwemmt und irgendwo an Land wieder abgesetzt werden.

Der Tsunami, den sie nun vom Hügel aus sahen, riss alles mit sich, was sich ihm in den Weg stellte. Wäre es nur das Wasser gewesen, die Stadt wäre auch überflutet worden, aber es hätte weitaus geringere Schäden gegeben. In den Fluten sammelten sich die Reste der schon zerstörten Gebäude, trieben zusammmen mit Autos und anderen Trümmern durch die Straßen und rissen so Bauwerke und Fahrzeuge mit, die ansonsten nur unter Wasser gesetzt worden wären. Was sich ihren Augen in diesem Augenblick darbot, war ein Bild des Grauens, des blanken Schreckens und der totalen Zerstörung.

Vor ihren Augen wurden Millionenwerte vernichtet.

Vor ihren Augen starben Menschen einen grausamen Tod.

Stuttgart, Deutschland

Ein leiser Ton verriet Antje, dass eine Mail eingetroffen war und im Posteingang darauf wartete, von ihr gelesen zu werden.

Eigentlich sollte jetzt ihre Mittagspause beginnen, aber sie wechselte in den Ordner für den Posteingang. Eine Mail von Rudi! Die Sorgen um ihn waren für kurze Zeit verflogen, der Stress und die Anspannung des Vormittages für einen Moment vergessen. Trotzdem hatte sie Angst davor, diese Mail zu öffnen, weil sie nicht wusste, was sie zu lesen bekommen würde. Tief in ihrem Inneren hoffte sie, dass in der Mail nur gute Nachrichten enthalten waren. Ging es ihrem besten Freund wirklich gut? Wie hatte er die Katastrophe in seiner Wahlheimat überstanden?

Sie konnte nicht sagen, wie sie auf schlechte Nachrichten von ihm reagieren würde. Okay, die Mail kam von seiner privaten Mailadresse, was sie im ersten Moment als positives Zeichen wertete, immerhin konnte Rudi ins Internet gehen und von dort aus Mails verschicken. Und das sagte ihr im Umkehrschluss, dass ihm nichts Schlimmes widerfahren sein konnte. Da war aber noch seine Frau, da war die Wohnung, in der Rudi und seine Frau lebten. War Kazuko etwas widerfahren? War mit der Wohnung alles in Ordnung?

Vorsichtig klickte Antje die Mail an, holte tief Luft und öffnete die Datei. Sie war auf alles gefasst.

Als sie in den ersten Worten der Mail las, dass Rudi nichts passiert war und dass in der Wohnung alles in Ordnung war, beruhigte sie sich. Sie atmete erleichtert durch und lehnte sich zurück, bevor sie begann, den Rest der Mail zu lesen.

Rudi schrieb ihr in wenigen Worten, dass er seine Frau nicht erreichen konnte und dass die Bahnlinien in Tokio den Betrieb komplett eingestellt hatten. Sie las, dass er sich große Sorgen um seine Frau machte, die direkt im Stadtzentrum in einer kleinen Firma arbeitete. Aus der Innenstadt waren bislang zwar keine Schäden gemeldet worden, aber das besagte überhaupt nichts, wie er ihr in derselben Mail schrieb. Er schrieb ihr einige Worte später, dass der Tsunami ihren Wohnort nicht erreichen konnte, aber eine Welle mit einem Meter Höhe in dem Teil Tokios erwartet wurde, der direkt ans Meer grenzte. Er teilte ihr weiterhin mit, dass ihn die Fernsehbilder tief erschüttert und emotional mitgenommen hatten. Es war, so beschrieb er ihr mit wenigen Worten, eben doch ein Unterschied, ob man in den Medien von einer Katastrophe erfuhr oder ob man selbst mitten drin steckte.

Sie fand den Stil seiner Zeilen etwas eigenartig. Die Mail war nicht so lustig wie die anderen, die sie bekommen hatte, sie war aber auch nicht so ernst wie seine Briefe. Sie hatte den Eindruck, als wollte er sie mit seinen Worten sowohl beruhigen als auch seinen eigenen Gefühlen und seiner Angst Ausdruck verleihen.

Sie schloss die Mail und begann ihre Mittagspause. Sie hatte Hunger und sie hatte Durst. Außerdem machte sie sich Gedanken um ihren allerliebsten Freund, aber sie wusste nun wenigstens, dass es ihm gut ging und sie sich um ihn keine Sorgen zu machen brauchte.

Hakone, Japan

*Ü*ber dem Tal lag, wie an jedem anderen Tag auch, der Geruch von faulen Eiern. Keiko Matsuda wusste nur zu genau, woher dieser Geruch kam. Es war Schwefelwasserstoff, ein Gas, das neben anderen Gasen aus Vulkanen aufstieg, deren Untergrund noch aktiv war, selbst wenn die Vulkane schon lange nicht mehr ausgebrochen waren.

Keiko Matsuda war Geologin, Seismologin und Geophysikerin. Zusammen mit Kollegen aus dem In- und Ausland erforschte sie die Vulkane ihres Landes und versuchte, die Geschichte der Berge besser verstehen und erklären zu können. Die Forschungen sollten in einer hoffentlich nicht mehr allzu fernen Zukunft darin enden, eine Möglichkeit zu finden, Erdbeben und Vulkanausbrüche vorhersagen zu können. Noch waren die Seismologen weit von diesem Ziel entfernt, zu viele Faktoren spielten dabei eine Rolle und bedingten sich obendrein teilweise gegenseitig.

Bei Vulkanen waren inzwischen einige Vorzeichen bekannt, die einen Ausbruch ankündigen konnten, bei Erdbeben allerdings tappten die Forscher noch immer fast völlig im Dunkeln. Einige auch sehr bekannte Wissenschaftler waren der Meinung, dass man am Verhalten von bestimmten Tieren, zum Beispiel von Hunden oder Schlangen, ein Beben voraussehen konnte. Sie gingen davon aus, dass Tiere die Änderungen im Magnetfeld des Bodens, die von den Wissenschaftlern bei Erdbeben gelegentlich beobachtet wurden, mit ihren sehr empfindlichen Sinnesorganen wahrnehmen konnten. In der Fachliteratur aber existierte kein eindeutiger Beweis, der diese Hypothese wissenschaftlich belastbar stützte, obwohl in China einmal die erfolgreiche Vorhersage eines Erdbebens durch das Beachten des geänderten Verhaltens der Haustiere gelungen war. Das gelang aber nur ein einziges Mal.

Keiko Matsuda las die von dem GPS-Gerät angezeigten Daten ab. Der Untergrund hatte sich seit der letzten Messung wieder um einige Millimeter gehoben.

»Hey, Keiji, was hast du?«, rief sie dem Kollegen zu, der an einer anderen Stelle die GPS-Daten ablas.

»Ich kann das nicht glauben«, kam die. »Seit unserer letzten Messung hat sich der Boden schon wieder um einige Millimeter gehoben. Wie sieht es bei dir aus?«

»Ich habe hier das gleiche Phänomen«, antwortete Keiko und machte ein nachdenkliches Gesicht. »Wenn ich mir das so überlege, immerhin fast drei Zentimeter in nicht ganz zwei Monaten. Da stimmt doch etwas nicht, oder ...« Sie ließ den Satz offen. An die Alternative, die sich aus ihren Überlegungen und Worten ergab, mochte sie in diesem Augenblick nicht denken. Sie war einfach zu furchtbar, als dass Keiko auch nur einen Gedanken daran verschwenden mochte.

Die Aufzeichnungen der Vorgänge, die sich unter ihren Füßen abspielten, deuteten darauf hin, dass sich die Magmakammer unter dem Owakudani wieder füllte. Dabei entstanden tief in der Erde enormer Druck und große Spannung und der Boden über der Magmakammer wurde angehoben. Zählte man noch die Gase dazu, deren Austritt in letzter Zeit auch von anderen Forschern verstärkt in dem Gebiet gemessen wurden, und die vielen anderen Signale, die ihnen aus der Erde gesendet wurden, dann konnte man nur zu einem Schluss kommen. Nämlich dem, dass ein Ausbruch von einem der Vulkane im Hakone-Fuji-Izu-Nationalpark unmittelbar bevorstand.

Schon seit längerer Zeit zeichneten die Wissenschaftler in ihrem Labor vermehrt kleinste Erdbeben auf. Durch die Plattentektonik gab es zwar ständig Beben, aber die Zahl der Erschütterungen stieg ständig an und die Energien der Mikrobeben nahmen langsam, aber stetig zu.

Noch waren die Erdstöße nicht körperlich zu spüren, weil ihre Magnituden **noch** viel zu schwach waren, aber wie lange würde das **noch** so sein? Die Betonung, so führten die

Geowissenschaftler immer wieder gebetsmühlenartig aus, läge bei ihren Aussagen und Veröffentlichungen auf dem Wort **noch.**

Die Antwort auf die Frage nach dem »Wie lange noch?« zu finden, war einer der Gründe, die Keiko und Keiji immer wieder an und auf die Berge im Nationalpark führten. Vor wenigen Wochen erst hatten sie an den gleichen Stellen die Messungen vorgenommen, die sie heute wiederholen wollten. Die Ergebnisse ihrer eigenen Berechnungen hatten sie erschreckt, eine Überprüfung durch andere Fachleute ergab, dass sie bei ihrer Arbeit alles richtig gemacht hatten und auch keine Fehler in dem von ihnen benutzten Programmen und Gleichungen zu finden waren. Ihre Daten waren akkurat ermittelt und übertragen worden. Als ein Resultat ihrer Arbeit hatten sie im Gelände neue Messpunkte angelegt, die sie jetzt zusammen mit den schon vorhandenen überprüfen mussten. Zum aktuellen Zeitpunkt konnten sie nicht mehr unternehmen. Ihre Ergebnisse waren noch zu ungenau, um damit an die Öffentlichkeit gehen zu können. Mit jeder abgeschlossenen Messreihe wurden sie sich aber des Umstandes bewusster, dass sie die Bevölkerung rund um den Nationalpark in nächster Zukunft über die Ergebnisse aus ihren Forschungen informieren mussten. Eine Katastrophe mit unvorstellbaren Folgen stand ihnen bevor, sollte die Entwicklung weiter so voranschreiten wie bislang.

Keiko erinnerte sich deutlich und voller Schrecken an das Erdbeben im Jahr 2011, das einen Tsunami auslöste, der beinahe 20000 Menschen in den Tod riss und Schäden in Höhe von mehreren Hundert Milliarden US-Dollar hinterließ. Noch immer wurde an der Beseitigung der Schäden gearbeitet. Jeder Mensch auf der Welt, der einen Fernseher besaß oder lesen konnte, kannte die Berichte über die Naturkatastrophe und das Atomkraftwerke Fukushima Daiichi, das durch den Tsunami zerstört wurde. Beinahe wäre es in dem Kernkraftwerk zu einem Super-GAU in drei der vier Reaktoren gekommen. Noch immer musste Keiko Matsuda über das Wort Super lächeln, das man vor die Abkürzung GAU gesetzt hatte. Konnte man einen Superlativ noch steigern? Ihr Lächeln war allerdings nicht heiterer Natur, im Gegenteil, es war Zeichen ihrer Abscheu, aber mehr noch Geste der Resignation. Noch immer war ein Gebiet mit dem Durchmesser von zehn Kilometern um die Reste des ehemaligen Kernkraftwerkes unbewohnbar und nicht aufgeräumt worden. Wie der Atomdom in Hiroshima war auch die Ruine des Kernkraftwerkes zu einem Zeichen der Mahnung geworden. Mahnung und Warnung zugleich. Warnung vor der Kraft und der Macht der Natur, die man nicht zügeln konnte und Mahnung, dass der Mensch sich mit der Natur arrangieren musste, um in und mit ihr leben zu können.

Die Folgen des Erdbebens im Jahr 2011 allerdings würden im Vergleich zu den möglichen Folgen des Ausbruches eines der Vulkane im Hakone-Fuji-Izu-Nationalpark sein wie die Folgen eines Steines, den man in einen Teich wirft, gegenüber den Folgen eines Kometen, der in einen Ozean stürzt. Im Einzugsbereich des Nationalparks lebte ein Viertel der Einwohner Japans.

»So langsam wird mir das echt unheimlich«, fuhr Keiji fort, während er auf seine Kollegin zukam. »Ich glaube das nicht! Ich kann das nicht glauben! Wir müssen etwas übersehen oder falsch gemacht haben. Verdammt, wenn wirklich das passieren sollte, worauf die Daten hindeuten, was soll dann aus uns, unserem Land und der Stadt da werden?« Er sah in Richtung Tokio. Die Metropole selbst konnte er von ihrem Standort aus nicht sehen, dazu war sie zum einen zu weit entfernt und zum anderen lagen noch einige höhere Berge zwischen ihrem derzeitigen Aufenthaltsort und der Hauptstadt Japans. »Wir haben die Mikrobeben, die inzwischen schon in kleineren Schwärmen auftreten. Dazu das Ansteigen der Gasaustritte hier überall, und dann sind da die signifikanten Bodenhebungen. Verdammt, wie lange will der Chef eigentlich noch warten, bis er endlich was Konkretes unternimmt.«

»Du, Keiji«, entgegnete Keiko, setzte sich auf einen der vielen erkalteten Lavabrocken und blickte in das Tal zu ihren Füßen hinunter. »Du weißt doch, wie das vor ein paar Jahren war. Die Oberbosse werden erst dann etwas unternehmen, wenn es zu spät ist. Und selbst dann sagen sie nur das, was andere schon aufgedeckt haben. Das war doch damals in Fukushima nicht anders. Und da meinst du, unser Boss wird diesmal schneller etwas rausgeben?« Sie schüttelte den Kopf, um ihrem eigenen Unglauben Ausdruck zu verleihen. »Vielleicht, wenn der Knabe da drüben …«, sie zeigte auf den Fujisan, der in einiger Entfernung in den Himmel ragte, »… wieder einmal Rauch aufsteigen lässt. Aber auch dann ist eine schnelle Reaktion der obersten Führungsetage mehr als nur äußerst unwahrscheinlich.«

Die beiden Geologen lagen schon seit längerer Zeit in einer Art Streit mit ihrem Vorgesetzten, Professor Doktor Takayuki Matsumoto, der sich beharrlich zu weigern schien, die ihm vorgelegten Ergebnisse als das zu akzeptieren, was sie waren: Anzeichen einer sich anbahnenden Katastrophe.

Kurz nachdem sich das Große Ostjapanische Erdbeben ereignet hatte, vertraten viele Forscher die Ansicht, dass sich der Druck auf die Randbereiche der Subduktionszonen in den Bereichen Nankai und Tokai, die noch weiter südlich lagen als Japans Hauptstadt Tokio, so weit verstärken könnte, dass das Auftreten von weiteren Starkbeben in nicht allzu ferner Zukunft aus dem Bereich der reinen Spekulation in den der Hochwahrscheinlichkeit gerückt war. Auf das lange angekündigte Tokai-Beben warteten sie allerdings noch immer. Obwohl es sich noch nicht ereignet hatte, war jeder darauf vorbereitet. Wenn man den Statistiken folgte, war dieses Erdbeben überfällig. Aber kein Mensch konnte sagen, wann es sich ereignen würde, niemand konnte vorhersagen, wie und wo es passieren würde, nur in einem Punkt waren sich alle sicher: Dass es geschehen würde.

»Keiko, du kennst doch unseren Chef« Keiji trank einen großen Schluck aus der Wasserflasche. »Seitdem er letztens so einen Mist damit gebaut hat, dass er den Politikern mit seinen Forderungen und seinen Anschuldigungen, die ›Holzköpfe in Nadelstreifen‹ würden die Zeichen nicht ernst nehmen und damit ihrer Verantwortung für das Volk nicht gerecht werden, so mörderisch auf die Füße gestiegen ist, seitdem ist er noch um einiges vorsichtiger geworden. Du kannst den Professor heute nur noch mit harten Fakten überzeugen, die möglichst schon von Forschern aus anderen Ländern bestätigt oder sogar schon publiziert wurden, damit er dann mit diesen Argumenten in der Hand zu den Damen und Herren in Nagatachou gehen und denen die Fakten um die Ohren hauen kann. Der Professor und was wagen?« Keiji schüttelte den Kopf. »Und die paar Millimeter hier, wen interessieren die schon? Das Land liegt nun einmal in einer Subduktionszone, da wird schon mal gedrückt und geschoben. Was sind da schon zwei oder drei Millimeter?«

»Aber innerhalb von so wenigen Wochen?«, warf Keiko ein. »Okay, dass sich der Boden in einer tektonisch aktiven Zone hebt und senkt, das ist vollkommen normal. Aber warum dann hauptsächlich hier und nicht auch weiter im Inneren des Landes? Warum nur hier an den Vulkanen und nicht auch unten, an der Küste von Chiba zum Beispiel? Die Gegend dort liegt der Subduktionszone wesentlich näher. Du hast die Ergebnisse doch auch gesehen, oder nicht?«

Genau das war einer der Punkte, über die sie schon lange diskutierten und bei denen sie bislang zu keiner Einigung gekommen waren. Die von ihnen festgestellten Anzeichen konnten alles Mögliche bedeuten – oder auch gar nichts. Es konnte durchaus sein, dass die gemessenen Bodenhebungen lediglich durch das Abtauchen einer Platte unter eine andere verursacht wurden, weil sich dadurch der Boden am Rand einer Platte stauchte und dabei ein kleiner Bereich unmittelbar hinter dem Rand der Platte anstieg. Es konnte jedoch auch sein, dass sich unter den Vulkanen im Nationalpark die dort schon seit Urzeiten vorhandene Magmakammer wieder füllte. Das Gestein wurde durch den dabei entstehenden

Druck nach oben gewölbt. Irgendwo musste das aus der Tiefe des Erdmantels kommende Magma schließlich hin.

Was die Mitarbeiter ihres Institutes nicht nur an den Rand der Verzweiflung, sondern beinahe in den Wahnsinns trieb, war der Umstand, dass die festgestellten Anhebungen des Untergrundes nur an wenigen, dafür umso markanteren Stellen auftraten, was dann jedoch der Theorie widersprach, dass der Rand der Eurasischen Platte durch das langsame Absinken der Pazifischen Platte mit nach unten gezogen und dabei am Rand gestaucht wurde.

»Keiko, was passiert hier eigentlich wirklich? Was können und was sollen wir machen?«

Keiji sah sich die Aufzeichnungen genauer an. Er war so tief in das Thema eingearbeitet, dass er allein anhand ihrer Notizen Zusammenhänge herstellen und definieren konnte.

»Ich meine, drei Millimeter in nur acht Wochen, das ist rund viermal schneller als das Himalajagebirge in die Höhe schnellt. Und dort wirken ganz andere Kräfte! Ich verstehe das genauso wenig wie du. Aber ich mache mir deshalb Sorgen, ernsthafte Sorgen.«

Keiji stand auf und marschierte zum nächsten Punkt der Messreihe, der sich knapp 200 Meter entfernt befand. Dabei glitt sein Blick zufällig in Richtung Fujisan. Er blieb stehen und sah sich das Bild genauer an.

»Keiko, schau mal zum ›Großen‹ rüber und sag mir dann bitte, dass ich mich täusche!« Was er gesehen hatte, ließ ihm mehr als nur einen Schauer des Schreckens über den Rücken laufen.

Über dem Gipfel des Vulkans standen Wolken – eigentlich war der Gipfel des Berges öfter von Wolken verhüllt als frei sichtbar – diesmal jedoch waren die Wolken nicht weiß. Sie hatten eine graue, fast schwarze Färbung angenommen und stiegen senkrecht nach oben.

»Au Scheiße!«, sagte Keiko Matsuda, nachdem auch sie zum Berg geschaut hatte. »Au Scheiße!«

Inagi-Shi, Tokio, Japan

*D*as Leben im Land der aufgehenden Sonne nahm seinen gewohnten Lauf. Die Pendlerzüge waren nach wie vor jeden Morgen und Abend brechend voll. Die Menschen gingen tagsüber zur Arbeit und abends ins Kino, man traf sich mit Freunden in einer der vielen Karaokebars, es wurde gelebt und geliebt, gelacht und geweint, Menschen wurden geboren und Menschen starben. Es war das ganz normale Leben, wie man es nicht nur in Japans Hauptstadt, sondern in jedem anderen Ort der Welt auch lebte.

»Was ist, wollen wir heute Abend nicht mal essen gehen?«, fragte Rudi seine Frau am Telefon. Sie hatte gerade ihren Arbeitstag beendet und war auf dem Heimweg.

»Und wohin wollen wir gehen?«, antwortete sie mit einer Gegenfrage. »Bei uns ist in Sachen Gastronomie so gut wie nichts los.«

»Hm, stimmt auch wieder«, entgegnete Rudi und überlegte in Windeseile, wo es ein passendes Restaurant gab, in das man zum Essen gehen könnte. »Wie wäre es denn mit dem Chinesen am Bahnhof Noborito?«

»Dort ist es lecker. Ja, das klingt gut. Treffen wir uns dort oder soll ich vorher noch einmal nach Hause kommen?« Kazukos Stimme klang begeistert.

»Nee, du brauchst vorher nicht noch einmal nach Hause kommen, wir werden uns dort treffen. Schickst du mir von Mizonokuchi bitte eine SMS, damit ich weiß, wann ich hier los muss?«

»Mache ich«, beendete sie das kurze Telefonat.

Sie hatten dieses Kleinod fernöstlicher Gastlichkeit erst vor einigen Monaten und auch eher zufällig für sich entdeckt. Ein Restaurant gleich neben dem Bahnhof Noborito, auf dem sie jeden Tag umsteigen mussten. Hier war das Essen gut und preiswert, das Personal freundlich und schnell und das Ambiente fernöstlich angenehm. In dem Restaurant hatten sie sich schon oft getroffen, um den Abend ruhig ausklingen zu lassen. Das sehr gute Essen, dazu im Sommer ein frisch gezapftes kühles Bier, im Winter frisch gebrühter Jasmintee, so konnte man es sich gefallen lassen.

Dieses kleine Restaurant, Tausende Kilometer von der alten Heimat entfernt, erinnerte Rudi oft an eine Zeit, die lange zurück lag, an eine Zeit, in der er manch lange Stunde in einem chinesischen Restaurant gesessen hatte, auf dem Tisch vor sich ein Kännchen Jasmintee, den er gern mit einem Menschenleben verglich. Wenn der Tee noch frisch ist, so sagte er immer, dann schmeckt er sanft wie die Jugend, die zweite Tasse kräftig wie ein Leben in den mittleren Jahren, der letzte Schluck aber hatte den bitteren Beigeschmack des Todes.

Rudi machte sich für das Abendessen beim Chinesen fertig. Sie mochten dieses Restaurant nicht nur, weil es relativ nahe lag, sondern weil sowohl das Angebot und die Portionen groß waren. Sie wollten so die Wirtschaft ein wenig stimulieren. Ihre Rechnung würde auch an diesem Abend nicht viel zur Steigerung des japanischen Bruttoinlandproduktes beitragen, aber es gab ihnen das angenehme Gefühl, etwas getan zu haben, um das Land, das noch immer mit den Folgen des Erdbebens im Jahr 2011 kämpfte, ein Stück voran zu bringen.

Rudi musste an die Zeiten unmittelbar nach dem Erdbeben denken. Erst das Beben, das letztendlich mit einer Magnitude von 9,0 auf der Richterskala in die Geschichte Japans und der Welt einging, dann der verheerende Tsunami und als ob das noch nicht genug gewesen wäre, der Nuklearunfall im Kernkraftwerk Fukushima Daiichi.

Und dabei hatten sie noch Glück im Unglück. Es war zwar in drei der vier Reaktoren zu einer Kernschmelze gekommen, durch den Einsatz aller international verfügbaren Mittel und technischen Möglichkeiten konnte allerdings verhindert werden, dass die havarierten Reaktoren zu guter

Letzt auch noch explodierten und es zu einem zweiten Tschernobyl kam. Die Sorgen jedoch blieben. Die Reaktoren waren inzwischen unter einer luftdichten Hülle aus Plastik verschwunden, man sah sie nicht mehr und die Arbeiten zum Abbau liefen, wenn auch äußerst langsam. Es würde noch Jahrzehnte dauern, bis alle Trümmer beseitigt waren, aber die Arbeiten liefen.

Später stellte sich heraus, dass Teile aus Politik und Wirtschaft so extrem miteinander verzahnt waren, dass die vorhandenen und bekannten Mängel über viele Jahre hin erfolgreich verschleiert werden konnten. Nur so war der Fakt zu erklären, dass es am Ende zu den dramatischen Schäden und Ereignissen kommen konnte, die im Kernkraftwerk auftraten. Sicher hatte auch die Wissenschaft einen großen Einfluss, denn das Gebiet an Japans Nordostküste war von den Wissenschaftlern nicht in dem Maß als erdbebengefährdet eingestuft worden, wie es das letztendlich war. Die Wissenschaftler erwarteten nur mittlere Beben, die sie in ihren Prognosen mit einer Stärke weit unter 8,0 eingestuft hatten. Und so hatte man das Kernkraftwerk Fukushima Daiichi für ein Erdbeben mit einer Magnitude von 8,25 ausgelegt. Die Abschaltung der Reaktoren während des Erdbebens funktionierte noch ohne Probleme. Doch der bis zu fünfzehn Meter hohe Tsunami, der in dem Kernkraftwerk einschlug, führte zum Zusammenbruch sämtlicher Notsysteme. Als Resultat konnten die Anlagen nicht mehr gekühlt und unter Kontrolle gehalten werden. Die Gebäude mehrerer Reaktorblöcke wurden durch Wasserstoffexplosionen zerstört, es kam zu Kernschmelzen, aber im Gegensatz zum GAU in Tschernobyl gab es keine Explosion der Reaktoren selbst und bislang auch keine Toten durch radioaktive Verstrahlung. Immerhin ein kleiner Lichtblick.

Das Erdbeben ging in die Geschichte des Landes und der Welt ein. Nicht als das Beben mit den meisten Toten in Japan, das ereignete sich 1923 in Tokio, und auch nicht als das Erdbeben mit der höchsten jemals gemessenen Magnitude, dieses ereignete sich 1960 mit einer Magnitude von 9,5 vor Chile, aber als das stärkste, das jemals in Japan aufgezeichnet wurde und das mit Abstand am besten dokumentierte Erdbeben der Welt obendrein.

Wissenschaftler aus aller Herren Länder hatten im Nachhinein bis ins kleinste Detail ermitteln können, was genau sich während des Erdbebens wann wie wo ereignet hatte. Die so gewonnenen Erkenntnisse halfen dem Land, sicherer zu werden, sie zeigten aber auch in aller Schonungslosigkeit die Fehler und Versäumnisse der Vergangenheit auf. Die Untersuchungsergebnisse der Folgen des Erdbebens im Kernkraftwerk Fukushima Daiichi waren vor allem eine Offenbarung der engen Verflechtungen zwischen Kapital und Politik, die in diesem Land noch immer Bestand hatten. Trotz all der Mängel, die während der Untersuchung der Katastrophe ans Licht der Öffentlichkeit kamen, trotz aller Verstrickungen, die nach und nach bekannt wurden, setzte das Land weiterhin auf Atomstrom.

Wie sich Rudi nach langem Überlegen selbst eingestehen musste, hatte das Land auch keine Alternative. Der Inselstaat verfügte über keinerlei Ressourcen an Kohle, Erdgas oder gar Erdöl. Jeden Tropfen Öl, jeden Krümel Kohle musste Japan auf dem internationalen Markt für Devisen kaufen. Wie sollte die drittgrößte Industrienation der Welt ihren Strombedarf decken? Rudi verstand durch den ersten heißen Sommer nach dem Beben besser als je zuvor, wie sehr man gerade in diesem Land vom Strom abhängig war. Im Sommer lagen die Temperaturen weit über dreißig Grad und selbst in der Nacht wurde es nicht wirklich kühler. Man musste eine Kühlmöglichkeit benutzen, um in den Wohnungen und den Büros die Temperaturen auf ein gerade noch erträgliches Maß zu senken oder erträglich zu halten. Wie sollte man das alles ohne Klimaanlage schaffen?

Sein Mobiltelefon klingelte und riss ihn aus seinen Gedanken. Der Ton sagte ihm, dass es kein Anruf, sondern eine Kurzmitteilung war. Seine Frau hatte ihm nur mitgeteilt, dass sie in etwa zwanzig Minuten im Restaurant eintreffen würde. Also machte er sich auf den Weg. Unterwegs wollte er auch noch eine Zigarette rauchen. Er zog sich die Schuhe an, setzte seinen Hut auf und verließ die Wohnung ruhigen Schrittes.

Tokio, Japan

Nachdem auf dem Monitor ihres Rechners ein anderes Bild erschienen war, sagte Keiko Matsuda zu ihrem Kollegen:

»Verdammt, schon wieder ein Beben. Wie viele hatten wir denn damit heute schon?«

„Das ist jetzt Nummer zweiundvierzig des heutigen Tages. Wie stark?" Keiji war hinter sie getreten und hielt sich an der Lehne des Bürostuhles fest, auf dem Keiko saß.

»Nur eine eins Komma drei, merkt man gar nicht«, gab Keiko zur Antwort. »Aber die Beben werden langsam stärker. Was kann das nur bedeuten? Ich meine, am Vulkan die Hebungen, die verstärkten Gasaustritte, jetzt die Schwärme kleinerer Erdbeben. Mich soll der Teufel holen, wenn das nicht alles irgendwie zusammenhängt.«

»Nun mach mir aber keine Angst«, scherzte Keiji und setzte sich neben sie. »Das kann ja alles Mögliche bedeuten, oder gar nichts. Wir haben einfach noch zu wenige Daten, um mehr sagen zu können als: ›Die Aktivitäten sind angestiegen, ja, aber wir können noch nichts Genaues sagen.‹ Keiko, was willst du machen? Etwa zu unserem Oberboss gehen und ihn bitten, eine Warnung veröffentlichen zu dürfen? Der wird zuerst das Papier in die Tonne treten und anschließend dich aus seinem Zimmer werfen.« Keiji schüttelte den Kopf.

Auch er verfügte über genug Kenntnisse, um zu wissen, was ihnen die von ihnen registrierten Anzeichen sagen konnten. Daneben hatte er allerdings auch genug Erfahrung, um definieren zu können, was die Signale aus der Erde ihnen nicht sagen konnten. Alles deutete auf einen Ausbruch hin, aber alle Geophysiker der Welt zusammen waren nicht in der Lage, absolut zuverlässig vorherzusagen, ob es wirklich zu einem Ausbruch kommt und – was in so einem Fall noch wichtiger war – wann der Ausbruch erfolgen würde.

»Aber du hast schon Recht, wenn du sagst, dass uns hier etwas verdammt Unangenehmes bevorstehen kann«, setzte er fort. »Aber sagen wir das nicht schon lange? Mir fallen da ganz spontan bestimmte Begriffe ein, wie das Tokai-Erdbeben zum Beispiel oder San Francisco und der Andreas-Graben oder auch Yellowstone. Wir warten und warten und bislang ist in den Gebieten überhaupt nichts von dem geschehen, vor dem wir uns fürchten.«

»Aber du hast doch den Rauch über dem Fuji auch gesehen!«, warf Keiko ein. »Wenn der Bursche da drüben wirklich ausbrechen sollte, dann sieht es hier ganz schnell ganz düster aus. Vergiss bitte nicht, es sind nur knapp achtzig Kilometer bis Tokio!«

»Keiko, Keiko, Keiko!« Keiji atmete tief ein und wieder aus. »Was willst du denn machen? Ich meine, wenn der Fuji ausbrechen sollte, können wir auch nichts anderes machen, als schnellstens das Weite suchen. Wir haben einfach noch nicht genug Daten, um auch nur ansatzweise etwas sagen zu können, was fundiert genug wäre, um als Warnung zu gelten.

Genau das ist doch unser Dilemma!

Wir haben die Fakten, wir haben die wissenschaftlichen Erkenntnisse und wir sind daneben in der Lage, diese Daten und Erkenntnisse zusammen zu bringen und dann auch zu sagen: ›Ja, wir müssen mit einem Ausbruch rechnen.‹ Und danach? Was sollen wir den Menschen sagen? Vielleicht: ›Wir wissen zwar, dass es einen Ausbruch geben wird. Aber wir müssen Ihnen leider auch mitteilen, dass wir über den Zeitpunkt, die Stärke und die vermutliche Dauer des Ausbruches keinerlei konkrete Angaben machen können. Lehnen Sie sich also gemütlich zurück und lassen Sie sich gemeinsam mit uns einfach überraschen. Wenn es passiert, dann sehen Sie es sich aufmerksam und in aller Ruhe an, vielleicht ist es das letzte Mal, dass Sie sich so etwas anschauen können.‹ Sollen wir das den Leuten wirklich so sagen? Ich glaube, dass die Menschen hier und im ganzen Land Besseres verdient haben.«

Den zynischen Ton in seiner Stimme konnte man nicht überhören. Aber so kannte Keiko ihren Kollegen. Und das war nur einer der vielen Gründe, aus denen sie seit längerer Zeit nicht nur zusammen arbeiteten, sondern sich auch die kleine Wohnung teilten, in der sie lebten.

»Keiji, du bist ein alter Zyniker, hat dir das schon mal jemand gesagt?«, sagte sie. »Warum zum Teufel können wir nichts machen? Die Fakten sind doch eindeutig.« Keiko Matsuda sah ihn aus ihren braunen Augen provozierend an.

Und Keiji musste ihr wieder Recht geben.

»Du liegst ja richtig. Aber ...« Er hob die Hand mit ausgestrecktem Zeigefinger. »... wenn wir das jetzt herausgeben und dabei auch nur den leisesten Verdacht äußern, dass es vielleicht unter besonderen Umständen eventuell gegebenenfalls zum Ausbruch des Fuji oder eines der anderen Vulkane im Hakone-Fuji-Izu-Nationalpark kommen könnte, Mädchen, kannst du dir vorstellen, was dann bei den Menschen passieren wird? Willst du für die Panik verantwortlich sein, die dann sicher entstehen wird? Ich jedenfalls nicht.«

Er erinnerte sich an das Große Ostjapanische Erdbeben von 2011. Und an die Reaktionen der Menschen, nachdem der Unfall in Fukushima bekannt wurde. Auf den internationalen Flughäfen in Tokio haben sich die Menschen, allen voran europäische Touristen, um die Tickets geprügelt. Alle hatten nur den Wunsch, einen möglichst großen Abstand zwischen sich und die Reaktoren zu bringen. Die japanische Bevölkerung selbst sah das Problem nach außen hin eher gelassen, innerlich dennoch voller Sorgen.

»Aber wir müssen doch irgendetwas machen können!« Keiko versuchte, sich durchzusetzen. »Wir können doch nicht einfach dabei zusehen, wie wir wieder mit Volldampf in eine Katastrophe rasen, diesmal aber mit weit geöffneten Augen.«

Keiji schüttelte den Kopf.

»Kannst du sagen, ob und, wenn ja, wann es zu einem Ausbruch kommen wird? Oder kannst du vielleicht sagen, wie und wo dieses Was dann geschehen wird? Ich selbst würde das jedenfalls nicht wagen. Ja, alle Zeichen deuten darauf hin, dass es zu einer Eruption kommen könnte, aber wissen wir es wirklich genau? Das ist einfach noch viel zu unspezifisch.«

Japan lag am und auf dem Pazifischen Teil des Feuerringes, wie man die Kette der Subduktionszonen nannte, die sich an den Nahtstellen der tektonischen Platten rund um den Globus zog. Das waren Bereiche, in denen sich eine tektonische Platte unter eine andere schob. Dabei verhaken sich die Gesteine und im Laufe von Jahrzehnten und Jahrhunderten werden Spannungen aufgebaut, die sich dann irgendwann ruckartig entladen und dabei zu Erdbeben führen. Gerade in Japan hatte man gelernt, Gebäude erdbebensicher zu bauen. Die Häuser schwankten zwar, aber sie blieben stehen. Manche Bewohner wurden dabei schon mal seekrank, besonders in den oberen Etagen der Wohngiganten.

Aber da war noch ein anderer, vielleicht auch schlimmerer Aspekt der Plattentektonik – der Vulkanismus. In Japan gibt es 265 Vulkane, von denen vierzig noch immer als aktiv gelten. Der Owakudani, ein Vulkan in dem von Einheimischen und Touristen sehr beliebten Erholungsgebietes um Hakone, ist einer der noch aktiven Vulkane und man sieht und riecht es jeden Tag.

Vulkane liegen meisten direkt an und auf den Rändern von Subduktionszonen und werden durch das Magma befeuert, das sich im Erdinneren befindet und langsam nach oben drängt. Bei einem Erdbeben konnte nicht ausgeschlossen werden, dass durch die Erschütterungen und Verschiebungen der tektonischen Platten eine Magmakammer aufbrach und es zu einer Eruption kam.

Keiko sah ihrem Mann in die Augen und meinte:

»Aber was würde geschehen, wenn der Fuji jetzt ausbrechen sollte? Du weißt doch auch, dass die ganzen Vulkane hier in einer Kette zusammenhängen und dass der Ausbruch des einen Vulkans ...«

»... durchaus bedeuten kann, dass die anderen dann ruhig bleiben«, warf Keiji ein. »Wir haben doch keinen Supervulkan hier.« Allen war der weltweit größte Supervulkan bekannt, in Amerika, unter dem Yellowstone-Nationalpark. Man wartete auch dort auf einen Ausbruch, der eigentlich, folgte man der Statistik, schon seit mehreren tausend Jahren überfällig war. Einige Wissenschaftler vermuteten zwar auch unter Japan eine Art Supervulkan, aber in einem Gebiet, das schon seit hunderten von Jahren als ruhig galt.

»Aber es stimmt schon, wir sollten das Thema im Auge behalten. Und? Wann fahren wir wieder raus?«

»Ich werde mir morgen den Fuji genauer ansehen", antwortete Keiko auf Keijis Frage. »Ich muss einfach wissen, was sich dort an den Flanken tut. Wir zeichnen schon seit einiger Zeit auch von dort Mikrobeben auf, allerdings sind sie noch viel zu schwach, um sie ohne Geräte zu spüren. Alle mit einer Magnitude um die Eins, im Grunde nichts Außergewöhnliches für einen Vulkan, wenn sie nicht so häufig auftreten würden.«

Keiji kannte die Daten und er musste zugeben, dass auch seine Sorgen zunahmen. Sicher, am und im Fujisan gab es ständig seismische und vulkanische Aktivitäten, immerhin war der Fuji ein Vulkan, der noch nicht als erloschen eingestuft worden war. Im Verzeichnis der Vulkane wurde er als aktiv, aber als nicht ausbruchgefährdet geführt. Würde man diese Einstufung ändern müssen? Keiji wünschte sich, dass dieser Fall nicht eintreten möge. Er hoffte, dass sich die Lage wieder beruhigen und sich die Situation am Ende lediglich als heiße Luft erweisen würde.

Er hatte schon Vulkanausbrüche miterlebt, war gerade am Unzen, als dieser Vulkan der Meinung war, mal wieder

Dampf ablassen zu müssen. Damals hatte nicht viel gefehlt und er wäre von einem Lavabrocken erschlagen worden. Er erinnerte sich mit Schrecken daran, wie er mit wissenschaftlichem Interesse auf den ausbrechenden Vulkan und den sich aus ihm ergießenden Lavastrom sah und alles um sich herum vergaß. Dann wurden in einer gewaltigen Explosion Brocken aus glühendem Gestein aus dem Krater geschleudert. Und mit einem hohen Pfeifton kam einer dieser Brocken direkt auf ihn zugeflogen. Nur durch einen beherzten Sprung zur Seite hatte Keiji dem Unglück entgehen können. Ein kleines Stück dieses Brockens trug er seitdem immer in der Hosentasche. Es sollte ihn ständig daran erinnern, dass es gefährlich sein konnte, zu nahe an einem Vulkan zu sein, wenn dieser gerade ausbricht.

Stuttgart, Deutschland

Als er erwachte, spürte Sven das Gewicht des Katers, der auf seinem Bauch lag.

»Na Dicker«, sagte er. »Was hältst du davon, jetzt mal ganz langsam aufzustehen und mich auf die Toilette gehen zu lassen?«

Der angesprochene Kater gähnte herzhaft, machte aber keinerlei Anstalten, sich zu erheben. Kalle lebte nun schon seit mehreren Jahren bei seinem neuen Frauchen und seit fast zwei Jahren auch zusammen mit seinem neuen Herrchen, dem Mann von Antje. Vor zwei Jahre hatten Sven und Antje geheiratet. Kalle, Antje hatte den Namen des Katers beibehalten, als sie ihn von Rudi übernahm, nahm die Sache so gelassen, wie es schon immer in seinem Charakter lag.

Sven stand auf, reckte und streckte sich, schaute aus dem Fenster und machte sich auf den Weg zur Toilette. Der Kater rutschte einfach auf die andere Seite des Bettes und legte sich dort auf den Bauch von Antje, die noch immer tief und fest schlief. Es war Wochenende, die Woche war wie immer anstrengend gewesen und alle gönnten sich jetzt eine Auszeit im gerade noch tolerablen Rahmen.

Nachdem Sven die Kaffeemaschine in Betrieb genommen hatte, bereitete er sich darauf vor, den neuen Tag in seiner kleinen Firma zu beginnen. Obwohl Wochenende war, wartete dort noch eine Menge Arbeit auf ihn.

Antje trat von hinten an ihn heran und schlang ihre Arme um seinen Körper.

»Guten Morgen, mein Schatz«, hauchte sie ihrem Mann zärtlich ins Ohr. »Was machen wir heute Schönes?«

»Ich habe noch eine Menge zu tun«, antwortete Sven. »Am Montag will ich endlich den Vertrag mit dem Sportstudio unterschreiben und alles unter Dach und Fach bringen. Bis dahin muss ich allerdings noch einiges erledigen. Was hast du heute vor?«

»Ich wollte mal zu meinen Eltern rüber fahren«, meinte Antje und nahm sich eine Tasse Kaffee. »Und dann möchte ich mal sehen, was Rudi geschrieben hat. Gestern kam endlich der lange angekündigte Brief von ihm an.«

Ein Hauch von Unwillen huschte über Svens Gesicht, aber er wusste, dass er gegen diese einmalige Freundschaft nichts ausrichten konnte. Sven wusste von Rudi, dem einzigen anderen Mensch der Welt, von dem seine Frau offen sagte, dass sie ihn liebte. Anfangs war Sven eifersüchtig, aber bald erkannte er, dass die Liebe, die seine Frau und Rudi miteinander verband, eine ganz besondere Art der Zuneigung darstellte. Er hatte schon mehrmals mit dem Mann am anderen Ende der Welt telefoniert und ihn dabei als eine Person kennen gelernt, die sehr genau wusste, was sie wollte. Dass seine Frau und Rudi sich mochten, und das schon seit vielen Jahren, das wusste Sven. Er wusste aber auch, dass es niemals eine Beziehung zwischen ihnen gegeben hatte. Von Rudi selbst war ihm schon mehrmals gesagt worden, dass Rudi von Antje nicht mehr als ihre Freundschaft wollte und dass sie ihm als Frau fast gleichgültig war. Im Laufe der Zeit stellte

Sven für sich fest, dass er ihnen, also seiner Frau und dem Mann auf der anderen Seite des Globus, in dieser Hinsicht blind vertrauen konnte.

»Wie geht es ihm eigentlich? Wie hat er denn die Erdbeben der letzten Wochen überstanden?«

»Es scheint ihm nicht wirklich gut zu gehen«, antwortete Antje leise zwischen zwei Schlucken Kaffee. »Die letzte Mail von ihm klang nicht wirklich zuversichtlich. Die Beben müssen unglaublich hohe Schäden verursacht haben. Wir haben es ja auch im Fernsehen gesehen.«

Während der letzten Wochen war es in Japan zu mehreren schweren Erdbeben gekommen, die Schäden in Milliardenhöhe verursacht hatten. Auch in anderen Gegenden der Welt kam es verstärkt zu Beben mit Magnituden, die weit über dem Durchschnitt lagen.

Antje hatte von Rudi den Hinweis bekommen, einmal das Buch eines bekannten japanischen Schriftstellers zu lesen, das auch in einer deutschen Übersetzung erhältlich war. Schon vor vielen Jahren hatte der Autor diese Situation in einem seiner Romane beschrieben. Sollte Japan wirklich untergehen und im wahrsten Sinne des Wortes von der Erde verschwinden und am Ende vom Wasser verschlungen werden? Wenn man die Bilder im Fernsehen sah, konnte man diesen Eindruck durchaus gewinnen.

Dieser Effekt lag aber nicht so sehr an den Fakten selbst, sondern viel mehr an der Art und Weise, wie diese Fakten weltweit in den Medien dargestellt wurden. Antje erinnerte sich daran, wie schnell die vermuteten Ursachen der schon geschehenen und sich noch immer fortsetzenden Ereignisse aus den Medien verschwanden und den Themen Platz machen musste, die sich auf politischem und finanziellem Gebiet daraus ergaben.

Wieso war das so? Wieso beschäftigten sich alle lang und breit mit einem Thema, von dem man selbst letztendlich nur indirekt betroffen war? Niemand hatte einen Kernreaktor im Garten stehen, man nutzte nur das, was aus der Steckdose

kam: den Strom. Mit den Menschen jedoch, die bei dem Erdbeben in Japan alles verloren hatten, befassten sich die Medien kaum. Aktuelle Berichte vom Wiederaufbau wurden im
Fernsehen nicht gezeigt, in den Zeitungen fand man nur sehr
selten Artikel über Fabriken, die in den aufgeräumten Teilen
der Katastrophengebiete neu gebaut wurden und den Menschen wieder Arbeit und Einkommen gaben. Aber über die
Mängel und Pannen, die noch Jahre nach der Katastrophe in
der Ruine des Kernkraftwerkes Fukushima Daiichi auftraten,
wurde sofort und in aller Ausführlichkeit berichtet.

Von Rudi hatte sie erfahren, dass das Problem mit der
Berichterstattung auch in Japan aufgetreten war, jedoch nicht
mit denselben Ausmaßen wie in Deutschland. In Japan, so
hatte er ihr geschrieben, wurde in den Neunzehn-Uhr-Nach-
richten auch ausführlich von dem Hafen berichtet, der in
Küstennähe neu und modern aufgebaut worden war. In Japan, so hatte ihr Rudi mitgeteilt, wurde ausführlich über die
Menschen berichtet, die noch lange nach dem Beben in hastig errichteten Containersiedlungen Unterkunft fanden und
nur nach und nach in ihre neuen Häuser umziehen konnten.

Und jetzt wiederholte sich diese Art der selektiven Berichterstattung. In den Zeitungen wurde mit Schlagzeilen
aufgemacht, die einem den kalten Angstschweiß auf die Stirn
treiben konnten. Man las nur von den Toten und den Schäden, die die Beben verursacht hatten. Von denen jedoch, die
überlebt hatten, von denen, die immer wieder den Neube-
ginn wagten, die sich nicht entmutigen ließen, von diesen
Menschen las und sah man nichts.

Antje machte sich große Sorgen um ihren Freund. Das
Geschehen in dem Land, in das er aus Liebe gezogen war,
war auch ihm eine Last geworden, wie er ihr gegenüber gelegentlich eingestand. Die ständige Ungewissheit, ob und wann
sich das nächste schwere Erdbeben ereignete, die daraus re-
sultierende ständige Anspannung, all das belastete ihn zwar,
konnte ihn aber nicht davon überzeugen, in sein Geburtsland
zurückzukehren.

»Bist du dann im Büro?«, fragte Antje ihren Mann, auch um sich aus ihren eigenen, dunklen Gedanken zu reißen.

»Ja, ich denke, das wird das Beste sein. Ist das für dich in Ordnung?«

»Klar, da kann ich hier noch was machen. Passt schon.«

Sie verschwand im Bad und erschien einige Minuten später wieder in der Küche, bekleidet mit einem alten Jogginganzug, den sie immer zu Hause trug.

Hakone, Tokio, Japan

Strahlend blauer Himmel war über der Stadt zu sehen, nur vereinzelt gestört von dünnen Wölkchen, die sich genauso schnell auflösten wie sie sich bildeten. Ab und an waren die Kondensstreifen von Flugzeugen zu sehen, die auf dem Weg zu fernen Zielen waren.

Vom See wehte ein stetiger, aber sanfter Wind auf das Land und nahm der schwülen Sommerhitze ein wenig von ihrer Kraft. Die Thermometer zeigten schon seit Wochen Temperaturen weit über dreißig Grad und laut Wettervorhersage sollte es während der nächsten Wochen so heiß bleiben.

Der Strand, auf dem sie lagen, bestand aus schwarzem Sand, ein Zeichen dafür, dass es hier vor vielen tausend Jahren Vulkane gegeben hatte, deren Laven im Laufe der Zeit nach und nach erodiert und zu feinem Sand zermahlen worden waren. Der Sand war heiß, aber man konnte hervorragend auf ihm laufen.

Sie hatten sich eine Decke mitgenommen, als sie zum Strand aufbrachen. Sie fanden viel zu selten die Gelegenheit, ein Wochenende gemeinsam zu verbringen, oft lagen ihre Dienstpläne für gemeinsame Unternehmungen zu weit auseinander.

»Ist das nicht herrlich?«, fragte Rudi seine Frau Kazuko, die neben ihm auf der Decke lag und die Sonne genoss. Ihr

Badeanzug war noch nass vom Toben im Ashi-See am Fuße des Owakudani. Sie atmete schwer, war es nicht mehr gewohnt, so lange im Wasser zu sein und sich der Macht des feuchten Nasses entgegenzustellen. Rudi hingegen hatte sich im Wasser wie ein kleines Kind verhalten, war unter den Wellen hindurch getaucht, die an diesem Tag ungewöhnlich hoch waren, war über sie hinweg gesprungen, hatte sich von ihnen mitreißen lassen. Aber er war immer wieder aus den Fluten aufgetaucht. Endlich war auch er so erschöpft, dass er ans Ufer zurückkehrte und sich neben seiner Frau auf der Decke lang machte. Er nahm sich etwas zu trinken aus dem Rucksack. Dann verteilte er Sonnenschutzcreme auf dem Rücken seiner Frau.

Seit dem schon ein paar Jahre zurückliegenden Erdbeben im Nordosten Japans waren sie nicht mehr am oder gar im Meer gewesen. Durch das Ablassen von hochgradig radioaktiv verseuchtem Wasser aus dem havarierten Kernkraftwerk Fukushima Daiichi, aber auch durch eine Unzahl von Lecks im Leitungssystem und in den Tanks der Kraftwerksruine war die Radioaktivität des Ozeanwassers in der Region stark angestiegen. Von den Gesundheitsbehörden Japans war das Baden im Ozean verboten worden, um gesundheitliche Schäden zu vermeiden. Erst im letzten Jahr sanken die Werte auf ein Niveau, das ein gefahrloses Baden wieder erlaubte. Rudi und Kazuko zogen es dennoch vor, auch weiterhin in einem der Inlandseen schwimmen zu gehen.

Rudi setzte die Sonnenbrille auf und sah hinaus auf die weite Fläche des Sees am Fuße der Berge, auf der die Sonne unzählige Reflexe erzeugte, die mit ihrem Funkeln und ihrer Helligkeit in den Augen schmerzten. Ein paar Surfer und eine Vielzahl kleinerer Segelboote tanzten auf den Wellen, angetrieben vom warmen Sommerwind. Am linken Ufer konnte er einige Gebäude der Stadt Hakone sehen, die nahe am Ufer erbaut worden war, und das trotz der Warnungen vor auch hier möglichen kleineren Tsunamis. Mit seinem Umfang von mehr als einundzwanzig Kilometern konnte der Ashi-See nicht gerade als Winzling bezeichnet werden. Die Lage des Sees stach besonders ins Auge. In einer Höhe von 720 Metern über dem Meeresspiegel lag er dem noch aktiven Vulkan Owakudani direkt zu Füßen. Die Wassertiefe betrug durchschnittlich fünfzehn Meter, der See war also recht tief und mit seiner Länge von über sechs Kilometern recht beeindruckend.

Am gegenüberliegenden Ufer konnte Rudi vor den bewaldeten Hängen der Berge das große, rote Tor des Hakone-Schreines erkennen, das weit im Wasser stand und ihn mit seinem Aussehen und seiner Lage an eine Jahre zurückliegende Reise nach Miyashima nahe Hiroshima erinnerte.

Auf dem See fuhr gerade eines der Ausflugsschiffe vorbei, das man, wie auch dessen Schwesterschiffe, in der Bauweise einem alten Piratenschiff nachempfunden hatte. Auf den Decks standen die Passagiere, die mit ihrem Winken die Menschen grüßten, die am Seeufer nach Ruhe und Entspannung suchten.

Kazuko hatte den Kopf auf ihre Unterarme gelegt und sah ihren Mann von der Seite her an. In seinem Gesicht erkannte sie so etwas wie absolute Seligkeit. Sie glaubte, förmlich das Glück zu sehen, das er empfand, während er am Wasser stand. Sie war froh, dass es noch immer war wie am ersten Tag, dass er sich noch immer über kleine Dinge wie einen freien Tag am See genauso freuen konnte wie ein Kind über die Erfüllung eines lange gehegten Wunsches. Sie liebte ihn auch deswegen. Sie liebte seine Art, die so anders war als die der Männer ihres Landes. Sie fühlte sich von dem Mann an ihrer Seite nicht nur geliebt, sie fühlte sich von ihm geachtet, verehrt und begehrt, nicht nur als Frau, sondern viel mehr noch als Freund, vor allem jedoch als Mensch. Und genau das war für sie selbst das Wichtigste. Ja, auch er hatte seine Macken und manchmal war es nicht einfach, mit ihm zurecht zu kommen, aber solche Momente traten nur noch selten auf. Nach ein paar Monaten ihres Zusammenlebens hatten sie sich darauf geeinigt, dass er seinerseits versuchte, ihre Art zu akzeptieren und sie im Gegenzug sofort über das sprechen würde, was ihr an seinem Verhalten nicht recht gefallen wollte. Die folgenden Jahre waren herrlich. Sie waren glücklich miteinander, und das, obwohl sie keine Kinder hatten, die sie sich wünschten.

In seinem Gesicht ging eine Veränderung vor. Sie erkannte sofort die nachdenklichen Züge, die sich plötzlich auf seinem Gesicht zeigten. Kazuko stand auf und ging die wenigen Schritte bis zum Wasser.

Der Ufersand war auf einmal viel dunkler geworden, auch konnte sie viele Dinge sehen, die vorher noch vom Wasser verdeckt waren.

»Rudi, was hat das zu bedeuten?«, wollte sie von Rudi wissen und wies mit ausgestrecktem Arm auf den jetzt freiliegenden nassen Uferstreifen.

»Ich weiß es nicht«, antwortete er. »Gezeiten sind es jedenfalls nicht, in einem Binnensee gibt es so etwas nicht. Ich denke aber trotzdem, dass wir besser in höher gelegenes Gelände gehen. Ich möchte keine Panik machen, aber ich gebe zu, dass ich Angst habe, Angst vor einem Tsunami.«

»Moment mal!", entgegnete Kazuko. Sie versuchte, ihrer Stimme einen scherzhaften Klang zu geben. »Du hast mir doch selbst gesagt, es kann nur dann einen Tsunami geben, wenn es vorher ein sehr starkes Erdbeben gegeben hat. Es gab aber kein Erdbeben, zumindest nicht in den letzten dreißig Minuten. Oder habe ich das nur nicht bemerkt?« Sie bemerkte, dass sie unsachlich wurde. »Und wenn es wirklich einen Tsunami geben sollte, dann hätte man uns schon lange vom Strand weggeschickt«, lenkte Kazuko ein. »Glaube mir das ruhig, ich lebe ein wenig länger in Japan als du. Kann es sein, dass du dich täuschst oder überreagierst?«

Rudi schaute mit zusammengekniffenen Augen über den See, schüttelte den Kopf und antwortete:

»Schatz, ich weiß es nicht und ich habe noch nie davon gehört, dass es in einem Binnengewässer einen Tsunami gegeben hat, obwohl der See hier recht groß ist«, gab Rudi leise zu verstehen. »Aber ich habe auch noch nirgendwo im Inland Gezeiten gesehen.« Sorge und Ratlosigkeit sprachen aus seiner Stimme.

Seit dem großen Erdbeben hatte Rudi sich intensiv mit diesen Fragen beschäftigt. Die Plattentektonik und der Vulkanismus waren zu einem Steckenpferd geworden. Er hatte über das Thema geradezu alles verschlungen, was er dazu in die Hände bekommen konnte.

»Was könnte dann die Ursache für das hier sein?«, setzte seine Frau die Fragestunde fort.

»Ich habe wirklich absolut keine Ahnung, aber trotzdem, aus reiner Vorsicht, lass uns bitte weiter nach oben gehen.«

Er begann, sich anzuziehen und dann die Decke zusammenzurollen.

Zwischen dem Strand und der Straße, die am Strand entlang führte, lag ein Höhenunterschied von knapp sechs Metern und er hoffte, dass der Höhenunterschied ausreichend sein würde, was immer auch passieren mochte. Irgendwann musste das Wasser ja wiederkommen, es konnte nicht einfach verschwinden, es konnte sich nicht schlagartig in ein Nichts verwandeln. So sehr er seine Augen auch anstrengte, am Horizont konnte er keinerlei Veränderungen erkennen, einen Wellenberg konnte er nicht erblicken, es war kein hektischer Verkehr der Boote auf dem Wasser, nichts, nur das ruhige und friedliche Bild eines sonnigen Nachmittages. Ein Bild der Idylle, der Entspannung, des Friedens und der Ruhe.

›Was passiert hier gerade?‹, fragte er sich selbst.

Als sie auf der Straße ankamen, hatte sich das Verhalten der Menschen nicht geändert. Die Autos fuhren an ihnen vorbei, Urlauber flanierten auf dem Gehweg, am Himmel kreischten Möwen, es war ein ganz normaler Sonntag. Nur das Wasser war verschwunden und machte keinerlei Anstalten, zurückzukommen. Einige Menschen auf der Straße blieben zwar stehen, um sich alles genau anzusehen, aber keiner von ihnen schien sich Gedanken oder gar Sorgen zu machen, denn es hatte kein Erdbeben und keine Warnungen gegeben, es war ein wunderschöner Sonnentag und um sie herum war dem Anschein nach alles in bester Ordnung. Was sollte schon geschehen? Es war doch nur Wasser verschwunden. Wohin? Das interessierte niemanden. Warum auch? Wenn es wirklich wichtig gewesen wäre oder wenn sich etwas Dramatisches abzeichnen würde, hätten sie schon lange die entsprechenden Informationen bekommen, wie das von Seiten der Behörden in solchen Fällen immer geschah. Darauf konnte man sich verlassen.

Als sich nach einigen Minuten nichts geändert hatte, ließ das Interesse der Menschen an den Ereignissen spürbar nach und sie gingen den Weg weiter, den sie eigentlich gehen wollten.

Tokio, Japan

*D*rei Personen in einem kleinen Büro schauten auf die lange Papierbahn eines Computerausdruckes.

»Was haben wir gerade erlebt?«, fragte Professor Doktor Takayuki Matsumoto seine Angestellten, die mit genauso ratlosem Ausdruck in den Gesichtern vor dem Ausdruck standen wie er.

Vor wenigen Augenblicken war etwas geschehen, was ihnen von ihren Geräten zwar angezeigt wurde, was aber von keinem der Wissenschaftler auch nur im Ansatz erklärt werden konnte.

Die Geräte hatten mit einer einzigen Zacke auf dem Papier die Bewegung eines großen Stückes der Eurasischen Platte aufgezeichnet, auf der auch Japan lag, Anzeichen eines Erdbebens hatten die Geräte jedoch nicht registriert. Es gab keine Primär-Wellen, die so genannten P-Wellen, die immer zuerst von einem Beben ausgehen. Diese von einem Erdbeben erzeugten Wellen sind meist relativ harmlos und richten nur äußerst selten nennenswerte Schäden an. Sie sind aber wesentlich schneller als die Sekundär-Wellen, die so genannten S-Wellen, die mit ihrer enormen Wucht und seitlichen Ausrichtung Menschen von den Füßen reißen, Gebäude zum Einstürzen bringen und schwere Schäden anrichten können.

P-Wellen treffen immer einige Sekunden früher ein als S-Wellen und genau diesen Zeitunterschied nutzte man in Japan, um eine Erdbebenwarnung auszustrahlen. In diesen wenigen Sekunden konnte man Züge anhalten, das Gas abstellen, die Reaktoren in Kernkraftwerken herunterfahren, die Drücke in chemischen Produktionsanlagen reduzieren, Fahrstühle anhalten und vieles andere mehr. Diese wenigen Sekunden bedeuteten oftmals den Unterschied zwischen Leben und Tod. Nur wenige Sekunden – und viele Menschen konnten sich und andere in Sicherheit bringen.

Bei der Bewegung, die vor wenigen Augenblicken von ihren Geräten aufgezeichnet wurde, gab es weder P-Wellen noch S-Wellen. Da war nur eine einzelne Bewegung zu sehen. Es war, als hätte der Teil der Eurasischen Platte, auf dem Japan lag, einfach einen Schritt gemacht, der in leeres oder zumindest freies Gebiet führte. Erst durch die aufgeregten Meldungen der Kollegen aus den Beobachtungsstationen rund um den Ashi-See und dem Owakudani hatten sie erfahren, dass aus dem See Wasser verschwunden war, viel Wasser. Und keiner der Beobachter, keiner der vor Ort sitzenden Forscher war in der Lage, dieses Phänomen einzuordnen, weil es all die Zeichen, die es normalerweise vor solch einem Ereignis gab, in diesem Fall nicht gegeben hatte. Es gab keine Erdrutsche, keine Erdbeben, keinen Tsunami, keine Explosionen, nichts von alle dem. Lediglich der Wasserstand im See hatte sich deutlich gesenkt.

»Professor Matsumoto«, sagte Keiko, nachdem sie sich vom ersten Schock erholt hatte. »Ich habe keinerlei Erklärung für dieses Phänomen. Ich sehe so etwas zum ersten Mal. Und ich kann Ihnen noch nicht einmal sagen, ob in den Berichten oder Aufzeichnungen von anderen Forscher etwas darüber geschrieben wurde. Ich jedenfalls habe bislang nichts

Dementsprechendes in die Finger bekommen. Dieses Phänomen scheint vollkommen neu oder noch nirgendwo anders aufgetreten oder nicht dokumentiert worden zu sein.«

Professor Matsumoto strich sich mit den kräftigen Fingern seiner linken Hand durch das kurze, graue Haar. Seine Geste drückte genau das aus, was er in diesem Moment empfand: absolute Ratlosigkeit.

Er war seit mehr als vierzig Jahren Geologe, Geophysiker und Seismologe. Schon in frühester Jugend hatte er sich mit Haut und Haaren der Wissenschaft vom inneren Aufbau und dem Funktionieren der Erde verschrieben. Selbst seine erste und einzige Ehe hatte er dem Beruf geopfert, wenngleich er zu seiner Exfrau noch immer ein Verhältnis unterhielt, das wesentlich intensiver war als nur freundschaftlich.

»Okay«, sagte er nach einer Weile. »Was kann so ein Muster in der Bewegung einer tektonischen Platte verursachen? Wenn wir schon nicht wissen, was es war, können wir vielleicht eine Möglichkeit für das finden, was es gewesen sein könnte.« Der Professor betonte das Wort *könnte* besonders. »Ich glaube, dass ein paar Tausend Kubikmeter Wasser doch nicht einfach so verschwinden! Oder sind vielleicht doch kleine grüne Männchen gekommen, haben ihre Raumflotte hier in Japan mal eben mit Süßwasser vollgetankt und sind dann wieder heimgeflogen, einfach ohne zu bezahlen?«

Er versuchte immer, auch den schlimmsten Geschehnissen etwas Komisches abzugewinnen. Er betonte stets, nur auf diesem Weg könne er das meist unvorhersehbare Verhalten des Planeten, auf dem sie lebten, leichter nachvollziehen. Die Resultate waren viel zu oft schrecklich. Noch hatten sie keine Möglichkeit, den Menschen vor einem Erdbeben oder einem Vulkanausbruch eine Warnung zukommen zu lassen, um nicht nur Leben zu retten, sondern auch Sachschäden vermeiden zu können.

Professor Matsumoto setzte sich auf einen alten, schon an vielen Stellen durchgewetzten Drehstuhl, schloss die Augen und dachte angestrengt über das Geschehene nach. Wer ihn so auf dem Stuhl sitzen sah, konnte vermuten, dass der Professor eingenickt war. Der Professor hingegen bemühte sich, sein Wissen und seine Erfahrungen mit den Ereignissen der letzten Stunde in Einklang zu bringen.

Plötzlich schlug er sich mit beiden Händen auf seine Oberschenkel.

»Leute, lacht jetzt bitte nicht! Wir wissen nicht, wie es derzeit tief in den Gesteinsschichten aussieht. Die vielen Erdbeben in der letzten Zeit könnten dazu geführt haben, dass sich eine Verbindung zum Magma gebildet hat. Was, wenn sich tatsächlich irgendwo eine Spalte in der Erde aufgetan hat?« Der Ton, mit dem er diese Frage in die Runde warf, verriet, dass er selbst seine Idee für unglaubwürdig hielt. »Dummerweise natürlich unter Wasser. Und dann ist das Wasser einfach der Schwerkraft gefolgt, abgelaufen und im wahrsten Sinne des Wortes verschwunden, nämlich in irgendwelchen Hohlräumen in der Erde.«

Gemeinsam mit dem Gedanken machte sich Angst im Professor breit. Er begann, sich die Folgen vorzustellen, die sich für Japan aus diesem Sachverhalt ergeben konnten. Als Mensch, der mit der Wissenschaft erwachsen geworden war, brauchte er nicht lange, um sich die Konsequenzen auszumalen, vor denen sie nun standen.

»Wir müssen diese Öffnungen finden!«, rief er plötzlich ins Büro und sprang von seinem Stuhl auf. »Und das schneller als so schnell wie möglich! Wenn es wirklich so passiert sein sollte, wie ich vermute, dann stehen wir vor einer Katastrophe ungeheuren Ausmaßes. Das Wasser und der heiße Erdkern, Leute, Leute, Leute, da ist selbst eine mehrere Hundert Megatonnen TNT starke Wasserstoffbombe so harmlos wie ein geplatzter Luftballon am Kindergeburtstag.«

Seine beiden Angestellten sahen ihn mit erstaunten Gesichtern an. Wie kam ihr Chef denn nur auf den Gedanken, dass es ein Loch in der Erde geben sollte, in dem jetzt, wie er annahm, das Wasser von fast einem Viertels des Sees verschwunden war?

»Entschuldigung, Professor«, sagte Keiko, »Aber wie kommen Sie darauf, dass sich unter dem Ashi-See ein Loch ge...« Weiter kam sie nicht, Professor Matsumoto fiel ihr ins Wort:

»Könnt ihr vielleicht anders erklären, warum dort einige Tausend Kubikmeter Wasser auf einmal verschwunden sind? Und wir reden hier nicht etwa von einer Badewanne, wir sprechen von einem See, aus dem fast ein Viertel des Inhaltes einfach so ...«, er schnipste mit den Fingern, »... mir nichts, dir nichts ohne jedes Vorzeichen verschwunden ist?« Er schüttelte den Kopf.

Der See, von dem er sprach, lag in der Nähe des Owaku-dani, einem aktiven Vulkan auf Honshu, der Hauptinsel Japans. Die Caldera, in der sich der See befand, bildete sich nicht bei einem Ausbruch des Owakudani selbst. Sie entstand bei der Eruption des Mount Hakone vor über dreitausend Jahren, als das über der nach dem Ausbruch leeren Magmakammer liegende Gestein in den Hohlraum stürzte. In dieser Caldera hatte sich im Laufe der Zeit viel Wasser gesammelt, sehr viel Wasser. Der See war über sechs Kilometer lang und bis zu vierzig Meter tief. Der Ausbruch des Mount Hakone musste damals gewaltig gewesen sein.

Das Dumme an der Sache war allerdings, dass es zwischen den Vulkanen der Region eine Verbindung gab. Wissenschaftler hatten unter Einsatz neuester Methoden und der modernsten Technik entdeckt, dass die einzelnen Vulkane im Nationalpark einst durch eine einzige, riesige Magmakammer miteinander verbunden waren und es noch immer sind.

Der Vulkan Owakudani wurde in den Listen der Wissenschaftler als aktiv geführt. Die noch immer an der Oberfläche sichtbaren vulkanischen Aktivitäten lockten jedes Jahr Zehntausende Touristen auf den Berg.

Auch am und unter dem Mount Fuji, der ebenso wie der Owakudani zum Hakone-Fuji-Izu-Nationalpark gehörte, wurden seit geraumer Zeit, besonders jedoch nach dem Großen Ostjapanischen Beben 2011, zunehmende Aktivitäten verzeichnet. Kleine Veränderungen nur, nicht spürbar, aber messbar. Der Vulkan rauchte noch nicht aus seinem Hauptkrater. Und das war gut so, wie der Volksmund sagte, denn wenn der Fujisan erst einmal rauchte, dann würde er, so die Legende, auch ausbrechen. Sollte das wirklich einmal passieren, dann würde das den Menschen in der Umgebung nichts als Ärger und großes Ungemach bringen.

»Leute, Leute«, fuhr Professor Matsumoto fort. »Wir alle wissen, dass unter dem Gebiet um Hakone alles miteinander in Verbindung steht. Und dann verschwinden da mal eben einige Tausend Kubikmeter Wasser ins Nirwana. Wir können sicher davon ausgehen, dass das Wasser nicht wegen der Sommerhitze mit einem Schlag verdunstet ist, oder? Wo soll es also hin, wenn nicht direkt in die Erde?

Im Untergrund finden sich viele Hohlräume und alte Lavagänge, das wisst ihr auch. Wenn die nur mit Wasser aufgefüllt werden, mag das ja noch in Ordnung sein, aber versucht euch vorzustellen, was passieren wird, wenn die Menge des verschwundenen Wassers, wie auch immer, auf das Magma trifft! Selbst wenn das Wasser schon kochen sollte, wird es immer noch zu kalt sein. Dann wird es zu einer Explosion kommen, wie sie die Welt noch nicht gesehen hat.

Über die daraus resultierenden Konsequenzen will ich mich jetzt nicht weiter auslassen, das könnt ihr euch in einer hektischen Minute in den düstersten Farben selbst ausmalen.«

Was er meinte, konnte jeder zu Hause nachvollziehen. Man musste nur eine Herdplatte heiß werden und dann einen Tropfen Wasser darauf fallen lassen. Der würde sofort verdampfen und dabei eine, im Falle des Wassertropfens nur sehr kleine, Wolke bilden. Der Wasserdampf entweicht zu Hause in die Umgebungsluft. In der Erde jedoch sammelt sich der Dampf, dringt in das Gestein ein, sprengt es auf und baut dabei Druck auf, wodurch sich die darüber liegende Erde aufwölben. Irgendwann aber entlädt sich der angestaute Druck in einer Explosion.

Der Unterschied zur heimischen Herdplatte ist aber noch wesentlich größer. Selbst die größte Herdplatte wird maximal nur einige hundert Grad heiß, Magma aber hatte eine Temperatur von bis zu 1500 Grad, es ist flüssiges, kochendes Gestein. Durch die große Oberfläche, über die Wasser und Magma miteinander reagieren, verdampft das Wasser explosionsartig.

Keiko und Keiji sahen sich an, schüttelten ungläubig die Köpfe und schauten wieder zu ihrem Chef hinüber.

»Chef, haben Sie von Ihren Quellen neuere Informationen erhalten? Zum Beispiel über geänderte Wasserläufe, gekochte Fische in den anderen Seen, versiegte Quellen oder so?«

Professor Matsumoto schüttelte den Kopf.

»Nein, bislang noch nicht. Und ich weiß nicht, ob ich das nun als gut oder als schlecht interpretieren soll. Es wäre gut, weil wir es dann nur mit einer begrenzten Menge Wasser zu tun hätten. Und es wäre schlecht, weil wir nicht wissen, wie viel Wasser genau verschwunden ist oder noch in der Erde verschwinden wird. Verdammt, verdammt, verdammt, ich befürchte Schlimmes.«

Der Professor stand auf und ging mit langsamen Schritten und tief in Gedanken versunken in sein eigenes Büro zurück.

Seine Mitarbeiter vertieften sich wieder in ihren Unterlagen und telefonierten lange mit befreundeten Kollegen von anderen Forschungseinrichtungen, um von ihnen möglicherweise neue Informationen zu erhalten, die man dort gesammelt hatte.

An der Lösung des Problems sollten alle gemeinsam arbeiten, so lautete zumindest ihre Meinung.

Stuttgart, Deutschland

W issenschaftler vermuten nun, dass das Wasser eines der meistbesuchten Ausflugsziele Japans, dem Ashi-See am Fuße des Vulkanes Owakudani im Hakone-Fuji-Izu-Nationalpark, sich in den vorhandenen unterirdischen Hohlräumen sammelt. Weiterhin wird angenommen, dass die durch die Plattentektonik unter dem japanischen Archipel ausgelösten Bewegungen zu dem Ereignis geführt haben. Nach dem Großen Ostjapanischen Erdbeben im Jahre 2011 haben diese Bewegungen deutlich zugenommen und immer wieder zu schweren Beben geführt. Dadurch kam es, so die Forscher um den renommierten Professor Doktor Matsumoto, zu weiteren Brüchen in der Erdkruste, durch die unter anderem auch bislang nicht bekannte Zugänge zu den dort vorhandenen Hohlräumen geöffnet oder sogar neue Hohlräume entstanden sind.

Mit einem Ausbruch der sich in dem Gebiet befindlichen Vulkane ist derzeit nicht zu rechnen, wie übereinstimmend aus verschiedenen Quellen der politischen Führung Japans verlautbart wurde. Die weitere Entwicklung der Lage wird laufend verfolgt. Das gesamte Gebiet des Hakone-Fuji-Izu-Nationalparks steht unter permanenter intensivierter Überwachung. Eine Evakuierung der Bevölkerung in dem Gebiet wird derzeit nicht in Erwägung gezogen, wie weiter aus Regierungskreisen bekannt wurde.«

Der Nachrichtensprecher wechselte das Thema. Die Meldung über das verschwundene Wasser eines Sees in Japan war nur eine von vielen Nachrichten, die er an diesem Sommerabend verlesen musste.

Antje saß auf dem Sofa, ihr Kater Kalle hatte es sich auf ihrem Schoss bequem gemacht und auf dem niedrigen Glastisch vor ihr stand eine Tasse Tee. Sie hatte diese Meldung zum ersten Mal gehört und begann, über ihren langjährigen

Freund nachzudenken, der seit vielen Jahren in Japan lebte.

Sie machte sich ernsthafte Sorgen um ihn. Schon nach dem schweren Erdbeben im Jahr 2011 wollte sie, dass Rudi in seine alte Heimat zurückkommt. Aber er war in Japan geblieben. Er stand zu dieser Entscheidung, er stand zu seinem Leben und, das war der einzige Punkt, den sie ihm aus tiefstem Herzen gönnte, er stand zu seiner Frau, ohne jedes Wenn und Aber. Dafür liebte sie ihn, aber sie machte sich auch Gedanken und vielleicht sogar unnötige Sorgen. Sie erinnerte sich an die Worte, die er ihr über das Verhalten der Deutschen gerade nach dem Erdbeben gesagt hatte: Er hielt seine Landsleute für feige.

Als Beispiel führte er dann die Mitarbeiter der deutschen Botschaft in Japan an. Sie waren die ersten, die sich nach Osaka evakuieren ließen, nachdem die Katastrophe an den Reaktoren im Kernkraftwerk Fukushima Daiichi bekannt wurde, und sie waren die letzten, die in das Gebäude der Botschaft im Tokioter Stadtteil Hiroo zurückkamen. Während andere Schulen im Lande schon wieder regulär Unterricht abhielten, blieb die deutsche Schule in Yokohama noch lange Zeit geschlossen.

»Verdammte Scheiße!«, fluchte Antje leise, stand auf und nahm das Telefon aus der Halterung. »Ich muss einfach wissen, was da unten los ist. Und Klarheit bekomme ich nur, wenn ich ihn anrufe.«

Seine Telefonnummer hatte sie längst im Kurzwahlspeicher, ein Klick und schon hörte sie, wie die Verbindung aufgebaut wurde und es am anderen Ende der Welt läutete. Einmal, zweimal, dreimal. Dann sprang der Anrufbeantworter an, den sie aber nicht verstand, weil die Ansage in Japanisch erfolgte. Aber sie wusste von Rudi, dass der Piepton am Ende der Ansage in Japan die gleiche Bedeutung hatte wie in Deutschland. Als sie den Ton hörte, sprach sie ein paar Worte auf das Band, bat um einen Rückruf und nannte auch noch einige Zeiten, zu denen sie definitiv zu Hause sein würde.

Sie stellte das Telefon wieder ins Ladegerät, setzte sich zurück auf das Sofa und dachte darüber nach, was sie in den Nachrichten erfahren hatte. Sie weigerte sich, zu glauben, was sie gerade gehört und gesehen hatte.

Sollte dieses Land wirklich nicht zur Ruhe kommen? Erst vor Jahren das schwere Erdbeben, dann der Reaktorunfall, der von einem durch das Beben ausgelösten Tsunami verursacht wurde. Die Schäden in der aus drei Präfekturen bestehenden Region Tohoku waren noch immer nicht komplett beseitigt, wie Antje in einem von Rudis letzten Briefen erfahren hatte. Rudi und sie diskutierten in ihren Briefen über das Vorgehen der für den Wiederaufbau in Japan Verantwortlichen. Ihr Freund machte aus seinem Herzen wahrlich keine Mördergrube und brachte seine Ansichten auf den Punkt. Er sprach an, was andere gern außen vor ließen.

Zu all dem kamen die Erdbeben, von denen auch sie hin und wieder durch die Nachrichten in ihrem Land erfuhr.

Und dann waren noch die Probleme mit den vielen im ganzen Land neu entdeckten Verwerfungen, teilweise sogar nur wenige Kilometer von seinem Wohnort entfernt.

»Bis zum Mittelpunkt der Erde brauche ich mit dem Zug nur zweiundzwanzig Minuten«, hatte ihr Rudi einmal gesagt.

»Na toll«, hatte sie ihm damals geantwortet, »Und du willst wirklich dort bleiben?« Aber stets hatte er die Rückkehr in sein Geburtsland abgelehnt.

Viele Dinge konnte sie nicht verstehen.

Wie konnte man in dem Land, das gerade um Haaresbreite an einem Super-GAU vorbeigeschrammt war, nur daran denken, ein neues Kernkraftwerk zu bauen? Aber dies war vor einigen Jahren in Japan geschehen und nun lieferte das jüngste Kernkraftwerk des Landes Energie und Japan brauchte viel davon. Antje schüttelte fragend den Kopf.

Und nun diese Sache, von der sie recht wenig verstand, wie sie ohne jede Hemmung zugab. Themen wie Seismologie und Geophysik waren noch nie ihr Ding gewesen, ihr persönliches Interesse daran hielt sich in sehr engen Grenzen.

Nur wegen ihrem Freund hatte sie versucht, sich ein wenig ausführlicher mit den Problemen des Aufbaus der Erde zu befassen, aber es war ihr nicht gelungen, eine Verbindung zu der Materie herzustellen und im Laufe der Zeit war sie dazu übergegangen, sich ihre Fragen zu diesem Themenkomplex von Rudi beantworten zu lassen. Es war seine Art, alles leicht verständlich zu erklären, die ihr gefiel.

Das Telefon klingelte. Sie nahm an, dass es Rudi sei, der aus Japan zurück rief, es war jedoch ihre Mutter, die die Nachrichtensendung ebenfalls gesehen hatte und von ihrer Tochter wissen wollte, ob Rudi, den sie auch mochte, von den neuen Problemen betroffen war.

»Ich weiß es nicht«, sagte Antje leise. »Ich hab geschwind bei ihm angerufen, aber wir haben nicht schwätzen können. Er war nicht zu Hause.« Antje schwäbelte ein wenig, obwohl sie sich große Mühe gab, nur Hochdeutsch zu sprechen. »Ich warte auf seinen Rückruf. Weißt du, wie viele Sorgen ich mir hier mache? Zumal Rudi ja auch den Fuji sehen kann, wenn er an der Kreuzung nahe seines Wohnhauses steht.« Auch dies hatte sie von ihrem Freund erfahren. »Kommt dazu was in der Glotze?«

»Nix«, antwortete Antjes Mutter. »Dann will ich mal nicht weiter stören. Sagst mir aber Bescheid, wenn du was weißt.«

Antje bestätigte und legte auf.

Inagi-Shi, Tokio, Japan

E r war wieder einmal unterwegs, hatte seine Runde gemacht, war einkaufen und hatte einige Wege erledigt, die er dringend erledigen musste. Aus dem Augenwinkel sah er, dass das rote Licht am Anrufbeantworter blinkte. Er hörte sich an, was der Anrufer zu sagen hatte und überlegte einen Momente lang, ob er gleich zurückrufen sollte oder nicht. Ein Blick auf die Uhr sagte ihm, dass er sich mit dem Anruf noch Zeit lassen konnte, immerhin war er dem Anrufer um sieben Stunden voraus.

Rudi setzte sich vor den Fernseher und versuchte, etwas über die neuesten Vorfälle in seiner Wahlheimat zu erfahren. In den deutschen Nachrichten, im Internet hörte er deutsche Nachrichten im Livestream, war davon berichtet worden, dass aus einem See in der Nähe des Owakudani eine Unmenge von Wasser verschwunden war und dass derzeit kein Mensch sagen konnte, wohin. Er hatte diesen Vorgang mit seiner Frau miterlebt.

In den japanischen Nachrichten konnte er dazu nichts finden. Er zappte immer wieder durch die Kanäle, aber neben den Nachrichten vom normalen Tagesgeschehen war nichts über außergewöhnliche Ereignisse zu sehen oder zu hören. Die Giants, eine sehr bekannte Baseballmannschaft, hatten ein Spiel gewonnen und kamen dem Meistertitel näher. Im Norden des Landes war eine Bankfiliale überfallen worden, der Täter konnte aber schon festgenommen werden. Eine neue Verbindung der Tohoku-Shinkansenlinie war eröffnet worden. Der Neubau eines Kaufhauses machte die Verlegung eines ganzen Bahnhofes notwendig. Nur von dem, was er in den Nachrichten seines Geburtslandes über das Land, das seine Heimat geworden war, gehört hatte, war absolut nichts zu erfahren. Wieso nicht? Er war der Überzeugung, dass dieses Ereignis und die sich daraus ergebenden Konsequenzen jeden Einwohner Japans betreffen würden und dass man die Bevölkerung deshalb schnellstmöglich und umfassend informieren müsse und nicht erst, wenn es zu spät war.

Er dachte darüber nach, was passieren konnte. Er war weder Seismologe noch Geologe. Und von Geophysik verstand er nur so viel, wie er im Internet und in Büchern über das Thema finden konnte. Natürlich hatte er sein Wissen erweitert und viele Dinge konnten auch mit einer guten Allgemeinbildung erklärt werden. Aber was dem Land unter Umständen bevorstand, überstieg in seinen Auswirkungen alles.

Er öffnete das Internet und suchte nach Informationen zu dem, was er und Kazuko miterlebt hatten und was auch in den deutschen Nachrichten zu hören war.

Aber im Internet war – nichts. Er konnte absolut nichts Weiterführendes zu den Vorgängen in Japan finden. Verdammt noch mal, wo hatte dieses Ereignis eigentlich stattgefunden? Wieso bekam er mehr Informationen aus dem Ausland als aus dem Land, das er zu seiner Heimat gemacht hatte und in dem vor seinen Augen das geschehen war, was er nun zu verstehen versuchte?

Er konnte es nicht glauben. Es erinnerte ihn an alte Zeiten. Damals, 1986, war es das Gleiche. Zu dieser Zeit lebte er noch in einem Land, das es schon lange nicht mehr gab. Weil das Kernkraftwerk Tschernobyl aber in einem Bruderstaat der kommunistischen Hemisphäre lag, durfte es dort natürlich nicht zu einem Unfall gekommen sein. Fünfundzwanzig Jahre später, die politische Lage der Welt hatte sich inzwischen komplett geändert und die sozialistische Idee auf der Welt keinen Platz mehr, ereignete sich das Erdbeben vor der Nordostküste Japans. Und auch diesmal, genau wie in den alten Zeiten, erfolgte die Information der Bevölkerung über das Voranschreiten der Atomkatastrophe zuerst über die ausländischen Medien.

Sollte sich die Geschichte jetzt wiederholen? Man musste kein Wissenschaftler sein, um zu erkennen, in welcher Gefahr sich das Land befand. In Rudis privatem Archiv fanden sich neben vielen anderen Artikeln und Videos auch Dutzende Dokumentationen zu Themen wie Plattentektonik und Vulkanismus. Sogar seine Frau hatte ihn mehrmals unfreundlich darauf hingewiesen, dass er mit seinen Unterlagen und Büchern zu viel Platz in der Wohnung einnahm.

In den letzten Tagen hatte er nachgeforscht, ob er zu dem Phänomen des verschwundenen Wassers irgendwelche, wie auch immer gearteten, Informationen in seinem Archiv hatte. Schon seit dem Abend des Tages, an dem er und seine Frau am Ashi-See waren, versuchte er, etwas zu finden, das mehr über die Vorgänge aussagen konnte, deren Zeuge sie geworden waren. Er konnte in seinen Ordnern nichts finden, was auch nur im Ansatz zu dem Thema passte. Bislang hatte er selbst im Internet erfolglos nach Antworten auf seine Fragen gesucht. Und – es war noch viel schlimmer. In manchen Buchhandlungen, in denen er nach Material fragte, wurde er von den Verkäufern angeschaut wie ein pinkfarbenes Kaninchen mit einer Zigarre im Mund, das sich gerade an der Bar ein großes Bier bestellt.

Seit jenem Tag gingen ihm die Bilder nicht mehr aus dem Kopf. Die Situation erinnerte ihn an die Bilder, die er vom Tsunami in Fukushima gesehen hatte: Der dunkle Uferstreifen, den man sonst nie zu sehen bekam, die mit Algen bewachsenen Steine und die Tiere, die nach Wasser schnappend auf dem Strand lagen. Schon auf dem Weg nach Hause begannen sich die Sorgen in seinem Kopf breit zu machen. Sorgen um seine Zukunft, um die Zukunft seiner Frau und die Zukunft des ganzen Landes.

Hakone, Tokio, Japan

Am Himmel zogen ein paar kleine Wolken dahin, angetrieben von einem sanften Sommerwind. Über ihnen konnte man die von Flugzeugen hinterlassenen Kondensstreifen sehen. Es war ein heißer Tag. Seit Wochen verharrten die Thermometer oberhalb der Marke von dreißig Grad. Selbst während der Nächte wurde es nicht kühler, in den Mauern sammelte sich die Hitze.

Keiko Matsuda saß auf einem Klappstuhl und las Daten von einem kleinen Messgerät ab, die sie in eine Tabelle eintrug. Sie und ihr Mann Keiji waren wieder einmal im Gelände unterwegs. Gemeinsam mit vielen Kollegen suchten sie nach dem exakten Ort, an dem das Wasser aus dem Ashi-See verschwunden war. Inzwischen waren einige Tage vergangen und noch hatten sie nichts finden können. Es war zum Verrücktwerden.

Das Einzige, was sie bis jetzt eindeutig nachweisen konnten, waren die zunehmenden Erschütterungen des Gebietes, die aber noch immer nicht körperlich spürbar waren. Aber nicht die Stärke der Erdstöße bereitete den Wissenschaftlern schlaflose Nächte, es war vielmehr die Häufung dieser Mikrobeben. Die Erde zitterte beinahe ununterbrochen. Es hatte den Anschein, als wäre sie an Parkinson, der Schüttellähmung, erkrankt. Genau dieser Fakt, die fast ununterbrochenen, kleinen Erdbeben machten ihnen allen zu schaffen. Sie interpretierten diese Mikrobeben als Anzeichen dafür, dass tief unter ihnen Teile des Wassers und des Magmas zusammentrafen, was zu kleinen Explosionen führte, die sie dann mit den Seismometern als Erdbeben mit sehr geringer Stärke messen konnten.

Mit jedem neuen Tag ohne Ergebnisse nahmen die Sorgen und Bedenken der Wissenschaftler zu. Jedem einzelnen Forscher war mehr als klar, was sich ereignen konnte, wenn das Wasser tief in der Erde auf das Magma treffen sollte: Es würde zu einer Explosion kommen. Mit Ausmaßen, die denen des Einschlags eines kleineren Asteroiden oder Kometen in fast nichts nachstehen würden. Vor etwa fünfundsechzig Millionen Jahren, so die inzwischen übereinstimmende Meinung der Wissenschaftler, war der Einschlag eines Kometen bei Yukatan vor der mexikanischen Küste der Anfang vom Ende der Dinosaurier.

Wenn die Vulkane der Vulkankette im Gebiet um den Mount Fuji erst einmal in Aktion traten, dann kam das einem Ereignis gleich, das die Welt komplett verändern konnte. Nein, das würde kein Ausbruch eines Supervulkanes, weil es sich dabei nur um einzelne Vulkane handelte, die durch eine Magmakammer miteinander verbunden waren, sondern lediglich die Reaktion von Wasser und Magma. Aber diese Reaktion wäre tödlich für jeden, der in einem größeren Umkreis lebte.

Von Keikos derzeitigem Platz aus gesehen waren es etwa achtzig Kilometer bis Tokio, einer Metropole mit über 36 Millionen Menschen.

Nach außen hin ruhig und gelassen las sie weiterhin Daten ab und trug sie in ihre Tabellen ein. In einer Spalte daneben hatte sie die Daten der letzten Messreihe notiert und schon ohne Computer erkannte sie die Veränderungen.

Wie würde sich das Geschehen weiterentwickeln? Was stand ihnen bevor?

Beunruhigt sah sie zum Gipfel des Owakudani hinüber, dessen Gipfel an diesem Tag mit dichten Wolken verhangen war. Waren das aber wirklich nur die üblichen Wolken? Aus ihrem Rucksack nahm sie sich den Feldstecher und schaute zum etwa achtzig Kilometer entfernten Vulkangipfel.

Es waren nicht die gewöhnlichen Wölkchen, die sie dort sehen konnte. Stattdessen stiegen anscheinend nur wenige Meter unterhalb des Kraters und auch von der einsehbaren Flanke des Berges Dampffontänen auf, ein Fakt, den sie am Owakudani an dieser Stelle noch nie erlebt hatte.

»Keiji!«, rief sie in das kleine Funkgerät, von denen sie eines immer bei sich hatte. Ihr Mann Keiji war nur ein paar hundert Meter entfernt dabei, die Daten der an diesem Ort installierten Messgeräte abzulesen. »Keiji, schau doch mal bitte zum Alten und sage mir dann, was du siehst?«

»Verdammte Sch...«, hörte sie nur Augenblicke später die Stimme ihres Mannes und Kollegen aus dem Funkgerät quäken. »Wir sollten sofort zurückfahren, dem Chef die Daten auf den Tisch packen und endlich eine Warnung rausgeben. Und diesmal muss uns der Professor glauben! Machst du bitte von deiner Seite aus ein paar Aufnahmen vom Berg? Ich mach welche von meinem Platz aus. Wir treffen uns in ungefähr zwanzig Minuten am Auto. Bis dann.« Ein Klicken und die Verbindung war unterbrochen.

Keiko packte hastig ihre Utensilien zusammen und rannte zum Auto, das sie einige hundert Meter abseits neben der Straße abgestellt hatten. Als sie ankam, saß Keiji schon hinter dem Lenkrad, der Motor lief und Keiji wartete noch nicht einmal so lange, bis sich Keiko gesetzt, die Tür geschlossen und sich angeschnallt hatte.

»Nun aber nichts wie los!«, rief Keiji. Ihm war deutlich anzumerken, dass ihm die Bilder der Situation, die sie vor einigen Augenblicken gesehen hatten, Sorgen und Angst bereiteten.

Er bog auf eine asphaltierte Straße ein und gab Gas. Keiji fuhr, so schnell es die Lage erlaubte, der Hauptstraße entgegen, die sich weiter unten durch das Tal schlängelte.

Das Auto begann plötzlich, wild zu schlingern, ohne dass es dazu einen Grund gegeben hätte. Sie rasten über einem Abschnitt, der in einem sanften Bogen an der Bergflanke entlang ins Tal hinab führte.

»Verdammt, ich glaube, jetzt geht es los!«, rief Keiko ängstlich. »Junge, gib Gas! Wir haben sonst keine Chance, aus dem Tal heraus zu kommen.«

Es stimmte. Das Tal, in dem sie sich gerade befanden, wurde sowohl am Eingang als auch am Ausgang von hohen Bergen eingefasst. Es bildete einen überdimensionalen Kessel, nur erreichbar durch sechs gigantische Tunnel, die die Bewohner des Tales über darin die verlaufenden mehrspurigen Straßen und mehrgleisige Bahnanlagen mit dem Rest des Landes verbanden. Sollten diese Tunnel je einmal verschlossen sein, dann saßen die Bewohner der Orte im Tal in einer Falle, dann gab es kein Entrinnen, was auch immer im Folgenden passieren würde.

Das Schlingern des Wagens wurde heftiger. Keiji hatte beide Hände ins Lenkrad gekrallt, um das Auto in der Spur zu halten. Das Tachometer zeigte mehr als 120 Stundenkilometer, was viel zu schnell war. Auf der Straße waren in regelmäßigen Abständen die in grellgelber Farbe aufgebrachten Schriftzeichen für »Achtung« und eine »40« zu lesen. Wenn sie von der Polizei gestoppt werden würden, verlöre er seinen Führerschein und müsste außerdem mit einer empfindlichen Strafe rechnen. Aber das war Keiji in diesem Moment egal, er wollte nur raus aus dem Tal. In seinem Inneren wusste Keiji nur zu genau, was ihnen allen in allernächster Zukunft bevorstand.

Ein Schlag der Erde hob den Wagen von der Straße und ließ ihn rund einen Meter entfernt wieder hart auf den Boden krachen. Keiji sah kurz in den Spiegel und nahm wahr, wie sich die Straße hinter ihnen wie Geschenkband verformte. Er trat das Gaspedal bis zum Bodenblech durch, um schneller zu sein als die Wellen der Erde. Ihm war es gleichgültig, ob sie dabei hin und her geschleudert wurden. Mit aller Kraft hielt er das Auto auf der Straße.

›Nur nicht stehen bleiben!‹, hämmerte es in seinem Hirn. ›Alles, nur nicht stehen bleiben!‹ In dem Augenblick, in dem sie zum Stehen kämen, wären sie verloren.

Sie konnten ein Pfeifen hören, das dem Geräusch einer heranfliegenden Kanonenkugel glich. Ein Gesteinsbrocken von knapp zwei Metern Durchmesser landete nur wenige Meter hinter ihnen auf der Straße und riss einen tiefen Krater.

Keiji sah kurz zu Keiko hinüber. Ihr Gesicht war weiß wie Kreide, ihre sonst vollen Lippen hatte sie zu einem dünnen Strich zusammengekniffen, die Augen hielt sie fest geschlossen, die Lider zusammengepresst. Auf ihrer Stirn hatten sich Schweißperlen gebildet, die Keiko jedoch vollkommen ignorierte. Ihre Finger hatten sich in den Sitz und die Ablage der Tür gekrallt. Weiß vor Anspannung traten die Fingergelenke hervor.

Keiji sah ihr an, dass sie wahnsinnige Angst hatte. Er hätte sie am liebsten in den Arm genommen und sie beruhigt, aber er wusste, dass sie sich in allergrößter Gefahr befanden. Er spürte, wie Angst auch in ihm aufstieg und von ihm Besitz ergriff.

Die Gefahr, in der alle schwebten, war nicht mehr nur theoretischer Natur. Sie war plötzlich real geworden.

Er starrte auf die Straße und versuchte, sich nur auf das Fahren zu konzentrieren. Gleichzeitig bemühte er sich, seine eigene Angst in den Hintergrund zu drängen. Wenn sie aus dem Tal heraus waren, dann konnten sie, so nahm er zumindest an, anhalten, sich sammeln und die nächsten Schritte planen.

Vor sich konnte er endlich einen der Tunneleingänge erkennen. Er gab noch etwas mehr Gas, erreichte die Einfahrt und konnte durch das im Auto installierte Zahlsystem die Mautzahlstelle des Tunnelbetreibers ohne anzuhalten passieren. Als er in die halbrunde Öffnung des Tunnels einfuhr, entspannte er sich. Das Dunkel bereitete ihm diesmal kein Unbehagen, wie sonst immer, sondern vermittelte ihm ein trügerisches Gefühl von Sicherheit. Noch waren sie nicht am Ausgang angekommen, sie konnten ihn noch nicht einmal sehen. Diese gefühlte Sicherheit konnte auch täuschen, wie er sich selbst eingestehen musste. Aber er war zumindest beruhigt. Er blickte zu Keiko und sah, dass sie weinte.

»Was ist los?«, fragte Keiji leise und mit ruhiger Stimme.

»Wieso muss das jetzt geschehen? Wieso konnte dieser verfluchte Berg nicht noch eine Weile warten? Es sind doch nur ein paar Monate?« Sie sah ihn lange an und in ihren Augen hatte sie ein sanftes Glänzen. Jener Glanz passte nicht im Geringsten zu der Situation, in der sie sich gerade befanden. »Keiji Matsuda! Ich muss dir etwas sagen. Es hat nichts mit dem zu tun, was wir beruflich machen, es hat auch nichts mit Bergen zu tun, nichts mit Vulkanen und erst recht nichts mit Tektonik. Es ist eine private Angelegenheit.« Sie holte tief Luft, es schien, als ob sie nach den passenden Worten suchen würde. »Keiji, du wirst Vater.«

Keiji trat reflexartig auf die Bremse. Weil sie allein im Tunnel waren, passierte nichts. Diese Worte hatten ihn dann doch zu tief getroffen. Damit hatte er selbst in seinen kühnsten Träumen nicht gerechnet.

Überrascht schaute er seiner Frau in die Augen und kopfschüttelnd erwiderte er langsam:

»Ich werde Vater? Was? Wann? Wie?«

»Okay, fangen wir von hinten an. Wie? Na ja, auf die gute

alte biologische Art und Weise, indem ich ein Kind von dir zur Welt bringe, ganz einfach. Wann? In weniger als sieben Monaten, sollte ich mich nicht vollkommen verrechnet haben. Und ja, du wirst Vater. Und wie ich dich kenne, ein sehr, sehr guter Vater. Und was? Das weiß ich auch noch nicht. Und es mir auch egal, solange unser Kind gesund ist.

Aber nun sieh bitte erst einmal zu, dass du uns hier raus und in Sicherheit bringst, ich möchte in diesem gottverdammten Tunnel nicht unbedingt Wurzeln schlagen.«

Keiji beugte sich zu seiner Frau hinüber, nahm sie in die Arme und gab ihr einen langen Kuss. Er atmete einige Male tief durch, um sich zur Ruhe zu bringen, startete den Motor neu und fuhr langsam dem Tunnelausgang entgegen.

Die Gedanken jagten sich in seinem Kopf und der Ausbruch des Vulkans in ihrer unmittelbaren Nähe trat für einen Augenblick in den Hintergrund. Aber nur für einen Moment, denn als sie sich der Tunnelausfahrt näherten, sah Keiji, dass es dort ein neues Problem gab.

Eine Hälfte des Tunneleingangs war während der heftigen Erdstöße zum größten Teil verschüttet worden. Ob sie mit dem Auto an diesen Geröllmassen vorbei kamen? Keiji war nicht in der Lage einzuschätzen, ob der noch befahrbare Bereich ausreichte, um sie in Sicherheit zu entlassen. Im Notfall mussten sie den Wagen stehen lassen.

»Kannst du sicherheitshalber schon mal alle Daten auf die Sticks sichern. Da vorne scheint es ein Problem zu geben und ich weiß nicht, ob wir das Auto mitnehmen können, wenn wir dort durch wollen.«

Keiko, die nach der von ihr gemachten Offenbarung nur auf die aufgezeichneten Daten gestarrt hatte, schaute jetzt zum Tunnelausgang und erkannte sofort, was Keiji ihr sagen wollte.

»Okay, ich fange schon mal an, die Daten zu sichern«, meinte sie und schob den ersten Stick in einen der vorhandenen Anschlüsse. Schnell war der erste Teil der Daten kopiert.

Keiko hatte sich bewusst für das Kopieren entschieden, denn sie hatte auf keinen Fall vor, auch ihre alten Laptops zurückzulassen, wenn sie wirklich schon das Auto zurücklassen müssen sollten. Es waren Unmengen von Daten zu kopieren und das dauerte natürlich seine Zeit. Bald war der zweite USB-Stick voll und Keiko schob den nächsten in den Laptop.

Wieder wackelte der Boden, ein neues Beben, oder, was für sie jetzt wahrscheinlicher geworden war, die Eruption des Vulkans hinter ihnen.

Verdammt, wieso begann das alles gerade jetzt? Sollte dieses Ereignis etwas mit dem verschwundenen Wasser aus dem Ashi-See zu tun haben?

Für dieses Phänomen hatten sie bislang weder eine logische noch eine wissenschaftliche Erklärung finden können. Kein Wissenschaftler auf der Welt hatte jemals einen ähnlichen Vorgang beschrieben oder auch nur Gedankenspiele darüber angestellt. Keiko und Keiji bewegten sich auf einem Gebiet, auf dem jeder Schritt gefährlich war und in dem jedes weitere Vordringen auf unbekanntes Terrain führte. Zum einen würde sie das sicher in der Fachwelt bekannter machen, weil sie darüber publizieren konnten, aber zu welchem Preis? Keiko war der Preis zu hoch. Und jetzt, da sie Mutter wurde, war sie nicht mehr bereit, ihn zu zahlen.

Endlich war das Kopieren beendet und sie fing an, die von ihnen gemachten Notizen und Aufzeichnungen einzusammeln und in ihre Taschen zu stopfen, um so viele mitzunehmen, wie sie tragen konnte.

Keiji bremste den Wagen erneut ab und hielt am Tunnelausgang.

Die linke, dem Berg zugewandte Seite war mit Felstrümmern versperrt, der Fahrstreifen der anderen Seite schien jedoch weitestgehend frei zu sein. Wenn sie einige der auf der Straße liegenden Felsbrocken und Baumstämme beiseite räumen konnten, dann sollte es möglich sein, mit dem Auto aus dem Tunnel zu entkommen.

»Okay«, sagte Keiji, »ich werde mir die Sache da vorn einmal genauer ansehen. Du wartest bitte so lange im Auto.« Er stieg aus und ging auf die hohe, halbrunde Öffnung zu, die einmal der Tunnelausgang war.

Unter einem Felsbrocken erkannte er einen menschlichen Unterarm und eine Hand, die ihm zu winken schien. Er ging näher heran und sah, dass sich die Finger der Hand langsam bewegten. Hastig begann er, die Trümmer, die auf dem Arm lagen, beiseite zu räumen.

Keiji hielt inne und winkte Keiko, die schnell ausstieg und auf ihn zu rannte.

»Hilf mir mal bitte!«, rief er ihr zu. »Hier liegt jemand unter den Steinen.«

Sie schafften sie es nach einiger Zeit, Geröll, Äste und Baumstämme soweit beiseite zu räumen, dass sie die darunter eingeklemmte Person erkennen konnten.

»Holen ... Sie ... mich ... bitte ... hier ... raus«, hörten sie die leise gesprochenen Worte einer jungen Frau in der Uniform der Betreibergesellschaft der Tunnel. »Meine Beine sind eingeklemmt. Bitte, helfen Sie mir!«

Vorsichtig setzten Keiko und Keiji ihre Arbeit fort und räumten behutsam einen Stein nach dem anderen weg.

Durch die vom Erdrutsch mitgerissenen Baumstämme hatte sich über dem Häuschen der Zahlstelle ein Hohlraum gebildet, in dem die Mitarbeiterin der Tunnelbetreiberfirma überleben konnte. Sie hatte Glück im Unglück.

Nach knapp drei Stunden war die Angestellte aus ihrer misslichen Lage befreit und in das Auto gesetzt.

Die Wunden hatten Keiko und Keiji, soweit es ihnen im Moment möglich war, versorgt und die gebrochenen Beine der Angestellten mit dem, was sie gerade zur Hand hatten, so gerichtet und geschient, dass die Angestellte die Fahrt ins nächste Krankenhaus einigermaßen überstehen konnte, auch wenn die Reise sehr schmerzhaft werden würde.

Bald saßen auch Keiko und ihr Mann wieder im Auto. Keiji versuchte, so vorsichtig wie nur möglich zu fahren.

R. W. Yamamoto

Regierungsviertel Nagatachou, Tokio, Japan

A uch Japan hat einen Reichstag, ein grauer Monumentalbau aus Granit und Stahlbeton. Die Spitze über dem Eingangsbereich hat die Form einer Pyramide und symbolisiert so die Macht, die von hier ausgehen soll. Das Gebäude steht auf einem Hügel im Regierungsviertel Nagatachou im Tokioter Stadtbezirk Chiyoda. Im japanischen Reichstag wurde allerdings nur in den seltensten Fällen Politik gemacht, hier trafen sich die so genannten Volksvertreter während den Sitzungsperioden des Parlamentes, um dann sowohl im Unterhaus als auch im Oberhaus Gesetze zu beraten oder um sich heftige Debatten zu liefern, die in der Vergangenheit auch schon das eine oder andere Mal in Handgreiflichkeiten endeten. Die Politik des Landes wurde weiter unten gemacht. Die verschiedenen Ministerien und der Sitz des Premierministers lagen streng bewacht in einem Tal unterhalb des Reichstages.

Das Gebäude des Premierministers war ein Klotz aus Stahl, Glas und Beton. Eine im japanischen Stil vergangener Zeiten gehaltene Holzverkleidung schützte die breiten Fensterfronten vor indiskreten Blicken. Vor dem Haupteingang gab es einen viereckigen Teich mit Seerosen, die im Sommer reichlich blühten.

Professor Doktor Takayuki Matsumoto schritt ruhigen Schrittes durch das Eingangsportal und musste eine Sicherheitsüberprüfung wie am Flughafen über sich ergehen lassen. Er hatte nichts zu verbergen, nichts außer seinen Besuch beim Premierminister vor den Mitgliedern seines Teams. Die Ereignisse der letzten Wochen hatten ihn dazu veranlasst, beim Staatschef vorstellig zu werden, um ihm zum einen die Lage darzulegen, in der sich die Region nach den Vorgängen

118

am Owakudani befand und um dem Regierungschef zum anderen die Konsequenzen, die sich daraus für die Entwicklung der Situation und des Landes ergaben, in aller Deutlichkeit klarzumachen.

Dem Professor war dieser Schritt nicht leicht gefallen. Er spielte gerade ein doppeltes Spiel, was er gerade seinen beiden jüngeren Angestellten gegenüber als äußerst ungerecht empfand. Sie hatten ihm die Daten präsentiert und ihn damit aufgeschreckt. Er kannte auch die Ansicht seiner Angestellten, dass er so lange nichts unternehmen würde, bis jeder einzelne Fakt zweifelsfrei bewiesen war. Nun aber hatte er diesen Weg gewählt und er war Mann genug, ihn bis zum Ende zu gehen.

Professor Matsumoto prüfte noch einmal den korrekten Sitz seiner Krawatte, bevor er einem Angestellten zum Büro des Premierministers folgte.

Als sie nach einigem Gehen durch lange, hell beleuchtete Gänge im Vorzimmer des Premierministers angekommen waren, wurde der Professor in aller Höflichkeit gebeten, sich noch einen Moment zu gedulden, da der Herr Premierminister noch ein Gespräch mit einem anderen Gast führte.

Professor Matsumoto setzte sich in einen der niedrigen, weichen Sessel, die zwar bequem aussahen, aber alles andere als bequem waren. Sie sollten nicht zum Sitzen einladen, sie sollten vielmehr auf elegante Art dafür sorgen, dass Gäste es vorzogen, im Stehen zu warten.

»Herr Professor Doktor Matsumoto«, sagte der Vorzimmerangestellte, nachdem er ein Telefonat mit dem Premierminister beendet hatte. »Der Herr Premierminister kann Sie heute leider nicht empfangen, die Staatsgeschäfte lassen es nicht zu. Wenn Sie vielleicht Ihr Anliegen dem für diesen Bereich zuständigen Minister Takahashi unterbreiten wollen, da wäre ein Termin machbar.«

Professor Doktor Takayuki Matsumoto atmete tief ein und aus, um sich zur Ruhe zu zwingen. Wie er die Sachlage einschätzte, ging es um Fragen von höchstem nationalen und

internationalen Interesse und so ein Holzkopf im Nadelstrei-
fenanzug ließ sich noch im letzten Moment verleugnen. Er
konnte es nicht fassen. Der Professor wusste, dass der jetzige
Premierminister und er wohl niemals Freunde werden würden. Oft lagen ihre Ansichten zu ein und demselben Problem
so dicht beieinander wie zwei Galaxien im Universum. Aber
an diesem Tag ging es nicht um Fragen ihres persönlichen
Miteinanders, es ging um Probleme, die für das Wohlergehen
und auch das Leben von Abertausenden, wenn nicht sogar
Millionen Menschen wichtiger waren als persönliche Abnei-
gungen. Es hatte fast zwei Tage ständigen Telefonierens und
Intervenierens gedauert, um diesen Termin überhaupt zu bekommen. Und dann wurde ihm die Tür vor der Nase zuge-
schlagen.

»Es wäre aber wichtig, die Fragen mit dem Herrn Premierminister persönlich zu erörtern. Es sind Probleme, die sich
für die Sicherheit von vielen Menschen als wichtig erweisen
könnten. Haben Sie das dem Herrn Premierminister auch so
mitgeteilt?«

»Ja. Der Herr Premierminister ist sich der Bedeutung der
Umstände durchaus bewusst. Er bedauert aufrichtig und betont ausdrücklich, dass andere wichtige Angelegenheiten derzeit seine Zeit leider zur Gänze in Anspruch nehmen. Er bit-
tet Sie vielmals um Entschuldigung.«

Der Büroangestellte verbeugte sich tief zum Zeichen der
Reue, die er nicht empfand. Für ihn war diese Geste nichts
anderes als ein Verhalten, das er einstudiert und schon tausende Male vollzogen hatte.

Japans Premierminister saß an seinem Schreibtisch und
lauschte amüsiert über die eingeschaltete Telefonanlage dem
Gespräch in seinem Vorzimmer.

Er konnte den Professor nicht leiden, er mochte dessen
Art nicht. Der Professor war ihm persönlich zu direkt in der
Weise, in der er seine Gedanken äußerte. Sie hatten bereits
mehrere Male in verschiedenen Debatten miteinander zu tun
gehabt. Jedes Mal hatte der Professor mehr Mittel für sein

Institut zur Erdbebenforschung gefordert, Geld, das er in neue Projekte investieren wollte, wie zum Beispiel in die viel intensivere Überwachung der aktiven Vulkane im Hakone-Fuji-Izu-Nationalpark oder in den erdbebensicheren Ausbau des Institutes, das der Professor gegründet hatte, um Erdbeben und Vulkane in Japan besser erforschen zu können.

Dem Premierminister gelang es zwar mehrmals, die zusätzlichen Mittel für die intensivere Überwachung der Vulkane nicht bewilligen zu müssen, aber er konnte nicht verhindern, dass dem Professor die Mittel für den Ausbau des Institutes zu einem absolut erdbebensicheren Komplex genehmigt wurden. Die Argumente des Professors waren stichhaltig, logisch und so klar, dass den Entscheidungsträgern keine andere Wahl blieb, als sie zu akzeptieren. Dem Premierminister verursachte es Bauchschmerzen, wenn er nur an die in das Institut des Professors investierten Summen erinnert wurde.

Die beiden Männer waren sich nicht grün, wie man so schön sagte. Und jetzt kam der Professor zum Premierminister, um ihm darzulegen, dass sich die Lage an einem Vulkan, dem Owakudani, und damit im Großraum Tokio zuspitzte und sie mit einem Ausbruch zu rechnen hatten, der sich anders darstellen würde als alles, was Japan bislang an Vulkanausbrüchen erlebt hatte. Der Professor verwies in seinen schriftlichen Anträgen für einen Besuch auf die Möglichkeit einer gigantischen Explosion, die durch das verschwundene Wasser aus dem Ashi-See ausgelöst werden könnte.

Er, der Premierminister Japans, hatte von Geophysik, Geologie oder anderen Wissenschaften, die sich mit Aufbau und Funktionieren der Erde befassten, nur sehr wenige oberflächliche Kenntnisse. Sollten sich andere mit diesen Fragen befassen, er hatte keinen Vulkan zu überwachen, sondern einen Staat zu leiten.

Minister Daisuke Takahashi, mit dem Professor Matsumoto lange sprach, hatte eine ganz andere Einstellung zu den bestehenden Problemen und Sachverhalten.

Er war relativ jung, Ende der Vierziger, machte einen ehrlichen Eindruck und schien sich wirklich für die Fragen und Probleme zu interessieren, die ihm der Professor darlegte. Der Minister notierte sich vieles, telefonierte gelegentlich mit anderen Dienststellen, um von dort aktuelle Daten und Informationen zu dem einen oder anderen Sachverhalt anzufordern, erteilte Aufträge und war dennoch immer mit einem Ohr beim Professor.

»Und Sie meinen, das alles könnte uns wirklich bevorstehen? Wann, Herr Professor?«

»Ja, Herr Minister, genau das könnte passieren, wenn sich die Dinge so entwickeln sollten, wie wir im Institut es durchaus für möglich halten.

Aber es gibt noch zu viele offene Fragen. Derzeit sind wir nicht in der Lage, auch nur ansatzweise etwas über den Zeitpunkt einer möglichen Eruption sagen zu können. Wenn es ganz schlimm kommt, dann kann es innerhalb der nächsten Wochen, Tage oder auch nur Stunden zur Explosion kommen. Sind die Menschen, ist unser Land, wirklich darauf vorbereitet?«

Der Minister schaute dem Professor in die Augen, schüttelte langsam den Kopf und sagte leise:

»Ich befürchte, dass wir das nicht sind.

Leider bin ich noch nicht lange genug dabei, um so viel Einfluss geltend machen zu können, dass die notwendigen Änderungen von meiner Seite aus durchsetzbar wären. Es ist immer das Gleiche in der Politik: Die Jungen machen die Arbeit und die Alten haben das Sagen. Ich kann und will Ihnen nichts versprechen, aber Sie haben auf jeden Fall die vollste Unterstützung von mir und meinem Ministerium.«

Der Professor dankte für die Zusicherung und begann, seine Unterlagen aufzuräumen.

»Hoffen wir, dass wir noch lange genug Zeit haben, um uns auf das vorzubereiten, was uns möglicherweise in nächster Zukunft bevorsteht. Ich hoffe wirklich, dass ich mich in diesem Punkt getäuscht habe.

Herr Minister, ich danke Ihnen für Ihre Zeit und die Möglichkeit, das Problem vorbringen zu dürfen.« Und nur widerwillig fügte er hinzu:

»Grüßen Sie den Premierminister bitte von mir. Guten Tag.«

Professor Matsumoto verließ das Gebäude des Ministeriums auf dem gleichen Weg, wie er es betreten hatte, stoppte mit dem in Japan üblichen Handwinken ein Taxi und ließ sich zu seinem Institut fahren.

Stuttgart, Deutschland

Zur besten Sendezeit lief statt der angekündigten Sendung ein »Brennpunkt« zu den Ereignissen in Japan.

Nach einem kurzen Trailer begann der Moderator mit seinem Beitrag:

»In Japan kam es nach Jahrhunderten der Ruhe zu einem kleineren Ausbruch des nahe der Hauptstadt Tokio liegenden Vulkans Owakudani, wie die japanische meteorologische Agentur bekannt gab. Auch von den Flanken des Fujisan werden nach drei Jahrhunderten der Ruhe Aschewolken und aufsteigender Rauch gemeldet. Der Owakudani im Hakone-Fuji-Izu-Nationalpark ist einer der vierzig aktiven Vulkane Japans, während der Fuji derzeit als ruhend gilt. Schon seit Jahrhunderten kam es an beiden Vulkanen zu keinen Ausbrüchen. Damit reiht sich die Eruption des Owakudani nahtlos in eine lange Reihe von dramatischen Naturkatastrophen ein, die das Land schon seit geraumer Zeit heimsuchen.

Wir schalten nun live zu unserem Korrespondenten Ulf Meier nach Japan.

Herr Meier, was können Sie uns über die derzeitige Lage in Japan berichten?"

»Zuerst einen guten Abend nach Deutschland.« Mit diesen Worten begann der Korrespondent seine Reportage aus

Japan. »Heute kam es unweit der Hauptstadt ...«

Antje schaltete die Sendung ab. In den letzten Wochen und Monaten hatte es fast keinen Tag gegeben, an dem nicht über irgendeine neue negative Entwicklung im Land des Lächelns berichtet wurde.

Die Sorgen, die sie sich um ihren besten Freund machte, wurden nicht geringer, so sehr sich ihr Freund auch bemühte, sie in seinen Briefen und Mails zu beruhigen und die Lage als weniger schlimm darzustellen, als sie es in Wirklichkeit war. Rudis Umgehen mit der Situation machte es ihr nicht einfacher, denn sie erfuhr aus den Medien ihres Landes zur Entwicklung das eine, von ihrem Freund vor Ort bekam sie streckenweise eine vollkommen gegensätzliche Darstellung der gleichen Situation. Diese Diskrepanz sorgte bei ihr für innere Konflikte, sie wusste schon seit Langem nicht mehr, was sie glauben konnte, durfte oder vielleicht sogar sollte.

Nun hörte sie in der Sondersendung den Namen eines Vulkans, den sie schon einmal gehört zu haben meinte. Im Augenblick konnte sie jedoch keinen direkten Zusammenhang zwischen dem Gehörten und ihren Erinnerungen herstellen, aber sie kannte einen Weg, wie sie diese Frage beantworten konnte. Antje ging ins Schlafzimmer, holte aus ihrem Kleiderschrank eine Kiste und suchte dort nach den alten Briefen von Rudi, die sie noch immer aufbewahrte. Schnell fand sie, was sie suchte, den Brief, in dem Rudi ihr vom Besuch des jetzt ausgebrochenen Vulkans erzählt hatte.

Mit den schönsten Worten hatte er ihr damals den Ausflug auf diesen Vulkan beschrieben, dessen Lage, die wunderschöne Landschaft um den Vulkan, die Anreise mit dem Sonderzug und zum Schluss die Fahrt mit der Seilbahn auf den Gipfel. Er hatte ihr auch den Geruch beschrieben, der am Vulkan in der Luft hing. Er hatte ihr von seiner Verärgerung berichtet, weil er nicht zu den heißen Quellen gehen konnte, da es ein paar Tage vor Rudis Ausflug einen Erdrutsch gegeben hatte und der Weg dabei verschüttet worden war.

Jetzt begann sie zu erkennen, woher ein Teil der Sorgen in ihr kam. Bestand vielleicht zwischen dem Erdrutsch, den Rudi ihr damals beschrieben hatte und dem jetzigen Ausbruch ein Zusammenhang?

»STOPP! Bleib mal ganz ruhig!«, rief sie sich selbst zur Ordnung. »Du kannst nicht einfach Zusammenhänge herstellen, wo es keine Zusammenhänge gibt! Immerhin liegen zwischen dem Brief und den jetzigen Ereignissen Jahre. Jahre, in denen absolut nichts geschehen ist, wenn man von Erdbeben, Tsunamis und Taifunen absah.«

Mit Rudis Zeilen in der Hand ging sie langsam zurück ins Wohnzimmer und setzte sich zu ihrem Mann auf das Sofa. Aber sie wirkte niedergeschlagen und frustriert.

Antje sah ihrem Mann in die Augen und sagte leise:

»Ich wäre jetzt so gern bei Rudi, glaubst du mir das?«

Sven, ihr Mann, nickte und meinte:

»Kann ich verstehen, kann ich sogar sehr gut verstehen. Und ich glaube, ihm würde es sehr viel bedeuten. Vielleicht könnte es ihm sogar helfen, besser mit der Lage bei sich fertig zu werden. Kannst du in der Firma nicht kurzfristig ein paar Tage Urlaub bekommen? Wenn ja, dann flieg doch einfach mal rüber. Frage bei ihm an, ob es ihm recht ist und dann, redet beim Sushi essen und Sake trinken direkt miteinander.«

Antje sah ihren Mann überrascht an. Diese Antwort hatte sie von ihm nicht erwartet. Sie wusste zwar, dass Sven und Rudi sich sehr gut verstanden, seitdem Rudi einige Tage bei ihnen zu Gast war. Aber es war trotzdem ein Unterschied, ob jemand miteinander befreundet ist oder verheiratet. Sie wusste jedoch auch, dass ihr Mann verstanden hatte, dass es keinen Grund gab, eifersüchtig zu sein oder zu werden.

»Und du meinst wirklich, ich solle mich einfach in ...?«

»Ja, warum denn nicht?«, antwortete Sven mit einer Gegenfrage. »Ich sehe doch auch, wie du dir die Nachrichten ansiehst, wie du fast selber stirbst bei jeder Meldung über irgendein neues Ereignis dort bei Rudi. Ich mag ihn doch auch, er ist ein richtig netter Kerl, und ich möchte, dass du dir nicht vielleicht auch unnötigerweise Sorgen machst. Und was liegt da näher, als mal eben rüber zu fliegen und dort selber nach dem Stand der Dinge zu sehen?«

Sven holte eine Flasche seines Lieblingsbieres aus dem Kühlschrank und genehmigte sich einen großen Schluck. Er hatte zusammen mit Rudi so manche Flasche davon geleert, während sie über all die Dinge sprachen, über die man so spricht, wenn man dabei ist, sich kennen zu lernen.

Sven strich sich durch sein kurzes Haar, nahm seine Frau in die Arme und schaute ihr tief in die Augen.

»Antje, ich kann nicht froh sein, wenn du immer in Sorgen bist und Angst hast. Ich habe Rudi kennen gelernt und weiß, wie sehr ihr zwei euch mögt. Eure Liebe, wenn ich es auch einmal so nennen darf, ist wahrlich einzigartig auf der Welt. Und ich sehe doch, dass du ständig in Sorgen lebst, seitdem das da bei ihm so heftig drunter und drüber geht und unser Planet da unten verrücktspielt.

Habt ihr in letzter Zeit mal miteinander telefoniert?«

Antje schüttelte den Kopf. Sie hatte schon seit Längerem nichts aus Japan gehört. Dieser Umstand war nicht dazu geeignet, ihre Sorgen zu verringern. Rudi schrieb ihr sonst immer eine kurze Mail, wenn es ein Beben oder ein anderes schlimmes Ereignis gegeben hatte, über das man auch in den deutschen Medien berichtete, aber schon seit einigen Wochen hatte sie keine Nachrichten mehr von ihm bekommen.

Wieso nicht? Warum meldete sich Rudi nicht? Warum schickte er keine Nachrichten? Sie wusste es nicht, aber sie machte sich ihre Gedanken.

»Ich werde ihm einfach eine Mail schicken und fragen, wie er dazu steht, wenn ich ein, zwei Wochen runter komme. Er hatte es mir ja schon mehrmals angeboten. Und du bist mir echt nicht böse, wenn ich zu ihm fliegen würde?« Mit treuem Hundeblick sah sie ihrem Mann in die Augen.

„Ich wäre dir böse, wenn du es nicht machst!", antwortete Sven, ging noch einmal in die Küche, holte sich eine zweite Flasche und trank sie in einem Zug leer.

Regierungsviertel Nagatachou, Tokio, Japan

Trotz der Dinge, die sich vor einiger Zeit in einem Teil des Landes und noch dazu nahe der Hauptstadt ereignet hatten, wollte der Premierminister seinen schon seit Langem geplanten Urlaub in diesem Jahr auch wirklich antreten. Vorher musste er allerdings die Staatsgeschäfte für die Zeit seiner Abwesenheit an seinen Stellvertreter übergeben, sich von den Angestellten seines Büros verabschieden und sich nach der üblichen kleinen Abschiedsparty nach Hause fahren lassen.

Den Urlaub wollte er in diesem Jahr gemeinsam mit seiner Familie in einer kleinen Stadt auf der Insel Hokkaido verbringen, der nördlichsten der vier Hauptinseln Japans. Seine Jugend hatte er teilweise in dieser Stadt verbracht und nun wollte er sich die Veränderungen selbst ansehen, die es im Laufe der Jahre nach seinem Fortgehen gegeben haben musste. Seine Pflichten als erster Mann im Staate ließen ihm wenig Zeit für private Angelegenheiten und wenigstens diese kurze Zeit wollte er ausschließlich an solchen Orten verbringen, die in ihm angenehme Erinnerungen hervorriefen.

»Herr Sugimoto«, sagte er zu dem Mann, der nun mit ihm am Schreibtisch im Büro des Premierministers saß und über Unterlagen brütete. »Ich werde die nächsten zwei Wochen nicht in der Stadt sein, wie Sie wissen. Ich werde zusammen mit meiner Familie in Nemuro auf Hokkaido meinen Urlaub verbringen. Für den Notfall liegt die Telefonnummer des Hotels im obersten Schubfach des Schreibtisches, aber bitte nur im äußersten Notfall benutzen.

Sollte sich dieser Professor Matsumoto noch einmal melden, verweisen Sie ihn an Minister Takahashi. Der Professor geht mir mit seinem Geschwafel über die angeblich vor sich

gehenden Veränderungen der Erdkruste im Hakone-Fuji-
Izu-Nationalpark auf den Geist, um es auf den Punkt zu bringen. Immer diese unbegründeten Ängste und düsteren Vor-
ahnungen, die er hat. Und bisher ist von all dem, was er uns
immer erzählt hat, nichts eingetreten.«

Der Premierminister lehnte sich mit einem zufriedenen
Gesichtsausdruck in seinem Stuhl zurück, nahm die Brille
ab, rieb sich die Augen und fuhr dann fort:

»Ansonsten ist derzeit alles geregelt. Im Moment gibt es
nichts, was nicht noch zwei Wochen warten kann. Besuche
von Staatsmännern stehen nicht an, die Wirtschaft läuft, in
der Partei ist auch alles geregelt, dann kann ich mich also von
Ihnen verabschieden und in Urlaub gehen.«

Die beiden Männer erhoben sich, gaben sich die Hände
und einige Zeit später verließ der Premierminister langsam
das Gebäude seines Amtssitzes.

Einen Tag später saß er neben seiner Familie in der Pre-
mium Class eines »All Nippon Airways« - Linienfluges nach
Sapporo. Dort stiegen sie in den Zug um und fuhren weiter
nach Nemuro, einer kleinen Stadt im nordöstlichsten Teil
Hokkaidos. Weil die Stadt vom Fischfang lebte, hoffte er natürlich, auf einem der Boote mit hinaus auf das Meer fahren
zu dürfen, um dort in Ruhe angeln oder den Fischern auf
dem Boot bei der Arbeit helfen zu können.

Der Premierminister freute sich auf seinen Urlaub als Pri-
vatperson, auf einige Tage der Ruhe und der Entspannung,
auf die Zeit, die er mit seiner Familie verbringen wollte. Er
freute sich auf lange Spaziergänge, aber auch darauf, dass er
hier das sein durfte, was er trotz seines Postens als Premierminister war, ein Mensch, ein Vater und ein Ehemann.

Als er und seine Familie am Abend in einem kleinen Ho-
tel eincheckten, wusste er nicht, dass sein Urlaub in diesem
Jahr nur einige Stunden dauern würde.

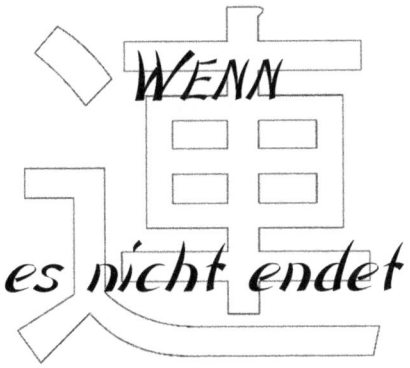

Tokio, Japan

K eiko Matsuda saß verbittert hinter ihrem Schreibtisch. Seitdem sie ihrem Chef von ihrer Schwangerschaft erzählt hatte, durfte sie mehr oder weniger nicht mehr mit ihren Kollegen ins Gelände fahren. Weil ihre Schwangerschaft schon so weit fortgeschritten sei, wie Professor Matsumoto sagte, und sie war doch erst im fünften Monat. Sie wusste allerdings auch, dass ihr Chef sich Sorgen deswegen machte, dass ihr oder dem Kind unter ihrem Herzen während eines Außeneinsatzes irgendetwas zustoßen konnte. Und der Professor war berechtigterweise nicht bereit, die Last dieser Verantwortung auf seine Schultern zu laden. Dabei würde sie ihr ungeborenes Kind noch weitere vier Monate in sich tragen. Andere Frauen standen zu diesem Zeitpunkt noch am Fließband und gingen ihrer gewohnten Arbeit nach.

Der Professor achtete besonders darauf, dass Keiko regelmäßig zu den Arztterminen und dass sie vor allen Dingen jeden Abend pünktlich nach Hause gehen konnte. Keiko war ihren Kollegen dankbar für deren Bemühungen. Sie freute sich schon auf den Moment, in dem sie das Baby in den Arm gelegt bekommen würde. Sie konnte sich die Situation lebhaft vorstellen. Selbst Keiji, der wahrlich kein Romantiker war, begann, sie nach allen Regeln der Kunst zu verwöhnen.

Auf dem Monitor vor sich hatte Keiko die neuesten Daten der GPS-Stationen, die sie und ihre Kollegen jetzt vom Institut aus überwachen konnten.

Nach dem ersten, noch relativ schwachen Ausbruch des Owakudani hatte sich die Situation wieder beruhigt, die Aktivitäten der Erde und der anderen Vulkane im Nationalpark waren zurückgegangen, aber Keiko wusste nur zu genau, dass dies nicht viel zu bedeuten hatte. Noch immer standen sie vor den Problemen, die sich aus dem schon vor Wochen verschwundenen Wasser ergaben. Irgendwo mussten sich die

Wassermassen gesammelt haben und die Mitarbeiter des Institutes, besonders aber der Professor, ihr Mann und sie, suchten verbissen danach.

War der relativ harmlose Ausbruch des Owakudani nur das schwächere Vorzeichen einer sich in den Tiefen der Erde anbahnenden Katastrophe? Oder war das schon alles gewesen, was sie zu sehen bekämen?

Weder sie noch ihre Kollegen hatten Antworten auf die Fragen, die sich zwangsläufig stellten. Gemeinsam standen sie vor einem jener großen Rätsel, für das sie nicht den Hauch einer Lösung hatten.

Verdammt, wie konnte es geschehen, dass Tausende Kubikmeter Wasser einfach im Nirwana verschwinden? Wie war das möglich? Und, was die vielleicht wichtigste aller ihrer Fragen war, wohin genau waren diese Wassermengen verschwunden? Felsen waren keine trockenen Schwämme, die sich einfach mit Wasser vollsogen, ohne dass etwas geschah.

Die ersten Ergebnisse der geologischen Untersuchungen im Vulkangebiet, die nach der Eruption vorgenommen worden waren, machten die Sache für alle noch viel unverständlicher.

»Was willst du uns nur antun?«, fragte sie den Bildschirm vor sich, auf dem die neuesten Daten aus dem Vulkangebiet zu sehen waren, die sich seit Tagen kaum veränderten. »Was willst du uns sagen?«

Sie konnte die Daten sehen, sie kannte die Bedeutung der Zahlen, aber es wollte ihr nicht gelingen, einen Zusammenhang zwischen all dem zu erkennen. Gab es vielleicht Dinge, die sie nicht sahen oder nicht sehen konnten?

Um den Owakudani erstreckte sich ein großes Naturschutzgebiet, das bei den Japanern als Hakone-Fuji-Izu-Nationalpark genauso bekannt und beliebt war wie Sumo-Ringen oder Baseball.

Tief unter dem 1936 gegründeten Nationalpark hatten Kollegen bei Untersuchungen Verbindungen zu den anderen Vulkanen der Umgebung entdeckt, die bis hin zum Fujisan reichten. Vor vielen Jahrhunderten, so stellten sie bei den Untersuchungen fest, hatten sich aus kleineren Kratern, die vor Urzeiten zum Fuji gehörten, verschiedene der in der Umgebung vorhandenen Vulkane gebildet und sich im Laufe der Jahrhunderte und Jahrtausende zu neuen Vulkanen entwickelt. Nein, die Gegend wurde nicht als Supervulkan eingestuft, weil sie den Voraussetzungen nicht entsprach, mit denen man einen Vulkan solchen Typs definierte, aber wenn es in dem Nationalpark zu einem größeren Ausbruch kommen sollte, dann hätten sie alle zusammen mehr als nur das Problem mit der Definition des Vulkantyps.

»Upps!«, rief sie erstaunt, als sie die neuesten Daten auf dem Monitor sah. »Na, was hast du denn vor? Komm! Los! Mach schon! Sprich mit Mama!«

Was sie auf ihrem Monitor sah, setzte ihren Instinkt in Gang und der wiederum sorgte dafür, dass sie aufstand und zum Telefon am Nachbartisch griff.

»Hallo, Professor Matsumoto? Ja, Keiko hier«, sagte sie ins Telefon. »Sie wollten doch informiert werden, wenn sich am Owakudani etwas tut. Gerade eben sind die neuesten Daten reingekommen, die mich ...«

In diesem Moment wurde das Gebäude mit einem Satz zur Seite und gleichzeitig nach oben gehoben und geschoben. Sie konnte sich nicht auf den Beinen halten und schlug der Länge nach hin. Der Garderobenständer hinter ihr fiel um, direkt neben ihrem Kopf schlug ein Monitor auf, Splitter gruben sich in ihre Wange.

Der Boden bebte in einem Maße, wie sie es noch nie vorher erlebt hatte. Das Epizentrum des Bebens musste direkt unter der Stadt liegen, wie sie schon an der Intensität der Schwingbewegungen feststellen konnte.

Wo lag der Erdbebenherd genau?

Sie musste zu den Seismometern, um die Daten direkt ablesen zu können!

Keiko versuchte, wieder auf die Beine zu kommen. Es war ein sinnloses Unterfangen, solange der Boden unter ihr diesen irren Tanz aufführte, der einer ganz anderen Melodie folgte als er es während aller bisherigen Erdbeben tat.

Dazu kam ihre Schwangerschaft. Sie hielt sich den Bauch und war froh, nicht direkt darauf gefallen zu sein. Jetzt dachte sie jedoch weniger an ihr ungeborenes Kind, viel wichtiger wurde für sie der Umstand, dass es eine vollkommen neue Frage zu beantworten galt: Gab es für ihr Kind überhaupt noch eine Zukunft?

Keiko war Wissenschaftlerin mit Leib und Seele. Schon bei den ersten Bewegungen des Gebäudes wusste sie, dass sich das Beben in unmittelbarer Nähe ereignet haben musste. Viel interessanter als der Ort des Geschehens selbst jedoch war die Antwort auf die Frage: Handelte sich lediglich um ein Einzelbeben, das sich zufällig nahtlos in die Kette der Ereignisse einreihte oder bestand ein direkter Zusammenhang mit den Ereignissen am Ashi-See?

Sollte es sich nur um ein Einzelbeben gehandelt haben, standen ihre Chancen nicht schlecht, lediglich mit einigem Schaden davongekommen zu sein. Sollte das Wasser allerdings wirklich einen Weg zum Magma gefunden haben, das ständig in der Erde kochte, dann konnte die gesamte Umgebung mit einem einzigen Schlag in einen Zustand versetzt werden, der ein weiteres Bewohnen unmöglich machte.

Keiko Matsuda versuchte, sich zu erheben. Stück für Stück zog sie sich an Stühlen und Büromöbeln hoch, um sich wieder in ihren Stuhl zu setzen. Der Hörer des Telefons baumelte noch immer vom Schreibtisch. Auf dem Bildschirm ihres Laptops, der den Sprung ihres Gebäudes ohne Schaden überstanden hatte, war zu sehen, dass wider Erwarten noch Daten von einigen Messstationen einliefen. Sie waren allerdings dazu geeignet, selbst dem hartgesottensten Menschen einen kalten Schauer über den Rücken zu jagen.

Das Beben, das sie gerade erlebt hatte, wurde mit einer Magnitude von 9,7 angegeben. Es war damit das stärkste Erdbeben, das weltweit jemals registriert worden war. Am großen Wandbildschirm, der fest im Gebäude verankert war und deshalb nicht von der Wand fallen konnte, wurden die Stärken von Erdbeben in der japanischen Skala angezeigt. Für den gesamten Großraum Tokio konnte Keiko nur eine »7« erkennen, die Ziffer für die höchste Stufe nach der Einteilung der JMA (Japan Meteorological Agency). Das bedeutete, dass mit Schäden in kaum vorstellbaren Ausmaßen gerechnet werden musste. Stufe 7 bedeutete, dass es sehr viele Tote geben würde, egal, wo sich das Beben ereignet hatte. Stufe 7 stand für das Level auf der Skala der JMA, mit dem totale Zerstörung in nur einem einziges Zeichen dargestellt werden konnte. So war man in der Lage, Milliardenverluste mit nur einem Symbol darzustellen. Oder auch unvorstellbares Grauen, unermessliches Leid, unerträglichen Schmerz, qualvollen Tod und unbeschreibbares Chaos, je nach Lesart.

Die Tür öffnete sich langsam und Keiji kam vorsichtig ins Büro.

»Bist du in Ordnung?«, war die erste Frage, die er seiner Frau stellte, während er auf sie zukam. Er nahm sie in die Arme, drückte sie an sich und hielt sie fest. Dann schaute er sie an und sah die Wunden, die die Splitter des geborstenen Monitors in ihrem Gesicht hinterlassen hatten.

»Mir geht es gut. Nur die Schnitte tun weh.«

»Die Verletzungen sehen schlimm aus. Komm, ich bringe dich zum Institutsarzt.« Er umfasste Keikos Arm und wollte sie zur Tür ziehen. Sie sträubte sich und schrie ihren Mann an:

»Glaubst du nicht auch, dass die Jungs und Mädels auf der Krankenstation jetzt Wichtigeres zu tun haben als sich um meine Wunden zu kümmern? Du, Keiji, ich habe keine Ahnung davon, wie es jetzt außerhalb des Gebäudes aussieht. Wenn ich aber auf den Monitor dort schaue, dann vermute ich das Schlimmste für die Menschen da draußen.«

Während sie die Worte sagte, zeigte sie auf den Monitor an der Wand, auf dem die Angaben ständig aktualisiert wurden. Keiji hatte in seiner Aufregung noch gar nicht zum großen Monitor gesehen. Als er dort die Zahlen und Daten sah, hielt er inne und umklammerte Keikos Arm so sehr, dass sie vor Schmerzen kurz aufschrie.

»Entschuldigung«, sagte er leise. »Mein Gott, was ist da eigentlich passiert?«

»Das ist ganz exakt die Frage, die wir jetzt ganz schnell ganz genau beantworten müssen!«, rief ihm Keiko ihre eigentliche Aufgabe ins Gedächtnis zurück. »Hast du zufällig unseren Chef gesehen?«

»Nein«, antwortete Keiji. »Er sagte, er wolle versuchen, sich mit ein paar Leuten von der Regierung zu treffen, um mit ihnen über unsere Ergebnisse und die nächsten Schritte zu diskutieren. Tja, Mutter Natur war wieder einmal schneller als wir es jemals sein werden.«

Keiji hob resignierend die Schultern. Er nahm ein Papiertaschentuch aus der Box auf dem Tisch und begann, vorsichtig das Blut aus Keikos Gesicht zu wischen.

»Lass das jetzt!«, lehnte sie heftig ab. »Wir haben andere Aufgaben zu erledigen! Gib mir jetzt die aktuellsten Daten aus deinem Überwachungsbereich. Bitte!«

Keiko und Keiji arbeiteten zwar in einer Abteilung, überwachten aber unterschiedliche Bereiche der Umgebung des Mount Fuji. Erst zusammen ergaben die Daten der beiden Bereiche eine genauere Übersicht und auch einen Sinn.

Keiji ging zu seinem Rechner und schaute auf den Monitor. Was er sah, versetzte ihm einen neuen Schlag.

»Ich glaube nicht, dass das ein Beben war«, sagte er leise, mit einem Zittern in der Stimme. »Ich glaube, der Fuji und der Owakudani haben sich zusammen getan und beschlossen, gleichzeitig zu explodieren.«

»Wie kommst du darauf?«, fragte Keiko zurück. Sie sah die Daten auf ihrem Monitor, die ihr bestätigten, dass es sich bei dem gerade Erlebten keineswegs um ein normales Erdbeben gehandelt haben konnte.

Sie sah nur P-Wellen! Es gab keine S-Wellen, es gab keine L-Wellen, langperiodische Oberflächenwellen, es gab überhaupt keine Wellen der gefährlichen Art, die normalerweise von einem Erdbeben verursacht werden. Nur einen heftige Ausschlag wie vor einigen Wochen, als das Wasser aus dem Ashi-See verschwand, und dann das Nachschwingen der Erde. Es war wie bei einer Glocke, die man mit einem Hammer angeschlagen hatte. Den Aufzeichnungen der Wellen nach zu urteilen gab es nur eine gigantische Explosion, von deren Schockwellen jedoch die komplette Umgebung in Mitleidenschaft gezogen wurde.

»Ich kann hier nur P-Wellen sehen, aber keine der anderen typischen Erdbebenwellen, auch nichts in den Daten, die aufgezeichnet wurden. Es gab nur diesen einen megagewaltigen ›Peng‹ und dann nichts, wenn wir das Nachschwingen der Erde einmal weglassen. Ich kann das nicht verstehen.«

»Ich schon«, rief in diesem Moment eine ihnen allen vertraute Stimme. Professor Matsumoto war in den Raum getreten und schüttelte sich Staub aus den Haaren. »Die Vulkane sind uns um die Ohren geflogen. Ihr könnt euch doch noch daran erinnern, das verschwundene Wasser aus dem Ashi-See? Darüber wollte ich eigentlich mit einem der wichtigeren Holzköpfe unserer Politikerkaste beraten, aber Mutter Natur hatte wohl ein Einsehen und mich davor bewahrt.« Trotz der angespannten Lage gelang es ihm, auch diese Situation eine humorvolle Seite abzugewinnen. »Okay Leute, was haben wir hier?«

»Jede Menge Fragen, Professor«, versuchte Keiji, auf den saloppen Tonfall seines Chefs einzugehen. »Erstens: Wo passierte es? Zweitens: Wie passierte es? Drittens: Wird es noch einmal passieren?«

»Junger Mann!«, sagte Professor Matsumoto. »Auf die letzte Frage können wir sofort mit einem definitiven ›Sicher wird es wieder passieren.‹ antworten. Bei den beiden anderen Fragen ist das schon nicht mehr so einfach.

Wie ist es passiert? Nun, ich nehme an, dass sich das Wasser aus dem Ashi-See und das Magma unter der Hakone-Fuji-Izu-Region getroffen und dann beschlossen haben, mal ein wenig Dampf abzulassen.

Aber jetzt einmal ganz im Ernst!

Die Vermutung, dass für das heutige Geschehen das verschwundene Wasser des Ashi-Sees verantwortlich ist, liegt auf der Hand. Wir müssen sie nur noch beweisen! Gelingt uns das, haben wir auch die Antwort auf Keijis Frage nach dem Wo. Noch ist das alles nichts als eine Hypothese, aber ich bin mir absolut sicher, dass das eine etwas mit dem anderen zu tun hat.

Was sagen die ersten Daten?« Professor Matsumoto sah Keiji mit einem erwartungsvollen Gesichtsausdruck an.

»Es gab nur Primärwellen, keine Sekundärwellen und auch keine langperiodischen Wellen«, antwortete Keiji betont sachlich auf die Frage seines Chefs. »Es scheint also kein Erdbeben gewesen zu sein.

Was wir hier als P-Wellen registriert haben, waren nur die Nachwirkungen einer Explosion, zumindest weisen die bislang eingegangenen Daten eindeutig darauf hin. Die aufgezeichneten Daten und Wellenwerte haben die typische Charakteristik eines Nachschwingens, wie wir es von gewaltigen Explosionen her kennen, jedoch nicht die eines Erdbebens. Außerdem haben wir alle Verbindungen zu den Messstationen am, um und auf dem Owakudani verloren.«

»Nun, das verwundert mich nicht«, erwiderte der Professor, sah zuerst auf einen Laptopmonitor, dann auf den großen Bildschirm an der Wand und fuhr fort:

»Ich werde einmal meine Beziehungen spielen lassen und versuchen, für uns einen Hubschrauber zu organisieren. Ich glaube, wir sollten uns die Gegend um Hakone einmal sehr genau ansehen, um vielleicht eine erste Antwort zu bekommen. Verdammt, warum passiert das gerade jetzt?« Er schlug mit der Hand den Schreibtisch, auf dem er saß. Eine kleine Staubwolke stieg auf und schwebte durch den Raum. »Mich würde interessieren, wie es draußen aussieht.«

Das Gebäude, in dem sich ihr Institut befand, war absolut erdbebensicher gebaut, wie man ihnen versichert hatte. Außerdem war die Stabilität durch weitere Maßnahmen bis zum

Maximum getrieben worden. Das war auch der Grund, warum es außer einigen zu Bruch gegangenen Gegenständen nur geringe Schäden gab. Die Wände hatten gehalten, an der Decke verbreiteten die Lampen noch immer ihr Licht und weil es in dem Raum keine Fenster gab, konnte es logischerweise auch keine zerbrochenen Scheiben geben. Allerdings konnte man dadurch auch nicht sehen, was außerhalb des Gebäudes vor sich ging. Gerade jetzt wäre es für sie wichtig gewesen, zu wissen, wie sich die Lage außerhalb des Institutsgebäudes darstellte. Draußen musste die Hölle sein, so viel stand für den Professor und seine Mitarbeiter fest.

»Keiko, wie geht es dir? Hast du außer den Wunden am Hals und im Gesicht noch andere Verletzungen? Wie geht es dem Baby? Ich weiß, es ist eine dumme Frage, aber – fühlst du dich imstande, einmal raus zu gehen und die Lage draußen zu prüfen? Wir brauchen einen ersten Eindruck von dem, was direkt vor unserer Haustür vor sich geht. Und ich brauche Keiji hier, damit er uns eine Verbindung zum Internet herstellen kann. Wir brauchen die Daten. Schaffst du das?«

»In Ordnung, Professor. Ich werde gleich losgehen. Und wie weit soll ich mich vorwagen?« Keiko ging zu einem etwas abseits stehenden Schrank und nahm ihren Helm aus der Ablage, dazu eine starke Taschenlampe und einen kleinen Rucksack, in dem unter anderem auch Mineralwasser und eine Atemschutzmaske verstaut waren.

»Geh bitte nicht zu weit!« Aus der Stimme des Professors klang Besorgnis. Er war auch Vater. War seine Entscheidung richtig, gerade sie in das Chaos zu schicken? Konnte er das mit seinem Gewissen vereinbaren? Aber Keiko war seine fähigste Mitarbeiterin mit einem Blick für Details. Nach außen hin versuchte er zwar, seine Gedanken zu verbergen, aber in seinem Inneren wünschte er sich nichts sehnlicher, als dass er eine Alternative und Keikos und Keijis Kind eine glückliche Zukunft haben möchte. »Ich glaube, wenn du einen Umkreis von einem Block abgehen könntest, würde uns das einen ersten Überblick verschaffen. Wenn du nicht weiter kommst, kehrst du bitte sofort um und kommst zurück. Nicht die Heldin spielen! Denk bitte immer an euer Kind! Es braucht eine Zukunft, keine heldenhafte, aber verletzte oder gar tote Mutter. Ich hoffe, wir haben uns da eindeutig verstanden?«

»Geht klar, Professor!«, bestätigte Keiko die Anweisungen. Sie ging langsam zur Tür und zog ihre Schuhe an, die sie am Morgen an diesem Ort abgestellt hatte. Keiko schaute noch einmal zu ihren Kollegen, lächelte Keiji zu und machte sich auf den Weg.

Flughafen Haneda, Tokio, Japan

Zwischen dem Flughafen Haneda und der Stadt Kawasaki liegt die aufgeschüttete Insel Ukishima, auf der sich verschiedene Unternehmen der Chemiebranche angesiedelt hatten.

Wie ein dichter Wald standen Reaktoren, Schornsteine, Silos und Tanks dicht beisammen, dicke Schwaden aus weißem Dampf stiegen in den Himmel auf. An verschiedenen Stellen ragten Rohre in die Luft, an deren Spitze Gase abgefackelt wurden, die während der Produktion anfielen und nicht weiter verarbeitet werden konnten. In einem Wirrwarr aus Rohren und dick isolierten Leitungen zirkulierten unter teilweise sehr hohen Drücken und Temperaturen Rohöl, die Vorprodukte chemischer Erzeugnisse, Treibstoffe und Gase.

Nur kurze Zeit nach dem Durchlauf der Bodenwelle begann das Inferno.

Quer über die Insel führte eine auf Stelzen errichtete Autobahn, die einen Teil der so genannten »Aqualine« bildete und angeblich erdbebensicher war. Der meterhohen Bodenwelle hatten die Pfeiler allerdings nichts entgegenzusetzen. Sie knickten ein, Teile der Fahrbahn zerbrachen und stürzten in die unter ihr liegenden Anlagen. Dabei zerstörten sie viele

Steueranlagen in den darunter angesiedelten Unternehmen aus dem Raffinerie und Chemiebereich.

Der Kontrolle schlagartig beraubt, stiegen Temperaturen und Drücke in kürzester Zeit auf ein Maß, dem die Technik nicht mehr standhalten konnte.

Sirenen ertönten, aber für eine geordnete Evakuierung der Mitarbeiter war es bereits zu spät.

In den schrillen Schrei der Sirenen mischte sich das Zischen von Dampf, der unter hohem Druck aus Rissen in den Rohren austrat. Die ersten Anlagen entzündeten sich und schwarze Rauchsäulen quollen über das Gelände, verdunkelten den Himmel und vergifteten die Luft. Bis zu einhundert Meter hoch loderten Flammen über den brennenden Anlagen. Gas- und Öltanks explodierten und sorgten für weitere Verwüstungen. Reaktoren schossen Raketen gleich in die Höhe. Unkontrollierbar änderten sich die Flugbahnen der Geschosse, wenn die Energie nicht mehr ausreichte, um sie weiter in die Höhe zu treiben. Einer dieser Reaktoren kippte zur Seite und nahm direkten Kurs auf den Flughafen.

Eine Boeing 777 der japanischen Fluggesellschaft ANA, All Nippon Airways, setzte zur Landung auf Landebahn D an. Das Fahrwerk berührte schon fast den Asphalt der Rollbahn und die ausgefahrenen Landeklappen sorgten für zusätzlichen Auftrieb, den die Maschine bei der geringen Geschwindigkeit während der Landung benötigte.

Noch etwa fünf Meter über der Landebahn schwebend zog der Pilot die Nase der Maschine leicht nach oben, damit das Flugzeug auch mit dem Hauptfahrwerk aufsetzen würde, als die Flugbahnen des Reaktors und des Flugzeuges in einem Punkt zusammentrafen.

Bevor der Pilot überhaupt reagieren konnte, explodierte die mit 514 Passagieren und der Crew vollbesetzte Boeing noch in der Luft.

Durch die Explosion wurden Teile des Flugzeuges weit durch die Luft geschleudert und trafen die in der Nähe parkenden oder wartenden Maschinen.

Flugzeuge, die gerade auf dem Weg zur Startbahn oder zu den Gates waren, wurden wie Spielzeug herumgewirbelt, als die Druckwellen der Explosionen aus den Chemieanlagen über sie hinweg fegten. Nachdem sie wieder auf dem Boden aufschlugen, brachen dort weitere Brände aus, die meisten Flugzeuge waren vollgetankt und das Kerosin bot den Flammen reichlich Nahrung.

Was sich jetzt entwickelte, kam einem Inferno gleich. Das Geschehen erweckte den Eindruck, als ob eine Staffel B52-Bomber eine Ladung Brandbomben direkt über dem Flughafen abgeworfen hätte.

Die Flammen ergriffen schnell die auf dem Vorfeld um die Flugzeuge stehenden Servicefahrzeuge. Deren Besatzungen warteten darauf, an und in den Flugzeugen ihre Arbeiten auszuführen. Wenn diese Fahrzeuge wie Bomben explodierten, wurden die Menschen, die in ihrer Nähe standen, wie Puppen durch die Luft gewirbelt. Arbeitsgeräte und Trümmerteile schlugen Geschossen gleich in die Fassaden des Inlandsterminals und der Brücken zu den Flugsteigen ein, durch die die Passagiere zu den Maschinen gingen oder von dort zur Ankunftshalle gelangten. Die Flammen fraßen sich unaufhaltsam Stück für Stück vom Vorfeld an die Gebäude heran.

Die Druckwellen der Explosionen, die sich zu einem wilden Stakkato vereinigten, brachten alles zum Splittern, was aus Glas bestand.

Die Gangways aus Stahl, die die Flugzeuge mit dem Gebäude des Flughafens verbanden, verbogen sich in der Hitze der Flammen. Schwarzer Rauch quoll empor und nahm den wenigen Überlebenden nicht nur die Sicht, sondern auch die Luft zum Atem.

Die Hitze auf dem Flugfeld wurde unerträglich, selbst der Beton warf erste Blasen. Kunststoffe entzündeten sich, aus abgesprengten Stutzen der Tankanlagen floss Kerosin auf das Vorfeld der Terminals und bot den Flammen neue Nahrung.

Kurz nach den Druckwellen der gigantischen Explosionen kam eine neue Welle, diesmal aber nicht durch die Luft, sondern durch den Boden, riss den Beton auf und warf die Trümmer durcheinander. Die Bodenwelle ließ selbst die überschweren Flugzeugtransporter durch die Luft fliegen wie ein sanfter Wind eine Feder.

Der ovale Kontrolltower des Flughafens Haneda machte einen Satz in die Höhe, landete wieder, bohrte sich einem Pfeil gleich in die Erde und stürzte dann von oben nach unten in sich zusammen, wie einst die Türme des World Trade Centers in New York.

Die Tragepfeiler, auf denen die Flughafengebäude ruhten, zerbrachen. Zwischen den Stützpfeilern unter dem Boden des Passagierbereiches der Terminals befanden sich die Servicebereiche des Flughafens, ohne die ein so komplexes Gebilde gar nicht funktionieren kann. Von den Passagieren meist unbemerkt, schlängelten sich hier die langen Gepäckbänder unter den Flughafengebäuden entlang und brachten Koffer und Taschen zu ihren Zielen. Daneben waren hier die Shuttlebusse abgestellt, während sie für die nächsten Gäste vorbereitet wurden. Und in diesem Bereich hatten auch die Besatzungen der Servicefahrzeuge des Flughafens ihre Bereitschaftsräume.

Als die Pfeiler barsten, versperrten herabstürzende Trümmer dem in den Bereitschaftsräumen wartenden und arbeitenden Personal die Fluchtwege. Die Fußböden der Querbauten des Terminals rissen auf oder brachen auseinander und Menschen, die sich bislang noch in relativer Sicherheit glaubten, stürzten in die Tiefe und in den Tod.

Im Inneren des Flughafengebäudes ertönten die Sirenen und forderten mit ihrem penetranten Ton alle Personen auf, das Gebäude auf schnellstem Wege zu verlassen.

Die Menschen in den Terminals begannen, um ihr Leben zu laufen. Sie ließen alles fallen, was sie in den Händen hielten. Die Sicherheitsbeamten und Angestellten, die ihren Dienst im Inneren versahen, versuchten alles, um Passagiere,

Angestellte und Besucher trotz der aufkommenden Panik in geordneten Bahnen und vor allem ruhig aus dem Gebäudekomplex zu evakuieren. Ihren Bemühungen war kein Erfolg vergönnt, sie wurden von der Menschenmasse einfach zur Seite gestoßen oder umgerannt.

Langsam arbeiteten sich die Flammen ins Innere der Terminals vor. Sie griffen jetzt auf Bereiche über, in die nur Personal gelangte. Beißender, weißer Rauch füllte das Innere der Gebäude und erstickte die Personen, die nicht schnell genug fliehen konnten.

Menschen schrien, Mütter versuchten, ihre Kinder zu retten und wurden dabei nicht einmal von ihren Männern und Vätern der Kinder unterstützt. Die Panik war absolut und das Chaos perfekt. Aber es sollte noch schlimmer kommen!

Als die Bodenwelle unter dem Gebäude hindurchlief, riss sie alles zu Boden, was bis zu diesem Zeitpunkt noch standgehalten hatte.

Die dicken Betonsäulen, auf denen zum einen das Dach der Terminals ruhte und in denen auch die Fahrstühle installiert waren, zerbarsten und große Trümmerstücke rissen die langen Rolltreppen mit sich in die Tiefe. Von den Decken stürzten Stücke der Verkleidungen und erschlugen weitere Menschen, Scherben der Dachverglasung und der Glaswände wirbelten durch die Luft und bohrten sich in Wände aus Beton und menschliche Körper, als wären beide aus weicher Butter.

Vor den automatischen Glastüren stauten sich die Menschenmassen. Alle wollten zur gleichen Zeit durch die gleiche Tür aus dem gleichen Gebäude ins Freie flüchten und nahmen sich so gegenseitig die einzige Chance, dem sicheren Tod zu entkommen.

Die Überdachungen der Eingangsbereiche rissen aus ihren Verankerungen, krachten auf den Fußgängerbereich und begruben dort weitere Personen unter sich. Gleichzeitig versperrten die Trümmer den noch im Inneren des Gebäudes verbliebenen Passagieren und Gästen den letzten Fluchtweg.

Die Brücken, die sowohl die Gebäude der beiden Terminals des Inlandsbereiches als auch des Internationalen Berei-
ches miteinander verbanden, waren kurz nach dem Durchlauf der Bodenwelle zusammengebrochen und auf die Straßen gestürzt. Auch die Brücken der Zubringerstraßen, die in
mehreren Etagen übereinander lagen, hatten beim Einstürzen eine Vielzahl von Fluchtwegen versperrt.

Dadurch war es den Hilfskräften unmöglich geworden,
zum Flughafen vorzudringen. Die Überlebenden im Flughafen waren auf sich selbst gestellt.

Die Parkhäuser, die man zwischen den Terminals errichtet hatte, existierten nicht mehr. Aus ihren Trümmern stiegen
dichte Rauchsäulen auf und verdunkelten den Himmel. In
der Luft hing der Geruch von verbranntem Gummi und
auch der von verbranntem Fleisch war wahrzunehmen, gemischt mit den Dämpfen von Kerosin und Benzin. Dazu
kam noch ein ganz besonderes Aroma, das man nur mit dem
von faulen Eiern vergleichen konnte.

Das gesamte Flughafengelände glich einem Schlachtfeld.
Nicht ein Gebäude war intakt geblieben. Es schien, als hätte
eine Bombe allergrößten Kalibers ihr Ziel gefunden.

Tokio-Bay, Tokio, Japan

Zwischen dem Gelände des Flughafens und der Stadt
Tokio liegt die Tokio Bay, an deren Ufer auch der Tokioter
Hafen erbaut worden war.

Auf dem Wasser waren zu jeder Tageszeit Schiffe unterwegs. Tanker, Fähren und Frachter verkehrten auf jener breiten Wasserstraße, um Passagiere und Fracht an ihre Ziele zu
bringen.

Keines der Schiffe, die gerade unterwegs waren, wurde
von der Druckwelle verschont, als diese über dem Wasser
weiterraste.

145

Ein großes Frachtschiff, auf dem sich Tausende Container bis in schwindelerregende Höhen stapelten, wurde auf dem Wasser das erste Opfer der Welle. Der Frachter hielt zwar Orkanwellen stand, jetzt wurde es von den Druckwellen der Explosionen zum Kentern gebracht. Tanker explodierten und gingen in Flammen auf. Pilzförmig stiegen neue Rauchwolken auf.

Weil die darauf folgende Bodenwelle vom Land her ins Meer hinaus fegte, wirkte sich der Tsunami, der dadurch entstand, nicht direkt auf die Stadt Tokio aus, die sich an der Küste der Tokio-Bay erstreckte. Die Tsunamiwelle breitete sich zum Meer hin aus und trat ihren langen Weg zur andere Seite des Planeten an.

Selbst Dantes »Inferno« hätte die Situation nicht treffender beschreiben können, die sich an der Küste Japans darstellte. Die Silhouette Tokios, geprägt durch den »Skytree«, dem mit 634 Metern höchsten Fernsehturm der Welt, war nicht wiederzuerkennen. Die Wolkenkratzer, die hauptsächlich im Skycraper-Distrikt Shinjukus zu finden waren, gab es nicht mehr. An den Stellen, an denen sie vormals in die Höhe ragten, stiegen jetzt dicke Rauchsäulen in den Himmel auf. Vereinzelt waren auch offene Feuer zu erkennen, die sich in den Trümmern rasch ausbreiteten.

Am Horizont war hinter der Silhouette der Stadt Tokio ein gigantischer schwarzer Pilz zu sehen, dessen breiter Fuß in weiter Entfernung zur Hauptstadt seinen Ursprung zu haben schien. Der Pilz stieg immer weiter in die Höhe auf, breitete sich aus und verdunkelte immer größere Teile des Himmels.

Mit der Explosionswelle kam auch der Geruch von faulen Eiern in die Luft und verbreitete sich. Die Menschen, die bislang mit Glück überlebt hatten, nahmen diesen Geruch wahr und wussten nichts mit ihm anzufangen. In ihrem Leben waren mit einem Schlag andere Dinge wichtiger geworden.

Die Stadt lag in Trümmern und es galt, das eigene Leben auf irgendeine Weise zu retten.

U-Bahnhof Tsukishima, Tokio, Japan

Als die Bodenwelle den Untergrund Tokios durchlief, brach Panik unter den Menschen aus, die im U-Bahnhof Tsukishima auf die Züge der verschiedenen Linien warteten.

Das Land, auf dem der Stadtteil Tsukishima entstanden war, hatte man vor vielen Jahren dem Meer abgerungen. Die Konsequenzen, die sich daraus ergaben, wurden jetzt zum Albtraum der Bewohner und Gäste.

Lediglich dicke Betonwände hinderten das Meerwasser daran, in die Tunnel der U-Bahnen einzudringen und sich unter die Stadt ´zu ergießen. Eine Bodenwelle schaffte, was unzählige Erdbeben in vielen Jahren nicht erreicht hatten. Sie brachte die Betonwände zum Bersten und durch die entstandenen Risse drang das bislang zurückgehaltene Meerwasser in die Tunnel ein. Der gewaltige Druck der Wasserstrahlen wirkte wie eine überdimensionierte Säge und sorgte dafür, dass die Risse schnell breiter wurden und sich immer mehr Wasser auf die Gleise ergoss.

Zuerst füllten sich die Gleisanlagen und schnell fand das Wasser einen Weg durch die kurvigen Tunnel in Richtung Innenstadt. Mit ungeheurer Schnelligkeit stieg das Wasser an. Die Menschen versuchten, so schnell wie möglich aus dem Bahnhof zu flüchten. An den Automaten der Fahrkartenkontrolle kam es zu dem, was jeder von ihnen an dieser Stelle am meisten fürchtete: zu einem Stau.

Aus dem Dunkel der Tunnel war das Geräusch von berstendem Beton zu hören, vermischt mit dem ohrenbetäubenden Kreischen von Metall auf Metall. Die Rolltreppen im Bahnhof standen still, aus den Aufzügen riefen eingeschlossene Personen nach Hilfe, die sie nicht bekommen würden. Die Betontreppen hatten inzwischen eine gefährliche Schräglage eingenommen. Der Boden, in dem der Bahnhof errichtet worden waren, gab mehr und mehr nach.

Viele der an den Straßenecken erbauten schmalen Zugänge waren von herabgestürzten Trümmer verstopft. Die Menschen, die versucht hatten, durch diese Zugänge zu fliehen, hasteten zurück, um ihr Glück an einer anderen Stelle zu versuchen. Sie rannten in den Tod.

Mit einem markerschütternden Knall sackte der Komplex des Bahnhofes in die Tiefe, begrub die Menschen unter sich und hinterließ auf der durch den Stadtteil führenden Hauptverkehrsstraße ein überdimensionales Loch, in dem sofort Autos und Busse verschwanden. Nur kurze Zeit später quoll Meerwasser aus der Öffnung und begann, die breiten Straßen zu überspülen.

Der Stadtbezirk Tsukishima versank langsam in der Tiefe. Die Hochhäuser, oftmals mit über dreißig Etagen, hatten zum größten Teil der Bodenwelle zwar standgehalten, konnten jedoch dem mit zunehmender Geschwindigkeit absinkenden Boden nichts entgegen setzen. Erst im Schneckentempo, dann immer schneller werdend, kippten sie zur Seite und brachen in unkontrollierbarer Art und Weise auseinander. Sie stürzten in benachbarte Straßenzüge und begruben kleinere Gebäude unter sich. Dabei rissen sie weitere Menschen in den Tod.

Die Menschen, die zu dieser Zeit auf den modern ausgebauten Straßen Tsukishimas unterwegs waren, hatten keine Chance. Es traf Touristen und Einheimische gleichermaßen brutal.

In den Trümmern breiteten sich Brände aus. Sie fanden immer wieder neue Nahrung. Aus gebrochenen Leitungen strömten Gasreste, entzündeten sich und sorgten dafür, dass die Flammen sich mit hoher Geschwindigkeit in der Umgebung ausbreiteten. Trinkwasser zischte aus geplatzten Leitungen und verdampfte sofort, wenn es auf heiße Flächen traf, aber schnell waren die Leitungen leer und die Feuer durchbrachen den letzten Widerstand.

Keiner konnte sagen, wie viele Menschen allein im Stadtviertel Tsukishima den Tod gefunden hatten. Überlebende und Verletzte versuchten, sich in Sicherheit zu bringen. Was in anderen Bereichen geschah, interessierte hier niemanden, jeder einzelne Mensch war ausschließlich mit sich selbst beschäftigt, ohne jedoch zu wissen, dass allen das Schlimmste noch bevor stand.

Tokio, Japan

Keiko Matsuda war es gelungen, auf der mit Trümmern übersäten Straße die nächste Kreuzung zu erreichen.

Mit der Digitalkamera, die sie aus reiner Gewohnheit mitgenommen hatte, machte sie Fotos von den Schäden, die die Explosion und die Bodenwelle an den Gebäuden hinterlassen hatten. Es war ein furchtbarer Anblick. Strommasten aus Beton waren geknickt wie Streichhölzer, Stromkabel lagen in wirren Schleifen auf den Straßen und Gehwegen.

Die Trümmer der Gebäude in der näheren Umgebung ihres Institutes machten ein Vorankommen fast unmöglich. Mehr als einmal musste Keiko über große Brocken steigen oder kleinere Teile mit den Händen beiseite räumen, um sich einen Weg durch das Chaos zu bahnen.

Was sie zu sehen bekam, war mehr als grausam. Unter den Trümmern lagen viele bis zur Unkenntlichkeit verstümmelte Körper von Menschen, die in diesem Stadtteil noch vor wenigen Augenblicken ein zufriedenes und glückliches Leben in Sicherheit geführt hatten. Die oftmals sehr betagten Häuser im klassischen japanischen Stil hatten dem Luftdruck der Explosion oder der folgenden Bodenwelle nichts entgegen zu setzen. Wie Kartenhäusern waren die Gebäude in sich zusammengefallen und hatten die Bewohner unter sich begraben. Da diese Häuser nach alter japanischer Tradition zu großen Teilen aus Holz und anderen leicht brennbaren Materialien errichtet worden waren, boten sie den Flammen, die sich in den Trümmern ausbreiteten, reichlich Nahrung.

Die Luft war zum Schneiden dick und selbst das dicke Tuch, das sich Keiko zusätzlich zu ihrer Maske vor Mund und Nase hielt, war nicht in der Lage, die Gerüche fernzuhalten. Verkohlendes Holz, verbrennendes Fleisch, dazu der schwarze, klebrige Qualm, der durch das Verbrennen der reichlich vorhandenen Kunststoffe entstand, alles zusammen erzeugte eine Mischung, die den Menschen nicht nur den Atem nahm, sondern auch giftig war.

So schnell, wie es ihr unter den gegebenen Umständen möglich war, umrundete Keiko das Bauwerk, in dem man das Institut für Erdbebenforschung eingerichtet hatte.

Allem zum Trotz hatte das Gebäude den Ereignissen standgehalten. Wie ein Fels in der Brandung stand es anscheinend unversehrt inmitten eines Ozeanes aus Trümmern. Die massiven Außenwände hatten zwar den einen oder anderen Riss abgekommen und aus einigen Fenstern der oberen Etagen waren die Scheiben gebrochen, aber das Gebäude insgesamt existierte noch und machte einen soliden Eindruck. Die Unmengen an Geld, die man im Laufe der letzten Jahre in einen absolut erdbebensicheren Ausbau investiert hatte, hatten sich schon dadurch bezahlt gemacht, weil das Bauwerk noch stand und von nun an auch anderen Opfern der Katastrophe als Anlaufstelle dienen konnte.

Keiko wusste, dass in den Kellergeschossen des Institutes große Mengen an Vorräten gelagert waren, mit denen man das Personal des Institutes und die Menschen der unmittelbaren Umgebung eine überschaubare Zeitspanne mit dem zum Überleben Nötigsten versorgen konnte.

»Professor Matsumoto«, sagte Keiko leise, als sie nach einiger Zeit wieder in der relativen Sicherheit ihres Büros angekommen war. »Draußen ist die Hölle los. Wir müssen wohl allein hier in der Metropole Tokio mit mehreren einhunderttausend Toten rechnen, wenn nicht sogar mit noch Schlimmeren.

Können Sie mir bitte erklären, was eigentlich passiert ist und vor allem, was wir jetzt machen sollen oder können?«

Während sie ihre Worte sprach, lud sie die Bilder aus der Digitalkamera in den Computer auf ihrem Schreibtisch.

Tränen rannen über ihre Wangen. Das Salz brannte in den Wunden ihres Gesichtes und erinnerte sie an das Geschehene, die Bilder auf dem Monitor an das Gesehene.

»Keiko«, antwortete Professor Matsumoto und legte ihr eine Hand auf die Schulter, um sie zu beruhigen. »Ich habe zwar eine gewisse Vorstellung von dem, was passiert sein könnte, aber ich kann es nicht mit absoluter Sicherheit sagen.

Ihr erinnert euch sicherlich daran, dass vor einigen Wochen ein großer Teil des Wassers aus dem Ashi-Sees einfach verschwunden ist, als hätte irgendwer irgendwo irgendwie den Stöpsel gezogen, dann gewartet, bis ein Teil des Wasser abgelaufen ist und den Stöpsel danach, wie in einer Badewanne, wieder in den Abfluss gesteckt.

Wir wissen aber auch, dass dieser See mitten in einem Gebiet liegt, das seit Urzeiten vulkanisch aktiv ist. Wenn die Vulkane dort auch eine sehr, sehr lange Zeit nicht ausgebrochen sind, heißt das noch lange nicht, dass der Untergrund nicht aktiv ist. So kennen wir das ja auch vom Owakudani. Bei dem treten immer die so angenehm riechenden Gase aus, wie ihr das ja von den Untersuchungen her kennt. Und nun ist genau das passiert, was eigentlich nicht passieren durfte: Das Wasser ist tief – wie tief, wissen wir noch nicht – in der Erde auf das Magma getroffen, verdampft und der Dampf hat sich in der Erde angestaut. Als der Druck zu hoch wurde, ist das Ganze mit einem Schlag«, er warf die Arme in die Luft, um zu zeigen, was er genau meinte, »in die Luft geflogen. Ich kann euch noch nicht sagen, wie viel Energie bei dieser hydrothermalen Explosion freigesetzt wurde, es müssen jedoch, so schätze ich zumindest, einige zig Megatonnen TNT gewesen sein. Ich sitze gerade über den Berechnungen. Du«, Professor Takayuki Matsumoto deutete auf Keiko, »warst da draußen, du hast mit eigenen Augen gesehen, wie es vor den Toren unseres Institutes aussieht. Was glaubst du denn, wie schlimm kann es noch werden?«

»Professor«, erwiderte Keiko mit gebrochener Stimme. »Was ich da draußen gesehen habe, war schlimmer als alles, was ich bislang gesehen habe. Und wir sitzen hier in einem Randbezirk Tokios, fast schon auf dem Land. Ich möchte gar nicht erst anfangen, mir vorzustellen, wie es im Zentrum Tokios, wie es in Shinjuku oder in Shibuya oder in Ikebukuro jetzt aussehen mag. Es muss schlimmer sein als die Hölle.

Aber, wurden die Häuser nicht erdbebensicher gebaut?«

»Erdbebensicher? Sicher doch, aber nicht explosionssicher«, warf Keiji ein. Er hoffte, mittels einer Satellitenverbindung ins Internet zu kommen, um sich die Daten anderer Forschungsinstitute downloaden zu können.

»Da gebe ich deinem Mann Recht«, meinte der Professor und setzte sich auf die Ecke des Schreibtisches. »Ihr wisst ja, dass bei einem Erdbeben in aller Regel nicht nur eine Welle kommt. Und die Häuser sind dazu gebaut, genau diese Bewegungen abzufangen. Durch ihre Konstruktion schwingen die Häuser mit, was bei hohen Wolkenkratzern schon mal dazu führen kann, dass die Bewohner der oberen Stockwerke seekrank werden, so komisch das auch klingen mag. Und das liegt, wie ihr auch wisst, an den Wellen, die bei einem Beben in hoher Zahl ankommen.

Nun hatten wir es mit nur einer Welle zu tun, die zwar gigantisch war, aber trotzdem war und bleibt es nur eine einzige Welle. Und die hatte, grob geschätzt, eine Amplitude von gut und gern drei, vier Metern. Wenn aber ein Gebäude mit einem Schlag um mehrere Meter in die Höhe gehoben und dann wieder abgesetzt wird, das ist, das ist wie ...« Der Professor ruderte hilflos mit den Arme und schien nach den passenden Worten zu suchen, um genau zu sagen, was er ausdrücken wollte, um die Wucht der Vorgänge zu beschreiben, mit der sich alles abspielte. »... Stellt euch vor, ihr springt aus mehreren Metern Höhe auf eine Betonfläche. Ihr landet auf den Füßen und brecht euch vielleicht sämtliche Knochen im Fuß oder im Unterschenkel. Und dann? Niemand kann auf gebrochenen Beinen stehen und man kippt einfach zur Seite.

Genau so stelle ich mir das bei den Gebäuden auch vor. Durch das Auftreffen der Häuser auf der Erde wurden die Grundstrukturen zerstört, die Skelette der Gebäude verloren ihre Standfestigkeit und daraufhin brachen sie zusammen. Ihr dürft bei all dem nicht vergessen, dass Tokio auf einem Untergrund steht, der zum größten Teil aus Vulkanasche besteht. Und dieser Untergrund sorgt dafür, dass sich Wellen, und nicht nur die eines Erdbebens, viel schneller ausbreiten und viel kräftiger wirken als auf einem Untergrund aus Stein oder Fels.«

Keiko Matsuda saß in ihrem Stuhl. Sie hatte die Hände auf den deutlich gewölbten Bauch gelegt und strich langsam über das Heim ihres noch ungeborenen Kindes. Es schien, als wäre sie in sich zusammen gebrochen. Sie hatte große Angst vor dem, was sich aus dem bereits Geschehenen noch entwickeln konnte. Wie sollte sie sich verhalten? Was war richtig? Was war falsch? Es ging ihr nicht um ihre Person oder um ihre Gesundheit. Sie war es gewohnt, mit solchen Situationen auch an Orten fertig zu werden, die weiter von einer Zivilisation entfernt lagen als die Sonne von der nächsten Milchstraße. Aber dort wusste sie wenigstens, dass sie nur in ein Flugzeug steigen musste, um wieder ins zivilisierte Leben zurückzukommen.

Aber jetzt, in diesem aktuellen Fall und in ihrer derzeitigen Lage als werdende Mutter? Die Hauptstadt der drittgrößten Industrienation der Welt lag in Trümmern. Das vollkommene Chaos war in ihre Stadt gekommen, das Grauen hatte Tokio wie mit einer Decke überzogen und sie, Keiko Matsuda, saß mittendrin, im fünften Monat schwanger und hatte keine Ahnung von dem, was als Nächstes zu tun war. Am liebsten wäre sie davon gelaufen. Sie wusste jedoch, dass sie jetzt gebraucht wurde, ihr Wissen, ihre Kenntnisse, ihre Fähigkeiten, um genau zu erkunden, was am Owakudani wirklich geschehen war.

»Professor?«, fragte sie leise. »Darf ich Sie fragen, womit Sie tief in Ihrem Inneren eigentlich wirklich rechnen?«

Zum ersten Mal in ihrer Karriere als Wissenschaftlerin fragte sie einen Vorgesetzten in vertraulichem Tonfall nach dessen eigenen Empfindungen. Sie schaute ihrem Chef ins Gesicht, blickte ihm in die Augen und erkannte, dass er den Dingen genauso fassungslos gegenüber stand wie sie selbst.

»Keiko, Keiko, Keiko«, erwiderte der Professor leise, mit einem fast väterlichen Ton in der Stimme. »Rein menschlich betrachtet hoffe ich natürlich, dass nur sehr wenig von dem passiert ist, was passieren konnte.

Sieht man es allerdings von der wissenschaftlichen Seite, dann ist mir klar, dass wir es in diesem Fall mit einem Desaster zu tun haben. Ich weiß nicht einmal, ob ›Katastrophe‹ das richtige Wort ist, um die Lage zu beschreiben.

Ich selbst? Ich rechne mit Millionen Toten und mit Sachschäden, gegen die sich die Schäden des Tsunamis von 2011 ausnehmen wie die Kosten einer Geburtstagsfeier.« Professor Matsumoto ließ die Arme hängen und schüttelte den Kopf. »Ich habe absolut keine Vorstellung von den Ausmaßen, noch nicht einmal eine Ahnung davon habe ich, wirklich nicht.«

Zum ersten Mal sah Keiko ihren Chef in einer solchen Situation, zum ersten Mal gestand er ihnen gegenüber ein, dass noch nicht einmal er eine Vorstellung von dem hatte, was ihn in der Welt außerhalb des Institutes erwartete. Es machte ihr aber deutlich, dass ihr direkter Vorgesetzter, Professor Doktor Takayuki Matsumoto, im Grunde doch nur ein Mensch war, wenn auch ein brillanter.

»Und, wie geht es jetzt weiter?«, wollte Keiji wissen. Er hatte nach ungezählten Versuchen endlich eine Satellitenverbindung zum Internet aufgebaut, lud zurzeit Daten herunter und schaute hinter seinem Monitor hervor. „Was ist unser nächster Schritt? Was sollen, können und wollen wir tun?«

»Im Moment?« Professor Matsumoto hob die Schultern und ließ sie resigniert wieder fallen. »Schlicht und ergreifend, ich weiß es nicht. Haben wir zu lange gewartet? Unter Umständen. Habe ich vielleicht zu lange gewartet? Ja, auch das schließe ich nicht aus. Obwohl wir es ahnten, haben wir niemanden vor dem gewarnt, was uns alle erwartete. Vielleicht wäre es uns gelungen, Tausenden Menschen das Leben zu retten, vielleicht aber auch nicht. Wir hatten nur unsere Daten, und die konnten und können sowohl das eine als auch das andere bedeuten. Das ist alles eine Frage der Interpretation. Ihr habt Informationen gesammelt, analysiert und mir nicht nur einmal gesagt, dass wir etwas unternehmen müssen.« Der Professor unterbrach sich und rieb sich verlegen am Kinn. »Und – ich muss euch etwas gestehen. Jetzt ist wohl der richtige Zeitpunkt dafür.«

Keiko und Keiji sahen sich erstaunt an. Was hatte das zu bedeuten? Was hatte der Professor angestellt?

»Und zwar«, fuhr Professor Matsumoto mit seiner Rede fort, »dass ich – und das hinter eurem Rücken – doch bei den Holzköpfen von der Regierung war. Ich wollte die Politiker warnen, aufrütteln, wollte denen dort klar machen, was uns unter Umständen bevorstehen könnte. Aber ich hatte keinen Erfolg, auch wenn ihr mit euren Daten Recht hattet, wie ich zugeben muss. Ich hoffe nur, ihr beiden könnt mir das verzeihen.

Nur, was machen wir nun als nächstes?«

Keiko und Keiji sahen den Professor mit offenen Mündern an. Sie waren von seinen Worten vollkommen überrumpelt worden. Sie hatten nicht damit gerechnet, dass ihre Argumente und ihre Daten wirklich etwas bei ihrem Chef bewirken würden. Sprachlos folgten sie mit den Augen den Bewegungen des Mannes, der gerade in einem Nebensatz erwähnt hatte, dass er sie in gewisser Hinsicht hintergangen hatte. Aber – sie konnten ihm deswegen nicht böse sein. Immerhin, er hatte zumindest den Versuch gewagt. Er hatte versucht, das in die Realität umzusetzen, wovon sie immer geträumt hatten.

Der Professor machte einige Schritte hin und her, wie er es immer machte, wenn er weitreichende oder schwerwiegende Entscheidungen treffen musste.

»Okay, dann hört mal zu! Als erstes machen wir hier Platz, um so viele Menschen wie möglich auf unserem begrenzten Raum unterbringen zu können. Ihr wisst, dass dieses Gebäude wohl das einzige sein wird, das im weiten Umkreis noch intakt ist. Versucht dabei bitte, die Technik für eure Arbeit im kleinsten Raum unterzubringen. Wenn ihr Hilfe benötigt, dann fordert sie einfach aus anderen Abteilungen an. Ich gebe an alle Stellen eine entsprechende Anweisung raus.

Keiko, du solltest jetzt versuchen, nach Hause zu kommen. Die nächsten Tage werden für eine schwangere Frau nicht gerade das sein, was man als gut für sie oder ein ungeborenes Kind bezeichnen könnte.«

»Professor Matsumoto!«, entgegnete Keiko aufgebracht. »Unsere Wohnung gibt es mit größter Wahrscheinlichkeit nicht mehr. Wo soll ich also hin? Mich vielleicht evakuieren lassen? Und wenn ja, wohin bitte schön? Nein, Professor, hier werde ich gebraucht und hier kann ich helfen! Ich kenne mich hier aus und ich kann hier etwas bewirken. Und außerdem – wer fragt nach den anderen Schwangeren, die noch da draußen sind?« Sie wagte es nicht, die Vergangenheitsform des Verbs in Bezug auf diese Frauen zu benutzen.

Nach einigen heftigen Diskussionen und schnellen Planungen begannen die drei, unterstützt von den Mitarbeitern des Institutes, Räume frei zu machen, um den Menschen der Umgebung einen Punkt zu bieten, an dem sie sich sammeln und eine sichere Unterkunft finden konnten.

Shibuya, Tokio, Japan

*I*n Shibuya trifft sich die Welt. So kann man es nennen, wenn man an der größten Kreuzung des Stadtviertels und der Stadt Tokio steht. Während einer Grünphase der Ampel, die etwa fünfundvierzig Sekunden dauert, überqueren bis zu 15000 Menschen die Straßen im Kreuzungsbereich. Etwas

links neben dem Bahnhof liefen mehrspurigen Straßen stern-
förmig aus allen Richtungen kommend zusammen und trafen sich an eben genau dieser einen Kreuzung.

Man trifft sich vor dem Bahnhof bei »Hachiko«, der Sta-
tue für den treuen Hund, der einst jeden Tag zur gleichen
Zeit zum Bahnhof Shibuya kam, um sein Herrchen abzuho-
len.

Fernab des Bahnhofes war Rudi in einem Sportgeschäft,
als das Gebäude von der unter dem Stadtteil hindurchlaufen-
den Bodenwelle in die Luft gehoben und kurz darauf wieder
hart abgesetzt wurde. Weil die Gebäude in der Umgebung
relativ niedrig gebaut waren, kam es nicht zu so gewaltigen
Einstürzen wie im Kernbereich des Stadtviertels.

Noch stand das Geschäftsgebäude aufrecht, obwohl sich
die Wände zur Seite geneigt hatten und die Decken schief
nach unten hingen. Einige Stützbalken aus Metall waren ge-
borsten und scharfe Kanten ragten in den Geschäftsbereich.
Die Gipsplatten der Wände lagen in großen Stücken auf dem
Boden, hingen an Resten von Kabeln oder einzelnen Schrau-
ben. Die Rahmen der Türen hatten sich verzogen, Glas war
aus den Fenstern gebrochen.

Das Chaos im Inneren des Ladens war perfekt. Nichts
stand mehr an seinem Platz, alles lag durcheinander, wie in
einem Kinderzimmer nach einer wilden Geburtstagsparty.

Als Rudi an diesem Tag dieses Geschäft aufsuchte, wollte
er sich nur weitere Informationen zu seinem neuen GPS-Gerät holen. Einer der Verkäufer sprach ein relativ gutes Englisch, so dass Rudi ohne sein Wörterbuch ein Gespräch führen konnte.

Er stand gerade an einem Bedienungstisch, als die Welle
unter dem Gebäude hindurchlief. Rudi wurde angehoben
und hart wieder auf den Boden gesetzt. Die Beine taten ihm
weh, aber er hatte sich keine ernsthaften Verletzungen zugezogen.

Im ganzen Haus war das Licht ausgefallen. Ein Mitarbeiter versuchte, die Kunden, die sich im Geschäft aufhielten,

an einem Punkt zu versammeln, um dann mit einer geordneten Evakuierung zu beginnen. Als er weitere Kunden aus dem hinteren Teil des Geschäftes nach vorn führen wollte, gab ein Teil der Decke nach und begrub den Mitarbeiter und die Kunden unter sich. Für sie kam jeder wie auch immer geartete Rettungsversuch zu spät.

Die anderen Menschen im Laden waren auf sich selbst gestellt und versammelten sich an einem Punkt, der relative Sicherheit versprach. Mehrere Regale waren umgestürzt und hatten sich dabei so ineinander verkeilt, dass unter ihnen ein Freiraum entstanden war, in dem sie sich verstecken konnten. Zuerst hatte Rudi sich zu ihnen gesellt, er fühlte sich unsicher. Wie alle anderen nahm er an, dass nur ein schweres Erdbeben die Stadt erschüttert hatte.

Dann sah er die schwarze Wolke, die weit hinter der Stadt aufstieg und sich schnell ausbreitete. Wie er nach einem zweiten Blick erkannte, konnte das kein Rauch von einem Feuer sein, dafür war die Wolke zu groß, zu dunkel und auch viel zu hoch in der Atmosphäre. Auch passte die Form nicht zu einer Wolke, die sich über einem Brand bildet. Er erinnerte sich plötzlich an einen Film, der den Ausbruch eines Supervulkanes behandelte. In diesem Film wurden auch Wolken in dieser Form gezeigt. Auch das Wissen, das er sich nach dem Erdbeben 2011 angeeignet hatte, sagte ihm, dass diese Wolke nichts mit einem Feuer zu tun haben konnte.

Er erhob sich, drehte sich einmal um sich selbst, um sich zu orientieren und ging zu der Stelle, an der noch vor einigen Minuten der Eingang des Geschäftes war.

Die Tür gab es nicht mehr, herabgestürzte Trümmerteile versperrten den Eingang, so dass ein Entkommen unmöglich geworden war. Was sollte er jetzt tun?

In Rudi erwachte der Überlebensinstinkt. Je mehr Zeit verging und je weiter sich die Wolke ausbreitete, desto dringender wurde in ihm der Wunsch, so schnell wie möglich nach Hause zu kommen, zumindest jedoch an den Ort, der noch am Morgen noch das war, was er sein Zuhause nannte.

Würde das Haus überhaupt noch existieren? Wie hatte das Gebäude alles überstanden? Auch Rudi hatte die Medien aufmerksam verfolgt und wusste, dass es seit dem Erdbeben 2011 am und im Fujiyama verstärkt zu Aktivitäten gekommen war. Logischerweise war dieses Wissen nicht dazu geeignet, Rudi die Angst zu nehmen. Das Haus, in dem er und seine Frau in ihrer Eigentumswohnung lebten, lag nur achtzig Kilometer vom Fuji entfernt. Bei einem Ausbruch des Vulkanes war das alles Mögliche, nur nicht das, was man eine sichere Entfernung nennen konnte.

Rudi war sich in diesem Moment sicher, dass der Fujisan ausgebrochen war. Artikeln zu diesem Thema zufolge hatte der Druck in der Magmakammer unter dem Fuji eine Stärke erreicht, die weit über der lag, die 1707 zum letzten bekannten Ausbruch geführt hatte. Spannungen jedoch, wo und wie sie auch entstehen mögen, müssen sich auf die eine oder andere Art wieder entladen. Bei seinem letzten Ausbruch hatte der Vulkan zwei Wochen lang Lava gespuckt. Ob und wann es zu einem neuen Ausbruch kommen würde, konnten auch die fähigsten Geowissenschaftler der Welt nicht sagen. Rudi jedoch war davon überzeugt, dass dieser Zeitpunkt jetzt gekommen war. Wieso um alles in der Welt musste er ihn miterleben? Wieso musste er gerade in der Stadt sein, wenn das geschah? War das Leben nicht auch ohne Vulkanausbrüche aufregend und spannend genug?

Rudi schöpfte einige Male tief Luft, um sich zu beruhigen. Dann stand er auf, entfernte sich ein paar Schritte von den Anderen und besaß die Frechheit, auf seine Weise sein eigenes Überleben und unter Umständen auch das seiner Leidensgefährten zu ermöglichen.

Er kämpfte sich durch das Chaos bis an die Ladentheke. Von dort aus hatte er sich die Stellen eingeprägt, an denen er alles das zu finden hoffte, wonach er jetzt suchte und was er am Dringendsten brauchte.

Mit Hilfe des hellen Displays seines Mobiltelefons suchte er sich seinen Weg im Dunkeln, fand bald die Sachen, die er brauchte, nahm sich davon, so viel er tragen konnte und ging zu den Wartenden zurück. Ohne es je beabsichtigt zu haben, wurde er durch seine Initiative zum Anführer einer Gruppe Menschen, die sich nun voll auf ihn verließen. Er verteilte die von ihm mitgebrachten Rucksäcke, Kopflampen und Wanderstöcke unter den anderen Überlebenden und nur ein paar Augenblicke später machten sie sich auf den langen und beschwerlichen Weg zum Bahnhof Shibuya, wo er auf Hilfe und Unterstützung hoffte.

Was er jedoch sah, als sie aus den Resten des Gebäudes auf das, was noch vor wenigen Minuten eine Straße war, traten, versetzte ihn den nächsten Schrecken und ließ ihn einen großen Teil seiner Hoffnungen begraben. Der Asphalt war zerbröselt wie trockene Kekse, Stümpfe von abgeknickten Strommasten und Laternen ragten schief aus der Erde. Aus den meisten in den Straßen installierten Hydranten floss ein letzter Rest Wasser. Es schien nicht ein einziges Haus zu geben, das nicht von den Auswirkungen der Welle betroffen war. Zerstörte Bauwerke und herabgestürzte Teile versperrten ihnen den Weg und machten das Vorankommen schwierig. Mühsam und vorsichtig setzten sie einen Fuß vor den anderen. Oftmals mussten sie sich Umwege suchen oder sogar in Deckung gehen, wenn weitere Teile in die Tiefe stürzten.

Die Mitglieder der Gruppe mussten die verzweifelten Hilferufe Eingeschlossener hören, ohne in der Lage zu sein, diesen Menschen helfen zu können. Es geschah in der Mittagspause, die Geschäfte und Restaurants in Shibuya waren zum Zeitpunkt der Bodenwelle voller Kunden. Selbst wenn Rudi und seine kleine Gruppe es gewollt hätten, es war ihnen unmöglich, alle Menschen aus den Trümmern zu befreien. Einige Mitglieder der Gruppe hatten Verletzungen davon getragen, die sie nicht versorgen konnten. Sie hatten kein Wasser und von Verbandszeug wollte Rudi gar nicht erst sprechen. Mit den Ärmeln ihrer Bluse mussten sie die Schnittwunden einer Frau notdürftig versorgen, mehr war derzeit nicht möglich. Rudi wusste genau, dass die Personen, die unter den Trümmern der eingestürzten Gebäude verschüttet waren, auf jeden Fall schlimmere Verletzungen erlitten hatten, als sie von jemanden aus seiner Gruppe versorgt werden konnten. Er war zu hundert Prozent humanistisch eingestellt und es brach ihm fast das Herz, die Rufe der Opfer zu hören und nichts zu unternehmen, aber sie hatten eine Entscheidung treffen müssen: Entweder versuchen, den dort Eingeschlossenen zu helfen, auch auf die Gefahr hin, dabei selbst ums Leben zu kommen, oder die Hilferufe jetzt zu ignorieren, um erst einmal alle in relative Sicherheit zu kommen und später mit anderen und vor allem mit besserer Ausrüstung an der Suche und an den Hilfsaktionen teilzunehmen, die dann hoffentlich von weit kompetenterer Seite geleitet wurden.

Schweren Herzens hatten sie sich für die zweite Variante entschieden. Sie versuchten aber, an jedem Ort, an dem sie Verschüttete wahrnahmen, deutlich sichtbare Zeichen zu hinterlassen, um den Suchkräften die Rettungsarbeiten zu erleichtern. Dadurch kamen sie allerdings nur sehr langsam voran. Dennoch wollten sie wenigstens das tun, wenn sie schon nicht auf anderem Wege helfen konnten.

Die Dunkelheit, die sich währenddessen über die Stadt gelegt hatte, erschien ihm eigenartig. Es war nicht die Dunkelheit einer Nacht, aber auch nicht die diffuse Helligkeit einer Sonnenfinsternis. Die Düsternis, die jetzt herrschte, war dunkler als die während einer Sonnenfinsternis, aber noch immer heller als eine mondlose Nacht. Und durch die Rufe der Verschütteten nahm die Situation immer mehr den Charakter eines Horrorstreifens an. Rudi zumindest erschien es so.

Die Luft um sie herum war kaum noch atembar, der Staub aus den Trümmern und der Rauch der Brände vermischten sich mit dem, was von dem Vulkan in die Stadt wehte.

»*Tomatte*! Halt!«, rief er nach einer Weile seiner Gruppe zu. »Ich muss nachsehen, wo wir sind. Ruhen Sie sich bitte etwas aus!« Auch Rudi war erschöpft, war am Ende seiner Kräfte, und er wusste, dass er die Reserven so schnell nicht würde auffüllen können. »Versuchen Sie, etwas zum Trinken zu finden!«

Stuttgart, Deutschland

*D*er neue Tag begann mit einem wunderschönen Sonnenaufgang. Nicht eine Wolke war am Himmel zu sehen, es schien, als hätte der Regen der letzten Tage den Himmel gewaschen. Dieses Blau war einzigartig und Antje genoss die Zeit auf dem Balkon, während der sie ihre Kaninchen versorgte. Der Tag versprach, schön und warm zu werden. Sie schloss die Türen des Stalls, stützte sich auf das Balkongeländer und schaute zum Himmel hinauf, an dem sie nur einen blassen Mond erblicken konnte, der tagsüber allerdings nur ein grauer Kreis war.

»Hey, Schatz, komm schnell rein und sieh dir mal das im Fernsehen an«, rief Sven, der im Wohnzimmer auf dem Sofa saß und sich eine Nachrichtsendung anschaute.

Als Antje ins Wohnzimmer kam, hörte sie gerade noch, wie die Nachrichtensprecherin auf eine Sondersendung im Abendprogramm aufmerksam machte.

»Was ist denn los?«, fragte Antje ihren Mann und ließ sich neben ihn auf das Sofa fallen. Sie hatten Urlaub und genossen die wenigen Wochen des Jahres, in denen sie ihre Zeit gemeinsam verbringen konnten.

»In der Nähe von Tokio soll ein Vulkan explodiert sein«, erwiderte Sven. »Aber ich habe das nicht komplett mitbekommen oder verstehen können. Nur so viel, dass es nicht der Fuji war.«

»Verdammte Scheiße! Hört das denn nie auf da unten?«, schrie Antje mehr als sie fragte. »Ich kann das kaum noch ertragen! Heute ein Erdbeben, morgen ein Tsunami, und nun explodieren auch noch Vulkane. Was geht denn dort nur vor sich, sag mal!«

»Schatz, das weiß ich auch nicht«, entgegnete Sven bewusst ruhig und nahm seine Frau in die Arme. »Aber ich mache mir große Sorgen um Rudi. Das soll sehr nahe bei Tokio passiert sein. Ob er dir was dazu sagen kann?«

»Na, du bist gut!«, hielt ihm Antje entrüstet entgegen. »Wenn es bei denen im Moment so drunter und drüber geht, glaubst du dann allen Ernstes, dass er Zeit hat, um sich ans Telefon zu hängen und zu telefonieren? Er wird definitiv andere Probleme am Hals haben, die er lösen muss.«

Antje stand auf, ging in die Küche und nahm sich eine Tasse Kaffee. Während des Einschenkens musste sie plötzlich anfangen zu weinen. Die Tasse fiel ihr aus der Hand und heißer Kaffee breitete sich auf dem Fliesenfußboden der Küche aus.

Nur wenige Augenblicke später stand Sven an ihrer Seite, sah das Dilemma und nahm seine Frau wortlos in die Arme. Er hielt Antje fest in seinen Armen und signalisierte ihr, dass er in diesem Moment nur für sie da war. Was den Kaffee auf dem Boden anging – der war ihm in dieser Situation vollkommen egal. Seine Frau machte sich Sorgen, machte sich vielleicht mehr Sorgen als sie selbst zuzugeben bereit war.

Die Fetzen schlechter Nachrichten, die Antje von ihrem Mann erfuhr, hatten genügt, ihr klar zu machen, wie sehr sie ihren besten Freund vermisste und wie sehr sie Rudi wirklich mochte. Es zeigte ihr auch, wie stark es sie belastete, dass es aus Rudis Wahlheimat kaum noch positive Nachrichten gab. Dafür versuchten sich die Meldungen in Sachen Grausamkeit und Horror zu übertreffen. Und sie stand hier, in der relativen Sicherheit des Südens von Deutschland, und verstand plötzlich, was ihr in diesem Moment wirklich fehlte, was sie emotional belastete, was sie sich am meisten wünschte. So innig sie ihren Mann auch liebte, das Gefühl, das sie für Rudi empfand, war viel intensiver als die Liebe zu ihrem Mann. Sie vermisste die langen Gespräche mit ihrem bestem Freund.

Ihr fehlte die Offenheit, mit der sie über wirklich alle Themen des Lebens sprechen konnten, über geschlechtsspezifische Fragen genau so ausführlich wie über politische Probleme.

Antje stand in der Küche, an ihren Mann gelehnt und weinte. Sie weinte sich ihren Kummer von der Seele, ließ ihren Gefühlen freien Lauf. Sie konnte nicht mit Worten ausdrücken, was sie in diesem Augenblick tief in sich spürte. Es war nichts als tiefste Verzweiflung.

Langsam beruhigte sie sich, trat einen Schritt zurück und schluchzte:

»Wenn das wirklich wahr ist, Sven, dann kann ich doch jetzt nicht nach Japan fliegen. Die lassen doch da niemanden ins Land. Verdammt, wie erfahre ich jetzt, was da unten wirklich passiert ist? Ich habe Angst davor, dass Rudi etwas zugestoßen sein könnte. Hast du vielleicht mehr mitbekommen als ich?«

»Nur, dass dort ein Vulkan nach langer Ruhe explodiert sein soll«, sagte ihr Mann leise, die Worte sorgfältig wählend. »Ich habe es auch erst zu spät gesehen, als ich durch die Kanäle gezappt bin. Da kommt sicher bald mehr dazu. Die haben ja für heute Sondersendungen angekündigt.« Vorsichtig wischte er seiner Frau die Tränen aus dem Gesicht.

»Entschuldige bitte«, sagte Antje leise und half ihrem Mann, den von ihr angerichteten Schaden zu beseitigen. »Das ist einfach zu viel gewesen. Es kam mit einem Male über mich. Wenn ich nur an Rudi denke. Ist das sehr schlimm?«

»Schatz«, sagte Sven und sah Antje in ihre blaugrünen Augen. »Das ist absolut nicht schlimm. Schlimm wäre es dann, wenn es dich kalt gelassen hätte. Das hätte er nicht verdient, nicht Rudi.«

Bald war die Küche wieder sauber und sie saßen gemeinsam vorm Fernseher und warteten gespannt auf neue Berichte aus Japan, wo die wohl weltweit größte Katastrophe des Jahrhunderts geschehen war.

Shibuya, Tokio, Japan

*D*er Weg durch die Trümmer war weit beschwerlicher, als es im ersten Moment erschien.

Um den Bahnhof Shibuya standen vor der Katastrophe viele sehr hohe Gebäude, die nach der Bodenwelle zum größten Teil eingestürzt waren und deren Trümmer die Wege versperrten. Für Fahrzeuge gab es kein Durchkommen.

Zum Erstaunen Rudis trafen sie auf dem Bahnhofsvorplatz auf viele Menschen, die wie er und die kleine Gruppe um ihn herum die Katastrophe bis jetzt einigermaßen unbeschadet überstanden hatten.

Unter den Menschen auf dem Vorplatz entwickelte sich schnell ein besonderes Hilfssystem. Auf einer Seite des Platzes wurden die Verletzten so gut versorgt, wie es die Situation erlaubte. Einige Personen hatten sich auf den Weg gemacht, um in den Geschäften, die sich in der Nähe befanden, nach den Dingen zu suchen, die sie jetzt am Dringendsten benötigten. Ein paar Männer schleppten kistenweise Verbandsmaterial und Medikamente herbei, die sie in den Trümmern der Drogeriemärkte und Apotheken in einer Nebenstraße gefunden hatten. Andere suchten nach Nahrungsmitteln und Getränken. Der Zugang zu den Untergeschossen der Kaufhäuser war durch Trümmer versperrt, aber auch hier waren schon ein paar Männer dabei, einen Weg zu schaffen, denn in den Tiefgeschossen befanden sich Geschäfte für Lebensmittel. Das Unterfangen war mühsam, die Trümmer aus Stahl und Beton schwer und es mussten Unmengen davon beiseite geräumt werden. Die Männer kamen nur sehr langsam eine Stufe nach der anderen voran.

Der Bahnhof Shibuya war in sich zusammengebrochen, die Gleisanlagen waren von den Hochanlagen gestürzt und hatten weitere Wege versperrt. In einem Wagon der Yamanote-Linie, Tokios wichtigster Bahnlinie, der zufällig auf den

Rädern gelandet war, wurden Schwerverletzte vorsichtig auf die Sitzbänke gelegt, solange noch Platz vorhanden war.

Die meisten Überlebenden hatten bei dem Desaster einfach nur Glück. Und weil der Platz vor dem Bahnhof ziemlich groß war, konnte sich hier eine größere Menge von Menschen versammeln. Da er zudem nicht bebaut war, lagen auf dem Platz selbst nur relativ wenige Trümmer.

Die »Hachiko«-Statue hatte die Welle unbeschadet überstanden und stand, als Monument der Standhaftigkeit und Treue, als Mahnmal der Loyalität und tiefer Zuneigung, inmitten des Chaos' und der Hilflosigkeit an ihrem Platz, wie seit vielen Jahrzehnten. Sie wies noch nicht einmal einen Riss in der Bronze auf, der Sockel des Fundamentes hatte keinen Schaden genommen.

Als Rudi mit seiner Gruppe ankam, wurden sie freudig begrüßt. Sofort nach der Ankunft kamen die ersten Fragen auf. Besonderes Interesse galt den Antworten auf die Fragen, wo sie herkamen und ob sie noch weiteren Überlebenden begegnet waren. Rudi erklärte, dass sie an den Stellen, an denen sie die Schreie Verschütteter gehört hatten, gut sichtbare Zeichen hinterlassen hatten, beschrieb diese so genau wie möglich und sofort machten sich mehrere Gruppen von Männern auf den Weg, um die Eingeschlossenen aus ihrer misslichen Situation zu befreien.

Rudi war froh und erleichtert, als er die Verantwortung endlich an Menschen übergeben konnte, die davon wesentlich mehr zu verstehen schienen als er. Trotzdem hielten sich viele Mitglieder der Gruppe weiterhin in seiner Nähe auf. Es schien, als ob diese Menschen annahmen, dass er ihnen auch jetzt noch Sicherheit bieten konnte. Er musste sich in eine lange, improvisiert wirkende Liste eintragen, in der die Namen und Anschriften derer gesammelt wurden, die die Katastrophe überlebt und es bis zum Sammelpunkt geschafft hatten. Es war erstaunlich, wie selbst in dieser Mischung aus Tod und Zerstörung die typisch japanische Bürokratie mit all ihren Nebenwirkungen voll in Erscheinung trat.

»Wir haben es geschafft! Wir sind durch!«, hörte Rudi einen der Männer rufen, die versuchten, in die Untergeschosse der Kaufhäuser zu gelangen. Dort befanden sich die Lebensmittelgeschäfte. Nun hatten die Überlebenden viele Vorräte mehr. Schnell fanden sich Frauen, die in die Tiefe stiegen und zu ermitteln versuchten, was sie jetzt zur Verfügung hatten. Alle wussten, dass sie eine ganze Weile auf sich allein gestellt sein würden, mindestens aber so lange, bis die ersten Hilfstruppen sich bis zu ihnen durchgekämpft hatten. Wie lange das dauern konnte? Auf diese Frage konnte niemand eine Antwort geben.

Der Stadtteil Shibuya lag in Schutt und Asche und kein Mensch würde jemals zuverlässig sagen können, wie viele Menschen in den Ruinen der großen Kaufhäuser und den Bürogebäuden ums Leben gekommen waren. Aus vielen Ruinen stieg Rauch auf. Restwasser sickerte aus geborstenen Rohren.

Und über allem lag diese eigenartige Dunkelheit, die für die Tageszeit ungewöhnlich war. Es war erst früher Nachmittag und eigentlich sollte die Sonne heiß vom Himmel brennen und alles in Licht und Wärme tauchen. Und nun? Schwarze Wolken quollen am Himmel, aus denen ein weißes Pulver herabzuregnen begann.

»Bleibt uns denn auch gar nichts erspart?«, fluchte Rudi in die Runde, wohl wissend, dass ihn niemand verstand, weil er in seiner Muttersprache gesprochen hatte. Er wusste, dass dieses weiße Pulver nichts anderes als Vulkanasche war.

Er band sich schnell eine Gazemaske vor Mund und Nase. So wollte er verhindern, dass die feinen Partikel einen Weg in seine Lungen fanden. Er hatte gelernt, dass diese Flocken aus Gestein bestanden, dass sie scharfkantig waren und dass sie sich mit der Feuchtigkeit in den Lungen zu einer Art Zement verbinden, der zum Erstickungstod führen konnte. Das wollte er für sich auf jeden Fall verhindern. Er hatte eine apokalyptische Explosion überlebt, das Wüten einer Bodenwelle von gigantischem Ausmaß überstanden, hatte den Weg zu der improvisierten Sammelstelle vorm Bahnhof Shibuya hinter sich gebracht, er lebte noch und er wollte am Leben bleiben. Er hatte in diesem Moment nur einen Wunsch: Irgendwann zu Hause ankommen. Ob es die Wohnung noch gab? Hatte seine Frau das Desaster überstanden? Wie ging es ihr?

Nach einem Telefonnetz zu suchen war eine sinnlose Aktion. Er hatte es schon mehrmals versucht, bekam aber keinen Zugang zum Funknetz seines Anbieters. Das wunderte ihn überhaupt nicht. Die Signale der Mobiltelefone werden mittels Masten übertragen, die auf und an Gebäuden angebracht waren. Wenn diese Gebäude nicht mehr existierten, konnte es auch kein Netz geben. Ihm war im wahrsten Sinne des Wortes der Boden entzogen worden.

Neue positive Nachrichten liefen ein. Die Passagen unter dem Bahnhofsvorplatz hatten allem standgehalten. Jetzt verfügten die Überlebenden über einen sicheren Ort, an dem sie Verletzte und Kinder unterbringen konnten. Einer Ameisenarmee gleich wurden die Verwundeten in die Tiefpassage gebrachte, man lagerte sie so bequem, wie es möglich war und versorgte sie, so gut es die Situation erlaubte.

Rudi setzte sich auf den Rand einer Rabatte, nahm eine Flasche Tee aus seinem Rucksack, trank einen Schluck und versuchte, das Geschehene in die lange Reihe der Ereignisse einzuordnen, die in dem schweren Erdbeben vor der Nordostküste Japans im Jahr 2011 ihren Anfang nahm.

Akihabara, Tokio, Japan

K azuko dankte dem Schicksal, diesen kleinen Rucksack für Notfälle zu haben. Darin hatte sie alles, was sie in einer Situation wie dieser brauchte.

Das Wichtigste war eine Landkarte, die sie zu Hause ausgedruckt und in Folie eingeschweißt hatte. Darauf war der

Weg eingezeichnet, den sie zu nehmen hatte, wenn sie je einmal zu Fuß von ihrer Arbeitsstelle nach Hause zurückkehren musste. Ein Weg von rund sechsundzwanzig Kilometern lag vor ihr, eine Strecke, für die man unter günstigen Bedingungen und zu Fuß ungefähr acht Stunden benötigte. Allerdings waren die Bedingungen, unter denen sie ihren Marsch antrat, alles Mögliche, nur nicht günstig.

Sie hatte die gigantische Welle, die unter Tokio hindurch gelaufen war, unbeschadet überstanden das Firmengebäude unverletzt verlassen. Jetzt stand sie vor dem Problem, irgendwie nach Hause kommen zu müssen. Dass ihr Weg nicht einfach werden würde, hatte sie erkannt, als sie auf die Straße trat. Eingestürzte Gebäude, umgeknickte Masten, abgebrochene Bäume und zwischen all dem die Schreie von Verletzten. Sie sah die verstümmelten Körper Toter und stieß auf verstörte Menschen, die blutverschmiert ziel- und orientierungslos durch die Trümmer irrten.

Sie nahm die Stoffschuhe aus ihrem Rucksack, zog sie an und ließ die Büroschuhe achtlos zurück. Jetzt kam es nur darauf an, möglichst bequemen Schuhen zu haben. Der Marsch nach Hause würde verdammt lang werden.

Kazuko versuchte als Erstes, sich an einem Punkt zu orientieren, den sie bei einem Probelauf entdeckt und in die Karte übertragen hatte. Sie fand ihn nicht sofort, da auch dieses Gebäude ein Opfer der Bodenwelle geworden war.

›War das überhaupt ein Erdbeben?‹ Diese Frage stellte sich Kazuko wieder und wieder. Sie hatte nur eine einzige heftige Welle gespürt, danach noch einige Wellen in der Art eines Nachschwingens, aber wesentlich flacher und weicher als die Monsterwelle, die für dieses Desaster gesorgt hatte. Im Unterschied zu den unberechenbaren Wellen eines Erdbebens waren diese Erdbewegungen viel harmonischer. Die gespürten Wellen glichen viel mehr denen, die sie von Bootsfahrten her kannte. Aber trotzdem, ein Erdbeben mit nur einer einzigen Welle? Kazuko wollte das nicht glauben, aber die Tragödie konnte sich nur so zugetragen haben.

Sie wendete sich nach rechts, in Richtung des Flusses Tamakawa. Ihr Weg würde sie an dessen Ufern bis ins Stadtzentrum führen, wo sie auf eine der wenigen, durch die ganze Stadt führenden Hauptstraßen abbiegen und dieser dann bis zu der Stelle folgen konnte, in dem am Morgen noch ihr Zuhause gestanden hatte.

Als sie endlich am Fluss ankam, wollte sie ihren Augen nicht trauen. Im breiten Flussbett floss nur noch das dünne Rinnsal einer trüben Brühe. Wo war der Rest des Flusses? Entweder verschwand das Wasser in der Erde oder es wurde irgendwo gestaut. Wenn das Wasser im Verlauf des Flusses gestaut wurde, wo könnte das geschehen? Und wenn nicht, wo floss es hin? Ihr fielen spontan nur die U-Bahn-Tunnel ein, die streckenweise in mehreren Etagen kreuz und quer unter der Stadt verliefen. Was passierte, wenn sich Wasser in diese Tunnel ergießen sollte?

Sie versuchte erfolglos, die Bilder, die sich in ihren Gedanken zu formen begannen, zu verdrängen. Kazuko musste sich auf ihren Weg konzentrieren, wollte sich nicht von anderen Gedanken ablenken lassen. Apathisch setzte sie einen Fuß vor den anderen, immer am Rand dessen entlang, was bis vor Kurzem noch ein Fluss war.

Sie erreichte die Ruinen des Bahnhofs Ochanomizu, der in das an dieser Stelle recht breite Flussbett gestürzt war. Unter geborstenen Betonteilen einer modernen Brücke sah sie einen kompletten Zug, zerdrückt von den Bruchstücken der Bücke. Wasser floss durch die zersplitterten Fenster der Wagons. Teilnahmslos und abgestumpft nahm sie die reglosen Körper von Menschen wahr, die noch in den Wagen eingeschlossen waren. Sie erkannte aber auch, dass diese Personen keiner Hilfe mehr bedurften. Sie waren tot. Erschlagen oder ertrunken, vielleicht sogar durch einen Stromschlag ums Leben gekommen. Die zerfetzten Kabel der Bahnanlagen und der Gebäude am Ufer hingen ins Wasser.

Ein fast neues Firmenhochhaus hatte den Bewegungen des Bodens nicht standhalten können, war umgestürzt und dabei so gelandet, dass es sich zuerst über den Fluss gelegt hatte. Dann war es unter dem eigenen Gewicht zerbrochen und komplett in den Flusslauf gestürzt.

Wohin Kazuko auch blickte, sie sah nichts als Trümmer und Chaos, gemischt mit Entsetzen und Grauen. Millionen von Glasscherben bedeckten den Boden, Unmengen von Papier wirbelten durch die Luft, Stahlträger wandten sich in skurrilsten Verbiegungen, Flammen loderten zum Himmel, dazu kamen die Schreie von Verwundeten. Es war ein Inferno ohne jeden Vergleich. Ein Bild des Schreckens brannte sich für alle Zeiten in Kazukos Hirn.

Kazuko musste weiter, musste nach Hause. Geistesabwesend nahm sie ihren Weg, kam aber nur langsam voran. Oft musste sie Umwege machen oder verstörten Menschen ausweichen, die sich ihr in den Weg stellten. Kazuko weinte, weinte aus Schmerz und Trauer, weinte aus Verzweiflung, Not und Hoffnungslosigkeit. Sie weinte aber auch aus Liebe.

Hakone-Fuji-Izu-Nationalpark, Hakone, Japan

*E*in Hubschrauber der Self Defense Force, der Selbstverteidigungsarmee Japans, kreiste über den Resten von dem, was bis vor wenigen Stunden noch der Vulkan Owakudani im Hakone-Fuji-Izu-Nationalpark war. Nach der Explosion zeigte sich an dieser Stelle ein rund vierhundert Meter tiefer Krater mit einem Durchmesser von etwa zwei Kilometern. Mutter Natur hatte mit Wasser und Magma hier eine beängstigende Demonstration ihrer Kraft geliefert.

Die aufgeheizte Luft, die aus dem Krater aufstieg, sorgte für schwere Turbulenzen und zwang den Hubschrauberpiloten, all sein Können aufzubieten, um die Maschine stabil in der Luft zu halten.

»Das glaube ich nicht!«, rief Professor Matsumoto, der auf einem der Sitze am Fenster saß und mit seiner Digitalkamera ein Foto nach dem anderen machte. Ihm war es irgendwie gelungen, einen Hubschrauber zu organisieren, um die Situation vor Ort genau in Augenschein nehmen zu können. Er hatte sein Verlangen damit begründet, dass er am Ort des Geschehens am besten erkennen könne, ob es sich um ein einmaliges Ereignis gehandelt hatte oder ob in nächster Zukunft mit weiteren Ausbrüchen des Vulkanes zu rechnen sei.

Es hatte lange gedauert, um den Holzköpfen in Nadelstreifen, wie er die Politiker voller Abscheu bezeichnete, klarzumachen, dass der Flug unumgänglich war und warum er so dringend Gewissheit über die Gefahr erlangen musste, in der sich das Land befand. Er musste unbedingt einen Eindruck davon erhalten, wie sich die Situation weiter entwickeln könnte. Ohne jeden Zweifel erkannte Professor Matsumoto die Notwendigkeit an, dass alle Mittel zur Rettung der Überlebenden nötig waren. Aber er bestand unerbittlich darauf, dass man ihm einen Hubschrauber zur Verfügung stellte, um ermitteln zu können, ob man sich vollkommen und mit allen Mitteln der Rettung Überlebender zuwenden konnte oder ob man sich vielmehr darauf konzentrieren musste, die Menschen zu evakuieren, die sich noch immer in einem Radius von etwa einhundert Kilometern um den Hakone-Fuji-Izu-Nationalpark aufhielten. Er sprach dabei nicht von ein paar Tausend Menschen, er sprach von Millionen, von rund einem Drittel der japanischen Bevölkerung.

Der Professor hatte schon in vielen Ländern Vulkanausbrüche miterlebt oder untersucht. Oft war er zum Unzen gefahren, einem der gefährlichsten Vulkane Japans, wenn sich dort eine Eruption ereignet hatte. Als 2010 der Vulkan Eyjafjallajökull ausbrach, war er mit einem der letzten Flüge nach Island gekommen, um den Vulkanausbruch zu untersuchen. Am Sarytschew in Russland stellte er Forschungen an, um den dort stattfindenden Ausbruch zu analysieren. Um Haaresbreite wäre er eines der über 300 Opfer des Merapi geworden, als dieser in Indonesien ausbrach. Es bedurfte also schon etwas ganz Besonderem, um ihn aus der Fassung zu bringen. Was er aber aus dem Hubschrauber der SDF sah, versetzte ihm einen mörderischen Schrecken.

Vom See am Fuße des Owakudani war eben so wenig übrig geblieben wie vom Vulkan selbst. In der direkten Umgebung gab es nichts als Grauen und Chaos, Tod und Verwüstung. Die moderne Seilbahnanlage, die Touristen und Einheimische auf den Berg gebracht hatte, existierte nicht mehr, die Bahnhöfe und Gaststätten am Berghang – alles nur noch Episoden in der langen Geschichte des Landes. Kein Mensch war in der Lage, zu sagen, wie viele Personen sich während der Explosion direkt auf dem Vulkan oder an dessen Hängen aufgehalten hatten. Nichts von dem, was jemals hier erbaut worden war, existierte mehr. Vom Vulkankegel waren nur noch einige Brocken erkennbar, die durch die Explosion zu einem Ring um den Krater aufgeschichtet worden waren. Sollte das wirklich alles sein, was von einem Vulkan blieb, wenn dieser explodierte?

»Würden Sie jetzt bitte in Richtung Hakone fliegen?«, bat der Professor den Pilot um eine Kursänderung. Der Hubschrauber kippte sanft zur Seite, als der Pilot in die Kurve ging.

Hakone war eine Kleinstadt, die in früheren Zeiten einen Grenzübergang zwischen den beiden Regionen Kansai und Kanto auf der alten Tokaido-Straße beheimatete. Zum Zeitpunkt der Vulkanexplosion lebten ungefähr 14000 Menschen in der Stadt. Zu diesen kamen Unmengen von Touristen, die in Hakone und Hakone-Yumoto Erholung suchten. Nahm man Hakone als Startpunkt, erreichte man mit den verschiedenen Bahnlinien mehrere andere Städte, direkte Schnellzugverbindungen bestanden unter anderem zum Bahnhof Tokio oder nach Shinjuku. In Hakone und Hakone-Yumoto gab es, bedingt durch die vulkanischen Aktivitäten in dem Gebiet, viele der als Onsen bekannten Badeanstalten, in deren heißem Wasser sich Einheimische und Gäste entspannten. Die

Umgebung beherbergte einige auch international bekannte Sehenswürdigkeiten. Diese Region stellte für die Stadtmenschen aus dem nahe gelegenen Tokio eine wichtige Möglichkeit der Naherholung dar, war sie doch nur rund achtzig Kilometer entfernt. Als Mitbringsel und bei Touristen besonders beliebt waren die in den heißen Wasserlöchern des Vulkanes gekochten Eier, deren Schale von den Mineralien im Wasser schwarz geworden war.

Als der Hubschrauber endlich über dem kreiste, was einmal die Stadt Hakone war, konnte Professor Matsumoto nicht mehr hinschauen. Kein Gebäude stand mehr, Reste von Bahnanlagen ragten grotesk verdreht in die Höhe, verkohlte Trümmer wiesen in den Himmel, über allem lag eine dicke Schicht aus Stückchen von zertrümmertem Gestein, hingestreut wie Puderzucker auf einem Kuchen. Von Leben in irgendeiner Form war nichts zu bemerken. Vielleicht gab es einige Überlebende, aber große Hoffnungen machte sich der Professor nicht. Zu nahe lag der Ort am Explosionsherd, zu direkt war die Stadt von der Explosionswelle betroffen, die sich in dem engen Tal, in dem die Stadt lag, nur zur Seite ausbreiten konnte. Die Explosionswelle hatte alles hinweg gefegt, was ihr im Weg stand.

»Fliegen wir zurück?«, fragte der Pilot, der in Professor Matsumotos Gesicht sah und die Gefühle erkannte, die dieser zeigte. Ein Nicken war alles, wozu der Professor noch fähig war. Der Pilot brachte den Helikopter in eine Schräglage, drehte auf Tokio zu und flog dem nächsten Katastrophengebiet entgegen.

Während des Fluges wollte Professor Matsumoto die Augen ein wenig schließen. Aber kaum war das geschehen, spielten sich vor seinem geistigen Auge grausige Szenen ab.

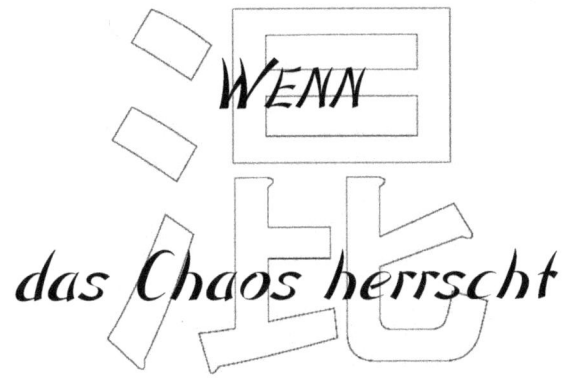

WENN

das Chaos herrscht

Tokio, Japan

K eiko saß in der hintersten Ecke des Raumes, den sie zum Büro umfunktioniert hatten, umringt von vielen Computern und technischen Anlagen und den Unterlagen, die sie unbedingt für ihre Arbeit brauchte. Keikos ehemaliges Büro war vom medizinische Personal des Institutes kurzerhand für Verletzte aus der nahen Umgebung in Beschlag genommen worden.

Das Geschehen traf alle unvorbereitet. Obwohl es niemanden gab, der sich schon vom Schrecken der Ereignisse erholt hatte, befasste sich jeder intensiv mit der Suche nach der Antwort auf die Frage, wie das, was in und mit ihrem Land geschehen war, hatte geschehen können und was in einer nicht allzu fernen Zukunft noch passieren könnte.

Keiko gab sich keinerlei Hoffnungen hin. Sie wusste, dass die Explosion einen beachtlichen Einfluss auf die tektonische Situation im Gebiet um Tokio haben musste. Die Frage war nur – welchen? Sie suchte auf dem kleinen Bildschirm ihres Laptops nach den neuen Daten, die sie nun direkt über Satellit erhielt. Die Datenübermittlung auf den üblichen Wegen war nicht mehr möglich. In diesem Teil der Welt gab es kein Internet mehr. Alles, was sie und das Institut an neuen Informationen erhalten konnten, kam direkt aus dem Weltall. Vollkommen unabhängig davon, ob die Daten über Kabel oder von einem im Orbit kreisenden Objekt in ihrem Computer landeten, waren sie allesamt geeignet, weiteren Schrecken zu verbreiten.

Durch die Explosion des Owakudani war der Untergrund im Gebiet der Kanto-Ebene deutlich instabiler geworden. Eine in der Nähe von Tachikawa neu entdeckte Verwerfung zeigte klar erkennbare Veränderungen, die Flanken des Fuji waren in Bewegung und als ob das noch nicht genug wäre, begannen auch einige andere Vulkane in Japan Feuer zu speien. Allerdings konnten die Wissenschaftler des Erdbebenforschungsinstitutes um Professor Takayuki Matsumoto keinen Zusammenhang zwischen der Explosion eines Vulkanes in der Nähe und den Eruptionen weit entfernter Vulkane herstellen. Bestand da überhaupt ein Zusammenhang?

Keiko wurde plötzlich bewusst, wie wenig sie von der Geophysik und dem Aufbau der Erde in und unter ihrem Land wirklich wussten. Wie viele offene Fragen hatte die Natur noch für sie parat? Wie viele Dinge hatten sie noch nicht verstanden? Wie viele Bruchstellen im dünnen Erdmantel hatten sie noch nicht entdeckt?

Keiko notierte sich die Daten der aktuellen Veränderungen des Fuji auf einem kleinen Zettel und ging zu Keiji, der an seinem Rechner versuchte, eine Prognose der weiteren Entwicklung zu erstellen.

»Das sind die neuesten Zahlen vom Fuji. Keiji, ich mache mir ernsthafte Sorgen. Von dort könnte uns in absehbarer Zukunft das nächste Ungemach ins Haus stehen. Schaust du dir bitte einmal diese Zahlen genauer an.« Sie reichte ihm ihre Notizen. Ihr Mann sah sich die Zahlen an, runzelte die Stirn, gab die Werte in den Computer ein, wartete kurz und sagte dann nur:

»Bitte das nicht auch noch!«

Seine erste Analyse ergab, dass die Gefahr für einen Ausbruch des Fuji stark angestiegen war. Die Flanken des Vulkans hatten sich während der letzten Tage stark gewölbt, ein Umstand, der das Aufsteigen von Magma in der Magmakammer unterhalb der Vulkankette eindeutig anzeigte.

Wenn der schlafende Vulkan wirklich zu neuem Leben erwachen sollte, dann waren sie verloren. Eine Eruption des Fuji kam für die einem Todesurteil gleich, die die bisherigen Ereignisse überlebt hatten. Zu dem, was jetzt schon vom Himmel herabregnete, käme dann noch die Vulkanasche vom Fuji. Wissenschaftler hatten schon vor langer Zeit berechnet, dass bei einem Ausbruch des Fuji aufgrund der bestehenden Windverhältnisse eine Aschewolke in Richtung

Tokio ziehen würde. Die Wolke könnte in der Hauptstadt eine bis zu fünf Zentimeter dicke Ascheschicht ablagern. Das klang nicht nach viel, jedoch ist Vulkanasche keine Asche im herkömmlichen Sinne. Sie ist Gestein, das durch die Wucht einer Eruption in mikroskopisch kleine Partikel pulverisiert wurde. Allgemein bekannt ist der Umstand, dass ein Millimeter Vulkanasche einen Flughafen lahm legen kann. Sie ist schwerer als die Asche eines Feuers, sie dringt in alles ein, sie verstopft Filter, bringt Motoren zum Versagen und verbindet sich mit Flüssigkeiten zu einer Art Beton.

Was würde auf die Menschen in Japan noch zukommen?

Keiji erinnerte sich an ein Buch, das er vor langer Zeit gelesen hatte und das von einem Landsmann geschrieben wurde. In dem Buch wurde ein Schreckensszenario entwickelt, das sich ihm tief ins Gedächtnis eingebrannt hatte. Dieser Roman war der Grund für seine Berufswahl. Musste Keiji jetzt miterleben, wie die Heimat seiner Eltern, wie seine Heimat, wie dieses Land, das er genau so innig liebte wie seine Frau, wie das alles dem sicheren Untergang geweiht war? Sollte Sakyo Komatsu am Ende mit seinen Schreckensvisionen in »Japan sinkt« doch Recht behalten?

Keiji konnte die Vorgänge nicht erklären, die sich in der Erde abgespielt hatten. Wie ihre eigenen und die Analysen ihrer Kollegen ergaben, verliefen die Bewegungen der tektonischen Platten vor und unter der japanischen Inselkette nicht schneller und nicht langsamer als vor der Explosion des Owakudanis. Die Platten bewegten sich weiterhin mit dem Tempo von ungefähr acht Zentimetern pro Jahr aufeinander zu. Die Pazifische Platte wird an den Nahtstellen unter die Eurasische Platte gepresst und zog dabei den Rand der Eurasischen Platte mit in die Tiefe. Die dabei entstehenden Spannungen lösten sich irgendwann in Erdbeben.

Täglich gab es viele kleine Beben, ab und an waren sie auch spürbar, selten aber führten sie zu Schäden. Die neueren Gebäude waren erdbebensicher gebaut. Und viele Menschen hatten ihre schon älteren Häuser nach dem schweren

Erdbeben im Jahr 2011 nachgerüstet und mit einem zusätzlichen Erdbebenschutz versehen. Professor Doktor Takayuki Matsumoto, Keiko und Keiji Matsudas Chef, hatte bereits vor Jahren seinen international sehr guten Ruf geltend gemacht, um die notwendigen Mittel zu erhalten, die für einen hundertprozentig erdbebensicheren Ausbau des Gebäudes ihres Institutes erforderlich waren. Gab es absolute Erdbebensicherheit überhaupt?

Auf dem Gesicht Keijis war ein müdes Lächeln zu erkennen. Wie hatten sie damals gelacht, als unter der schweren Bodenplatte des Institutsgebäudes etwa drei Meter dicke und einen Meter hohe Dämpfer aus Gummi, in denen dicke Federn eingebaut waren, montiert wurden. Allein diese Maßnahme hatte ein Vermögen gekostet. Und es war noch viel mehr Geld vonnöten, um alle Versorgungseinrichtungen ins Innere des Gebäudes zu verlegen. Im Keller stand ein Notstromaggregat, das sie zwei Wochen lang mit Strom versorgen konnte. Dazu kamen die riesigen Blöcke der Lithium-Ionen-Batterien, die den aus dem öffentlichen Netz bezogenen Strom aufnahmen, sich aufluden, den nicht benötigten Strom durchleiteten und im Bedarfsfall eine weitere Woche für Licht und Luft sorgen konnten. Während des Notbetriebs wurden lediglich die Laptops und die Notbeleuchtung benutzt, die das Stromsparendste darstellten, was man für Geld auf den internationalen Märkten erwerben konnte. In den Tanks, die den Keller unterhalb der Maschinen komplett füllten, befanden sich Treibstoff und Wasser für mehrere Wochen. Man hatte große Vorräte an haltbaren Nahrungsmitteln, Konserven und anderen wichtigen Dingen eingelagert. Dazu kamen die Notfallausrüstungen, mit denen man die Menschen versorgen konnte, die bei einer Katastrophe im Gebäude ihres Institutes Zuflucht suchen sollten. Das Gebäude war so ausgebaut worden, dass es selbst einem Megabeben mit einer Magnitude von 15,0 standhalten konnte. Absolut erdbebensicher und im Notfall vollkommen autark. Das Institut musste auch dann noch einsatzfähig bleiben, wenn im kompletten Rest des Landes nichts mehr funktionieren sollte. Genauso hatte ihr Chef die horrenden Ausgaben begründet, die er selbst allerdings nur als das absolut notwendige Minimum bezeichnete. Die Kämpfe um die Mittel für diesen Ausbau waren hart, oft wurden unfaire Mittel eingesetzt, aber am Ende hatte sich Professor Doktor Matsumoto durchgesetzt. Schon jetzt, als in der Region Tokio nichts mehr funktionierte, machte sich dieser Kampf bezahlt.

Doch was nutzte das alles, wenn auch noch der Mount Fuji ausbrechen sollte? Was würde danach kommen? Welche anderen oder neuen Brüche in der Erde könnten dadurch wieder aktiv werden und Erdbeben auslösen? Welche Auswirkungen konnte das auf die weitere Entwicklung haben?

Keiji strich sich durch die Haare, schaute seine Frau an, streichelte zärtlich über ihren gewölbten Bauch und sagte leise:

»Ich hoffe wirklich, dass du dich täuschst. Wenn der Fuji auch noch mitspielen will, na dann gute Nacht.«

Keiko setzte sich auf die Lehne von Keijis Stuhl, streichelte ihm zärtlich im Nacken und meinte:

»Keiji, ich habe Angst. Einfach nur wahnsinnig große Angst vor dem, was da noch alles kommen kann. Kannst du mich verstehen?«

Keiji verstand seine Frau nur zu gut.

Seit der Explosion des Vulkanes Owakudani waren einige Tage vergangen, in denen sie versucht hatten, die Ursache für die Explosion zu ermitteln. Noch wussten sie nicht einmal, ob es nur die, wenn auch verheerende, Explosion eines Vulkans nach langer Zeit ohne Ausbruch war oder ob nicht das verschwundene Wasser aus dem Ashi-See die Hauptursache für diese Explosion war. Vorrangig galt es, diese Fragen zu beantworten. Die Daten aus den Analysen der Gesteine deuteten zwar darauf hin, dass das Wasser der Grund für die Explosion des Vulkanes war, aber sie hatten bislang noch keine Antwort finden können, die alle zufriedenstellte. Keiji und Keiko vertraten inzwischen wie Professor Matsumoto die

Ansicht, dass nur das verschwundene Wasser als Ursache dieser Katastrophe in Frage kam, ihr Chef wollte jedoch Gewissheit. Er wollte niemandem eine Hypothese vorlegen, die zwar mehr als höchstwahrscheinlich, aber dennoch nichts anderes war als eine Hypothese. Ihr Chef wollte Gewissheit. Verbissen suchten sie gemeinsam nach den Antworten auf diese Fragen.

»Wenn wir damit zum Chef gehen, ich glaube, dann wird der wirklich einen Herzinfarkt erleiden. Wollen wir das?«

»Keiji, ob wir wollen oder nicht, wir müssen! Gefallen wird ihm das definitiv nicht, aber was wollen wir machen?«

»Hat denn unser Boss wenigstens ein paar Stunden geschlafen?«, fragte Keiko ihren Mann mit sorgenvollem Gesichtsausdruck. Professor Matsumoto war während der letzten Tagen fast ohne Unterbrechung unterwegs gewesen, traf sich dabei mit den Leuten aus der Regierung, die noch am Leben und in der Stadt waren und die sich nun bemühten, das öffentliche Leben wieder in geordnete Bahnen zu lenken. Das war nicht einfach. Durch die fehlenden Kommunikationsmittel war es beinahe unmöglich geworden, Verordnungen und Anweisungen zu den Menschen zu bringen, die sich nach ihnen richten sollten. Die Reste des nationalen Katastrophenstabes tagten in Permanenz. Das größte Hindernis war die beinahe vollständig zerstörte Infrastruktur im Hauptstadtgebiet mit seinen 36 Millionen Menschen.

Keiko und Keiji gingen zu dem kleinen Zimmer, das ihr Chef zu seinem Domizil erklärt hatte. Keiko klopfte an und hörte nur schwach die Antwort ihres Vorgesetzten:

»Herein!«.

Die Wissenschaftler betraten das Zimmer und sahen ihren Chef an einem Tisch sitzen und sich die Haare raufen.

»Professor, was ist passiert?«, wollte Keiko wissen. Mit einem Blick und weiblicher Intuition hatte sie sofort erkannt, dass irgendetwas Schreckliches geschehen sein musste.

»Minami wurde gefunden«, sagte Professor Matsumoto leise. »Erschlagen von den Trümmern unseres, nein, ihres

Hauses. Truppen der SDF, die sich vom Norden her in die Stadt vorarbeiten, haben sie heute Morgen im Keller gefunden.«

Keiko und Keiji nahmen ihre Unterlagen und verließen das Zimmer ihres Chefs wieder, ohne ein weiteres Wort zu sagen. Es gab nichts, womit sie Takayuki Matsumoto in diesen Augenblicken hätten trösten können. Sie wussten, dass der Professor seine Ehe dem Beruf geopfert hatte, aber ein überaus inniges Verhältnis zu der Frau aufrechterhielt, die einst seine Ehefrau war. Fast jede Woche besuchte sie ihn im Büro und auch zu Keiko und Keiji hatte Frau Matsumoto ein recht intensives Verhältnis, das man fast Freundschaft nennen konnte. Minami Matsumoto war eine Seele von Mensch und keineswegs darüber verbittert, dass sie den Mann, den sie noch immer abgöttisch liebte, in einem unfairen Kampf an dessen Beruf verloren hatte. Wie die Zeit zeigte, profitierten beide davon: Der Professor konnte weiterhin seiner Leidenschaft frönen und dennoch hatten sie alles, was eine Beziehung interessant machte und aufrechterhielt.

Nun weilte sie nicht mehr unter ihnen. Minami Matsumoto war eines der unzähligen Opfer, die es nach der Explosion des Owakudanis zu beklagen gab. Kein Mensch wusste genau, wie viele Menschen durch die Explosion des Vulkanes das Leben verloren hatten, aber es mussten mittlerweile Millionen sein. Wie viele hatten ihr Leben lassen müssen?

Hino, Tokio, Japan

Als die Welle vom Owakudani aus unter Tokio hindurch zog, wurde auch Hino von ihr heimgesucht. Hino, ein eher kleiner und mehr ländlich wirkender Teil der Hauptstadt Japans, war das Zuhause von Minami Matsumoto und das ehemalige Heim von Professor Doktor Matsumoto. Als sie sich trennten, behielt sie das Haus und der Professor zog in

183

eine kleine Wohnung nahe des Institutes, in dem er so wie so mehr Zeit verbrachte als in dem Haus, das sie gemeinsam gebaut hatten. Sein Beruf war der Grund, aus dem sie sich vor einigen Jahren scheiden ließen. Es war nicht das Fehlen gegenseitiger Achtung oder Liebe, was sie zu diesem Schritt veranlasste, es waren die Prioritäten, die der Professor in seinem Leben gesetzt hatte. Erst kam die Arbeit, dann eine Weile nichts und danach die Familie. Eigentlich normal für Japan, dem Land, in dem man lebte, um zu arbeiten, aber er hatte es sogar für japanische Verhältnisse übertrieben und kam oft tagelang nicht nach Hause.

Minami Matsumoto hielt sich im Keller auf, als die Welle das Haus traf. In Japan ist es nicht üblich, unter Wohnhäusern einen Keller zu haben, aber ihr Mann hatte beim Bau darauf bestanden. Er begründete das damit, dass in der Erde liegende Teile eines Gebäudes bei einem Erdbeben nicht so schwer in Mitleidenschaft gezogen werden wie die Teile, die über dem Boden lagen. Darum besaß das Haus einen Keller, in dem nicht nur Platz für Waschmaschine und Auto war, sondern auch die Notfallausrüstung und Vorräte in einem separaten Raum lagerten, den sie damals extra stabil ausbauen ließen.

Minami Matsumoto wollte gerade die Wäsche in die Maschine geben, als die Bodenwelle das Gebäude von den Fundamenten riss. Das Haus machte einen Sprung von rund drei Metern in die Höhe, stand den Bruchteil einer Sekunde in der Luft und krachte dann mit voller Wucht wieder in das Loch, in dem es vorher stand. Minami wurde zu Boden geworfen. Die Betonmauern des Fundamentes platzten auf, der Armierungsstahl der Wände verbog sich und die Bodenplatte zersprang in viele Stücke. Die hölzernen Tragpfosten im Innenraum zerbarsten in tausende Teile, die sich wie Nadeln in Minamis Körper bohrten. Heißer Schmerz durchfuhr ihren Körper. Zum Teil rührte er von dem Sturz her, der weitaus größere Teil aber kam von den Splittern. Sie schrie auf und versuchte, sich in Sicherheit zu bringen. Sie bekam noch nicht einmal den Hauch einer Chance. Ein Kellerfenster gab nach und die Splitter des Glases landeten im Keller. Wasser schoss in einem dicken Strahl aus der gebrochenen Hauptleitung in den Kellerraum und auf der geborstenen Betonplatte bildete sich schnell eine Wasserlache.

Minami hörte, wie im oberen Teil des Hauses Glas zu Bruch ging und Gegenstände umstürzten. Sie vernahm noch, wie sich das Geräusch änderte und den Klang von berstendem Material annahm. Sie hörte die Deckenbalken knarren und knacken. Dann brachen die Balken unter der Last der darauf liegenden Trümmer. Der ganze Überbau des Hauses stürzte auf den Boden des Kellers und begrub Minami Matsumoto unter sich.

Tage später wurde sie von einer Gruppe Soldaten gefunden, die sich vom Norden her in Richtung Stadtzentrum durch die Trümmer arbeiten. Dass der Professor vom Tod seiner Exfrau Kenntnis erhielt, verdankte er nur dem Umstand, dass einem der nach Opfern suchenden Soldaten die Namen am Eingangstor des Gartens etwas sagten. Minami und Takayuki Matsumoto. Der Soldat kannte die Namen, da er sich für die Geologie und Geografie seiner Heimat interessierte und der Professor gemeinsam mit seiner Frau viel darüber publiziert hatte.

Stuttgart, Deutschland

D ie Worte der Nachrichtensprecherin klangen dramatisch:

»Noch ist es den Hilfskräften der japanischen Armee nicht gelungen, bis zum Zentrum der japanischen Hauptstadt vorzudringen. Bislang vorliegenden Berichten zu Folge ist allein in Tokio mit mehreren Hunderttausend Toten zu rechnen. SDF-Truppen sowie zivile Hilfsgruppen finden in den Ruinen der Randgebiete der Hauptstadt, in die sie aus allen

Richtungen kommend nur langsam vordringen können, fast im Minutentakt weitere Opfer.

Tokio liegt beinahe vollständig in Trümmern. Hochmoderne und angeblich erdbebensicher gebaute Wolkenkratzer sind eingestürzt und haben Gebäude in der unmittelbaren Umgebung mit in die Tiefe gerissen. Es wird vermutet, dass Japan nie in der Lage sein wird, die Schäden zu beziffern und zu bezahlen, die durch die Schockwellen der Explosion des Vulkans Owakudani entstanden sind.

Die Münchner Rück-Versicherung, das weltweit bekannteste Unternehmen der Rückversicherungsbranche, vermeldet den massivsten Einbruch des Aktienkurses seit der Gründung des Unternehmens. Wie eine Pressesprecherin des Unternehmens mitteilte, fiel der Kurs der Aktien innerhalb von nur achtundvierzig Stunden um mehr als achtzig Prozent. Eine Ursache hierfür sei, dass Versicherungen weltweit für die Schäden in Japan aufkommen müssen und sich die Gelder von den Rückversicherungen zurückholen. Andere Unternehmen aus der Rückversicherungsbranche melden ähnlich dramatische Verluste. Der entstandene Schaden wird schon jetzt auf mehrere Hundert Milliarden Dollar geschätzt. Exakte Angaben zur Höhe der entstandenen Schäden werden erst im Laufe der nächsten Wochen erwartet.«

Antje saß vor dem Fernsehgerät und schüttelte ungläubig den Kopf. Sie konnte nicht verstehen, wie man bei einem Desaster, das eine ganze Nation betraf, ausschließlich von Geld reden konnte. Sollte eine Schadenshöhe nicht nebensächlich sein, solange es um Menschenleben ging,? Noch kämpften in den Überresten Tokios Millionen Menschen um das nackte Überleben.

Auf anderen Fernsehkanälen zeigte man Bilder, die von Menschen via Satellitentelefon ins Internet gestellt worden waren. Antjes Verstand weigerte sich zu glauben, was sie sah. Sie hatte das Glück, dass sie in weitem Abstand von Japan lebte, dass sie nicht, wie einige ihrer Landsleute direkt von diesem Desaster betroffen war. Sie fragte sich jedoch, wie sie von ihrer Seite aus helfen konnte. Es dürfte nicht einfach werden, dass wusste sie, aber sie suchte nach einer Lösung. Sie suchte nach einem Weg, etwas für die Menschen zu tun, die noch im Katastrophengebiet lebten.

Aber – was sollte sie machen? Und – was konnte sie überhaupt tun? Ein Hilfspaket nach Japan schicken? Sie bezweifelte jedoch, dass die Post in Zeiten von Chaos und Not noch funktionieren würde. War doch die Hauptstadtregion besonders betroffen.

»Worüber denkst du nach?«, fragte Sven, der aus dem Arbeitszimmer kam und sich zu seiner Frau auf das Sofa setzte. »Du brütest doch irgendetwas aus, das sehe ich dir an.«

»Ich überlege, ob und wie ich den Menschen in Japan helfen kann.« Antje klang angeschlagen. »Die können doch jede Hilfe gebrauchen, die sie bekommen können. Das Dumme an der Sache ist nur, dass mir absolut nichts Realistisches einfällt.« Ihr Frust wurde deutlich, als sie sich auf den Oberschenkel schlug.

»Wollen wir wetten, dass es nicht lange dauern wird, bis die ersten Spendenkonten aufgemacht werden?«, erwiderte Sven und legte ihr eine Hand auf den Oberschenkel. »Wenn du dann was überweist?«

»Aber kommt das auch an?«, wollte Antje von Sven wissen. Der Zweifel in Antjes Stimme sprang Sven direkt an. »Du weißt doch, wie hoch die so genannten Verwaltungskosten bei solchen Aktionen immer sind. Nein, es sollte dann schon etwas sein, das komplett ankommt und dort auch gebraucht wird.«

»Nur, was willst du alleine ausrichten? Ich meine, da ist ein ganzes Land, das von einer Katastrophe getroffen wurde, wie sie die Welt noch nicht gesehen hat. Was kannst du da schon machen, die du hier alleine sitzt?«

»Das weiß ich nicht, wirklich nicht«, resignierte Antje und schaltete auf einen anderen Sender um. »Ich muss einmal in Ruhe und allein darüber nachdenken.« Sie lehnte sich bei ihrem Mann an die Schulter und weinte.

R. W. Yamamoto

Flughafen Haneda, Tokio, Japan

In den Resten des Flughafens regte sich das Leben wieder. Die Überlebenden aus beiden Flughafenterminals hatten sich in den Tiefgeschossen versammelt. Hier gab es viele Geschäfte und die Menschen konnten von dem leben, was zum Zeitpunkt der Katastrophe in den Regalen und Lagern vorhanden war. In den Restaurants des Flughafengebäudes hatten die Überlebenden die Verletzten untergebracht. Hier hatten die Menschen selbst in ihrem Unglück noch Glück, weil es in den Terminals mehrere Arztpraxen und Apotheken gab. Diese waren zum größten Teil noch intakt und mit den Bestände und dem medizinischen Personal konnte man den Betroffenen besser helfen als an den meisten Orten im Stadtbereich.

Die Angestellten des Flughafenmanagements leiteten die Rettungsmaßnahmen. Auf Grund dessen kamen die Maßnahmen deutlich schneller in Gang als in den Bereichen, in denen sich die Überlebenden selbst helfen mussten. Zu allem kam hinzu, dass der Flughafen direkt am Meer lag.

Zwei Tage nach der Katastrophe landeten erste Truppen der SDF aus Landesteilen, die von der Katastrophe nicht betroffen waren, auf dem Flughafengelände. Schiffe kamen so dicht wie möglich ans Ufer und Pioniertruppen errichteten Landungsstege aus Aluminiumplatten und, über die Soldaten von den Schiffen auf das Gelände des Flughafens gelangten und sich langsam, Meter um Meter, durch die Ruinen kämpften. Die Trümmer, eine chaotische Mischung aus Flugzeugteilen, Fahrzeugen und Maschinen, aber auch aus Stahlträgern, Blech, Beton und Glas, machten es den Truppen nicht einfach. Die abseits gelegenen Randbereiche wiesen deutlich weniger Zerstörungen auf. Weit größere Schäden hatten die weiten, ebenen Betonflächen erlitten, die wie Glas zerbrochen waren. Das Vordringen der Hilfskräfte wurde immer schwieriger, je weiter sie sich den Bereichen näherten, in denen vormals die Abfertigung der Passagiere und des Gepäcks erfolgten. Die Bauwerke hier hatten den schlimmsten Schaden genommen, waren durch die Bodenwelle allesamt unbrauchbar geworden.

Der Einsatz von Flugzeugen war unmöglich. Millionen kleiner Plattenstücke lagen dort, wo vor Tagen die schweren Flugzeuge rollten. Immerhin konnte man Hubschrauber einsetzen und das Flughafengelände wurde zum Sammelpunkt für die Menschen, die sich in der Umgebung des Flughafens retten konnten. In einem gesonderten Bereich stellten Soldaten auf einer Rasenfläche Zelte auf, in denen zuerst Notkrankenhäuser eingerichtet wurden.

Es zeigte sich, dass die Übungen, die immer abgehalten worden waren, keine sinnlos vertane Zeit waren. Die Soldaten der SDF waren für solche Art von Notfällen hervorragend ausgerüstet und ausgebildet und in kürzester Zeit wurden neben den Notkrankenhäusern auch andere Einrichtungen geschaffen, die ein Überleben erst möglich machten. An den Uferstreifen entstanden stabilere Stege, über die all die Dinge an Land gelangten, die aus anderen Landesteilen nach Tokio geschickt worden waren. In der Tokioter Bucht warteten Schiffe aller Größen darauf, ihre Ladung zu löschen, die dringend an Land gebraucht wurde. Sie brachten Nahrungsmittel, Wasser, Zelte, Decken, Bekleidung, Medikamente, Geräte und Treibstoff. Aus den unmittelbaren Nachbarstaaten Japans trafen erste Schiffe mit Hilfslieferungen ein, aus Südkorea schwere Baumaschinen, mit deren Hilfe man das Vordringen in den Trümmern beschleunigen wollte. Schwere Truppentransporthubschrauber der russischen Armee landeten. Mit ihnen konnte man Gerettete in größerer Zahl aus den Ruinen Tokios zum Flughafen bringen.

Auf dem Gelände des Flughafens entstand eine Zeltmetropole. Schaute man jedoch über das Wasser zu dem Platz, an dem bis vor wenigen Tagen noch die japanische Hauptstadt existierte, dann erkannte man die vormals markante

Skyline Tokios mit dem »Tokio-Tower« auf der einen und dem »Skytree« auf der anderen Seite nicht wieder. Die Wolkenkratzer waren verschwunden, die Fernsehtürme existierten nicht mehr. Die Silhouette der Hauptstadt hatte sich in eine Kette kleiner, flacher Hügel verwandelt, aus denen hier und da die Reste eines hohen oder stabiler gebauten Gebäudes einem Zaunpfahl gleich in die Höhe ragten. Nichts von dem, was vom Gelände des Airports aus zu sehen war, erinnerte mehr an eine Stadt, in der noch vor wenigen Tagen das Leben pulsierte.

Was die Rettungsmaßnahmen extrem erschwerte, war der Umstand, dass es keine direkte Verbindung mehr zwischen dem Flughafengelände und dem Stadtgebiet von Tokio gab. Der Flughafen Haneda wurde auf Boden gebaut, der dem Meer abgerungen worden war. Deshalb gab es keinen Weg vom Flughafen zum Stadtgebiet, der komplett auf gewachsenem Boden angelegt worden war. Die Verbindungen führten über Brücken oder durch Tunnel, die den Flughafen mit dem Festland verbanden und nach der Welle nicht mehr benutzbar waren Dieser Umstand stellte die Verantwortlichen vor gigantische Herausforderungen. Man hatte zwar alles, was für eine schnelle Hilfe gebraucht wurde, war aber nicht in der Lage, diese Dinge zu den Menschen zu bringen, die sie benötigten.

Tachikawa, Tokio, Japan

S ie standen an der Erdspalte, die sich in den Tagen seit der Explosion des Vulkanes Owakudani immer weiter geöffnet hatte. Es geschah zum ersten und sicher auch zum einzigen Mal in ihren wissenschaftlichen Laufbahnen, dass sie solch einen Prozess unmittelbar beobachten konnten.

Studenten hatten die Verwerfung nach dem großen Erdbeben 2011 im Rahmen einer Semesterarbeit eher zufällig entdeckt. Die neue Bruchlinie war schnell zum Ausgangspunkt von Spekulationen und zum Grund kontroverser Debatten zwischen Wissenschaft und Politik geworden. Die Ansichten über die Bedeutung dieser neu entdeckten Bruchlinie konnten unterschiedlicher nicht sein. Während die meisten Politiker die Ansicht vertraten, dass sie zwar existierte, aber für das Land ohne Bedeutung war, waren ihre Kontrahenten aus der Wissenschaft zu der Feststellung gelangt, dass die Verwerfungslinie nahe einer Großstadt mit größtmöglicher Aufmerksamkeit beobachtet werden musste, weil sich die neu entdeckte Verwerfung nur knapp dreißig Kilometer vom Zentrum Tokios entfernt durch die Erde zog. Die Wissenschaftler vertraten die Ansicht, dass dieser Bruch eine Gefahr nicht nur für die Städte im Umkreis darstellte. Besonders Kernkraftwerke, die im Verlauf der Bruchlinie neben oder sogar auf dieser erbaut worden waren, schwebten in akuter Gefahr. Davon abgesehen legte der Bruch allein durch seine Existenz ein aufschlussreiches Zeugnis von früheren Erdbeben ab. Die Bruchlinie bestätigte ältere Untersuchungsergebnisse zum Untergrund Tokios. Wissenschaftler hatten schon vor dem Beben im Jahr 2011 festgestellt, dass die tektonisch aktive Zone unterhalb der Hauptstadt nicht in einer Tiefe von über vierzig Kilometern zu finden war, sondern in nur rund fünfundzwanzig Kilometern Tiefe lag. Das verstärkte die Auswirkungen eines Erdbebens katastrophal.

Jetzt war ein Vulkan explodiert und hatte einen großer Teil der Explosionsenergie in den Untergrund abgestrahlt. Die Wissenschaftler wurden sich schnell darüber einig, dass in nächster Zukunft verstärkt mit Erdbeben gerechnet werden musste, da die ohnehin bestehenden Spannungen in den Verwerfungen und an den Rändern der tektonischen Platten durch den Energiezuwachs unberechenbar verstärkt wurden.

Professor Matsumoto stand mit seinen Mitarbeitern Keiko und Keiji Matsuda direkt an der Verwerfung und vermaß diese. Sie hatten das Glück, dass sie diese Verwerfungslinie auf offenem Gelände untersuchen konnten.

»Wissen wir schon, bis wohin sich diese Verwerfung ausdehnt?«, fragte Keiji seinen Chef, der am Boden kniete und die Erde an der Kante der Erdspalte genauer untersuchte.

»Noch nicht genau«, antwortete der Gefragte. Er stand auf und wischte sich den Schmutz von den Händen. »Soweit es bislang feststeht, führt sie bis in die Präfektur Niigata auf der einen Seite und runter bis Hamaoka auf der anderen Seite.« Der Professor wechselte das Thema. »Hier müsste man eigentlich einen Graben ausheben und nach den Hinterlassenschaften früherer Erdbeben suchen. Aber, wo soll ich jetzt die Mittel dazu hernehmen?« Er hob die Arme und ließ sie resigniert wieder fallen.

Seit der Katastrophe hatte sich das Leben im Metropolraum Tokio vollkommen verändert. Die Stadt existierte nur noch in Bruchstücken. Fast alle Gebäude waren durch die Explosion und die folgende Bodenwelle in Mitleidenschaft gezogen und zum größten Teil unbewohnbar geworden. Den Überlebenden gelang es nur langsam, den Schock zu überwinden und ihr Leben neu zu organisieren. Die Mittel, die sie dazu benötigten, kamen allerdings nur in dünnen Rinnsalen im Hauptstadtgebiet an. Zu allem Überfluss hatte sich herausgestellt, dass der Boden noch sehr aktiv und unter der Kanto-Ebene verstärkt in Bewegung war. Besonders in dem Gebiet, in dem die drei Wissenschaftler jetzt die Lage beurteilten, zeigte sich die enorme Kraft, die in der Erde steckte, um ein Vielfaches heftiger als in anderen Gegenden. Die Verwerfung, an deren Rändern sie standen, hatte sich innerhalb von nur wenigen Tagen um fast dreißig Zentimeter geöffnet. Das war fast 142mal schneller als sich die Pazifische Platte pro Jahr in westlicher Richtung bewegt.

»Was wir allerdings ganz genau wissen, ist, dass die Verwerfung direkt unter Tokio verläuft«, sagte Keiko. »Sollte das unserer Regierung denn nicht die paar Yen für eine Untersuchung wert sein? Wenn das hier wirklich auch noch krachen sollte, bleibt noch nicht einmal von den Resten hier in der Kanto-Ebene etwas übrig.« Professor Matsumoto schaute

Keiko von unten her an und machte ein Gesicht, als ob er gerade in eine rohe Zitrone gebissen hätte.

»Der Regierung ist es nicht wichtig, ob es hier eine neue Verwerfung gibt, die uns in allernächster Zukunft verdammt gefährlich werden könnte. Unsere Warnungen sind für die, wie mir immer wieder von diesen Holzköpfen gesagt wird, nichts als Vermutungen und Spekulationen, und die Regierung braucht das Geld für andere Dinge. Wie lange haben wir vor den Veränderungen gewarnt? Oder erinnert euch an Fukushima! Wenn es hier zu einem Erdbeben kommt oder das nächste Atomkraftwerk zerstört wird, werden vielleicht ein paar Leute aufwachen, sich die Augen reiben und uns wieder fragen, warum wir das nicht vorhergesagt haben. Aber vorher können wir sagen und warnen, so viel wir wollen, erreichen werden wir am Ende doch nichts.«

Die größte Befürchtung der Wissenschaftler war, dass es zu einem Starkbeben oder vielleicht zum Ausbruch des Fuji kommen könnte. Die Anzeichen dafür waren mehr als deutlich, aber zum Glück aller war bislang nichts dergleichen geschehen. Und solange nichts passierte, das war nicht nur dem Professor klar, erhielt man die notwendigen Mittel nicht, um an dieser Verwerfung die unbedingt erforderlichen Untersuchungen vornehmen zu können.

»Aber wenn das hier alles mit dem Wasser vom Ashi-See zusammenhängt, verdammt noch mal, Professor, leben wir dann nicht mehr oder weniger auf einer Zeitbombe, die leise vor sich hin tickt?«

»Du sagst es«, antwortete der Professor mit einem nachdenklichen Unterton in der Stimme. »Du sagst es. Und genau das macht mir ja solche Sorgen.«

Professor Matsumoto hatte sich immer für eine intensivere Beobachtung der tektonischen Aktivitäten seiner Heimat und die Erforschung der sich daraus ergebenden Konsequenzen stark gemacht und war von den Politikern mitleidig belächelt worden. Es gab doch Karten, aus denen man entnehmen konnte, wie stark ein bestimmtes Gebiet durch ein mögliches Erdbeben gefährdet war. Es gab aber auch Stimmen, die sagten, dass die japanischen Karten unnütz waren, weil sie auf falschen Fakten basierten. Als beredtes Beispiel für diese Aussage wurde das Erdbeben von 2011 angeführt. Ein amerikanischer Forscher sagte lange nach der Katastrophe, dass man das Beben zwar nicht hätte voraussagen können, dass man aber die Stärke eines möglichen Erdbebens in der Region lange vorher hätte erkennen können, wenn man es gewollt hätte.

Professor Matsumoto mochte den ständigen Konjunktiv nicht, den man in seinem Forschungsgebiet benutzte, aber noch war keine Erdbebenvorhersage möglich, also musste notwendigerweise jede Aussage zu diesem Thema in der grammatikalischen Möglichkeitsform erfolgen.

»Hoffen wir, dass diese Verwerfung sich nicht bis zu einem unserer Kernkraftwerke fortsetzt.« Keiji Matsuda war ein Mensch, der dazu neigte, ohne Atomstrom zu leben, aber er erkannte die noch bestehende Notwendigkeit an, auch in Kernkraftwerken den Strom zu erzeugen, den das Land zum Leben benötigte. Er erinnerte sich an die vielen Streitgespräche, die teilweise live im Fernsehen übertragen wurden, als man unter dem Kernkraftwerk Hamaoka eine Verwerfung entdeckte, die sich mit der kreuzte, an der sie gerade standen. Es gab, wie immer und überall, die üblichen Streitereien über Geschichte und Zukunft dieser Verwerfungen. Ein paar Jahre später hatte der Betreiber das Kernkraftwerk doch abgeschaltet, weil die Bevölkerung Japans mehr und mehr auf einen Antiatomstromkurs umschwenkte, der teilweise aus dem Ausland angeheizt wurde.

»Das nächste Kernkraftwerk ist doch weiter weg, oder?«, entgegnete Professor Matsumoto lakonisch. »Aber, du hast Recht. Stell dir einmal vor, was passieren würde, wenn sich die Verwerfung bis unter eines unserer Atomkraftwerke fortsetzt. Ich erinnere mich an die Auswirkungen in Fukushima. Und da hat das Kernkraftwerk dem Erdbeben standgehalten! Hier dürfte das für uns viele echte Probleme schaffen.«

»Professor?«, warf Keiko entrüstet ein. »Gibt es noch etwas anderes als echte Probleme? Haben wir nicht schon genug davon?«

»Keiko«, antwortete der Professor gelassen. »Ein deutscher Schriftsteller hat einmal in etwa geschrieben, dass das, was wir so gern als Katastrophe bezeichnen, im Grunde genommen nur der Atem unserer Erde ist. Und ich komme nicht umhin, ihm Recht zu geben. Das sind nur Zeichen dafür, dass unser guter alter Planet lebt. Wir interpretieren das dann als Katastrophe. Rein geologisch betrachtet ist das vollkommen normal. Dumm und überheblich hingegen ist allerdings, wenn wir unsere Kernkraftwerke ausgerechnet dort hinstellen, wo sie definitiv nichts zu suchen haben.

Wir sollten jetzt die zuständigen Stellen schnellstmöglich informieren, auch wenn die unsere Ansichten wieder einmal nicht ernst nehmen werden. Ihr …«, er wies mit der Hand auf Keiko und Keiji, »… habt mir aber gezeigt, dass man da nicht zu lange warten darf. Für diese Lektion möchte ich mich noch einmal bei euch bedanken. Ich habe die Augen viel zu lange verschlossen.«

Professor Matsumoto verneigte sich in Richtung seiner Angestellten.

Als Keiko und Keiji am Abend in ihrem Büro auf ihren Futons lagen, fragte Keiji seine Frau:

»Wie soll das weiter gehen? Ich habe Angst. Hast du nicht Verwandte unten auf Okinawa? Warum gehst du nicht zu denen, bis das hier ausgestanden ist?«

Keiko richtete sich auf, was ihr durch die Schwangerschaft nicht leicht fiel.

»Und ich soll dich hier allein lassen?«, warf sie ihm mit Leidenschaft an den Kopf. »Ich soll den Vater unseres Kindes, es wird übrigens ein Mädchen, wie mir die Ärzte bei der letzten Untersuchung gesagt haben, hier alleine mitten im Schlamassel sitzen lassen?« Sie knuffte ihm in die Seite. »Sicher habe ich Verwandte dort unten. Und sicher, ich habe auch Angst vor dem, was noch passieren könnte, aber schau mal, Weglaufen ist doch keine Lösung. Wir können uns nicht vor dem verstecken, was die Natur mit uns vorhat, das haben wir doch schon vor langer Zeit diskutiert.«

Keiko machte sich wieder lang. Sie spürte, wie Keiji ihr eine Hand auf den Bauch legte. Ihr Kind machte sich schon oft deutlich bemerkbar und Keiji liebte nichts mehr als diese ersten Bewegungen zu spüren.

»Ich hoffe nur, dass es hier in Tokio für unsere Tochter eine sichere Zukunft gibt«, flüsterte Keiji.

»Das hoffe ich auch, Keiji, das hoffe ich auch.« Keiko schloss die Augen und bald waren beide eingeschlafen. Der Tag war lang und anstrengend gewesen. Genauso lang und genau so anstrengend wie alle Tage seit der Katastrophe vom Owakudani. Keiko wollte es sich jedoch nicht nehmen lassen, weiter im Team mitzuarbeiten und trotz der Schwangerschaft war sie nicht davon zu überzeugen, nur die leichteren Arbeiten im Büro zu übernehmen. Sie war viel zu sehr Wissenschaftlerin, als dass sie sich zurücknehmen würde. Andere Schwangere mussten bis wenige Wochen vor der Entbindung arbeiten, so argumentierte sie immer, wenn man sie auf ihre Schwangerschaft ansprach.

Zwischen Shinjuku und Shibuya, Tokio, Japan

Zwei Tage lang hatte Rudi geholfen, Menschen aus den Trümmern Shibuyas zu befreien.

Zuerst hatten er und die Mitglieder seiner kleinen Gruppe die Helfer zu den Stellen geführt, an denen sie in den Trümmern Überlebende gehört und Zeichen hinterlassen hatte. Allein von diesen Plätzen hatten sie insgesamt fast einhundert Verschüttete retten können. Er half dabei, aus dem Untergeschoss des größten und modernsten Einkaufszentrum

Shibuyas mehr als tausend Menschen lebend zu befreien. Das glich nicht nur den Befreiten einem Wunder, es gab auch den Helfern Auftrieb und neuen Mut für die Suche nach weiteren Verschütteten.

Wie die anderen schlief Rudi auf einer dünnen Matte unter freiem Himmel. Er hatte gegessen, was die anderen aßen. Sie hatten in dieser Misere das Glück, über einen reichlichen Vorrat an Nahrungsmitteln zu verfügen. Die Frauen, die das Zubereiten der Mahlzeiten übernommen hatten, schafften es sogar unter diesen widrigen Umständen, leckere und nahrhafte Mahlzeiten zu zaubern. Ein paar findige Männer hatten aus Randsteinen von Straßen und Metallgittern der Kanalisation Öfen improvisiert, auf denen die Frauen in gefundenen Töpfen die Mahlzeiten zubereiteten.

Wenn es am Abend dunkel wurde, dann wurde es still auf dem Platz. Die Menschen genossen trotz des Unglückes das einzigartige Bild, das sich ihnen am Himmel bot. Da es keinen Strom gab, war es nicht nur in Shibuya dunkel. Kein hektisches Flackern der überdimensionalen Bildschirme, keine Ampeln, keine grellen Werbeflächen. Nichts als tiefe, angenehme Stille und samtene Dunkelheit. Niemals zuvor hatten die Menschen einen Sternenhimmel mitten in der Stadt gesehen. Manchen inspirierte der Nachthimmel zum Singen. Dieser Anblick und die leisen Melodien nahmen die Menschen gefangen, beruhigte die Gemüter und legte von der unbändigen Kraft der Natur und dem Überlebenswillen der Menschen ein weiteres Zeugnis ab.

Vor zwei Tagen war Rudi losmarschiert. Losgegangen in die Richtung, in der seine Wohnung lag. Er orientierte sich an den Daten, die ihm sein kleines GPS-Gerät anzeigte. Er war froh, dieses Gerät zu haben. Es war nur einem Zufall zu verdanken, dass er jetzt in der Lage war, sich zu orientieren und seinen Weg in dem Chaos zu finden, das sich vor seinen Augen auftat.

Bevor er sich auf den Weg machte, hatte er sich von den Menschen verabschiedet, die zusammen mit ihm aus dem

Geschäft für Wanderartikel entkommen konnten. Sie tausch-
ten ihre Adressen aus und er hatte seinen Rucksack noch einmal vollgepackt. Die Kleidung, die er trug, war noch die gleiche, die er zum Zeitpunkt der Katastrophe am Leib hatte.
Rudi hatte bislang keine Möglichkeit gefunden, sich wenigstens teilweise mit neuer Garderobe einzudecken. Er sagte
sich, dass er sich zwar aus den Vorräten von zerstörten Lä-
den oder aufgebrochenen Automaten Getränke und Nahrungsmittel zum Überleben nehmen durfte, dass aber eine
neue Hose oder ein neues Hemd nicht zu den Dingen gehörten, die man brauchte, um zu überleben. Er hatte seit Tagen
keine Dusche mehr gesehen und sich nur mit Feuchttüchern
abwischen können. Riechen konnte er sich schon lange nicht
mehr.

Sein Weg hatte ihn von Shibuya aus an den Bahngleisen
entlang in Richtung seiner Wohnung geführt. Er wusste, dass
er sich an die Gleise halten musste. So konnte er direkt nach
Shinjuku gelangen, wo er eine weitere kurze Pause einlegen
wollte. Die Bahn brauchte für die Strecke nur etwa zwanzig
Minuten, zu Fuß stellte sie jedoch ein nur schwer zu über-
windendes Hindernis dar. Rudi wollte die Gleise nicht direkt
betreten, die Gefahren erschienen ihm einfach zu groß. Was,
wenn wieder Strom eingespeist wurde? Wenn ein Wagon sich
lösen sollte und ihm entgegen gerollt kam? Rudi hatte sich
dafür entschieden, seinen Weg neben den Anlagen der Bahn
zu suchen.

Wenn er den Bahnhof Shinjuku erreicht hatte, so sah es
zumindest sein Plan vor, wollte er den Gleisen der Odakyo-
Linie in Richtung Heimat folgen.

Die Bilder, die er unterwegs sah, versetzten ihm ein ums
andere Mal einen Schrecken. Die vielen Gebäude, deren Ar-
chitektur er noch vor wenigen Tagen bewundert hatte – nur
noch Ruinen. Die vormals breiten Straßen – verstopft mit
Schutt. Die Flüsse in der Stadt – auf dem Wasser trieben
Trümmer, zwischen denen oft die Körper von Opfern der
Katastrophe zu erkennen waren. In der Luft waberte eine

Mischung aus Tod und Vernichtung. Ein grauer Schleier aus Vulkanasche lag über allem. Wenigstens in einem Punkt hatten die Überlebenden Glück: Es regnete nicht.

»Haben Sie vielleicht etwas Trinkbares dabei?«, wurde er von einer schwachen Stimme gefragt, die zu einer betagten Frau gehörte. Sie saß gebeugt auf den Resten eines alten Stuhles am Straßenrand.

Rudi stoppte, grüßte höflich, setzte sich neben die Frau auf die Erde und holte aus seinem Rucksack eine Flasche Tee. Er war über die Selbstdisziplin der Japaner erstaunt, die selbst jetzt noch, Tage nach der Katastrophe, eine sehr hohe Moral an den Tag legten. Wenn man sich etwas aus den Beständen nahm, dann nur so viel, wie man im Moment für sich selbst brauchte. Es gab kein Hamstern und auch kein Wuchern, nein, selbst verkauft wurde nichts. Man gab, wenn man etwas hatte und man bekam, wenn man etwas brauchte.

Die Frau führte die Flasche an den Mund und trank sie in einem Zug fast leer. ›Sie hat sicher schon lange nichts mehr getrunken‹, dachte sich Rudi und fragte in seinem gebrochenem Japanisch:

»Wie lange haben Sie nichts getrunken?«

»Fast zwei Tage«, antwortete die Frau schwach. »Haben Sie vielen Dank für Ihre Hilfe. Wo kommen Sie her?«

»Jetzt? Aus Shibuya. Aber ich wohne in der Nähe von Noborito.«

»Wie sieht es in Shibuya aus?«, wollte die Frau von ihm wissen. Sie lehnte sich an die Reste einer Wand, die vermutlich einmal zu ihrem Haus gehörte.

»Schlimm«, antwortete Rudi in einem ersten Reflex. »Sehr schlimm. Da liegt fast kein Stein mehr auf dem anderen. Der Bahnhof ist eingestürzt, verdammt viele Menschen sind verletzt und noch mehr sind wohl ums Leben gekommen. Man kann das nicht mit Worten beschreiben. Haben Sie so etwas schon einmal erlebt?«

»Nein«, erwiderte die Frau langsam. »Fast so muss es auch 1923 hier in Tokio gewesen sein.«

Durch seine Studien über die Themen Erdbeben, Vulkanismus und Plattentektonik wusste Rudi genau, worauf die alte Frau anspielte.

»Haben Sie das Kanto-Beben miterlebt?« Diese Frage drängte sich ihm auf. Er bemühte sich, im Gesicht der Frau ihr Alter zu erkennen. Eine dicke Schicht Staub bedeckte ihre Haut. Ihre Haare hatte die Frau unter einem Kopftuch verborgen.

»Junger Mann!«, sagte sie ruhig und schaute ihm listig in die Augen. »So alt bin ich nun auch wieder nicht. Aber meine Großmutter und meine Eltern haben mir viel darüber erzählt. Sie haben damals das Erdbeben überlebt.« Sie setzte die Flasche erneut an ihren Mund, trank den Rest Tee und nahm den Faden wieder auf:

»Nur, war das hier wirklich ein Erdbeben? Ich habe lediglich eine Welle gespürt, dann kam noch ein wenig Wackeln. Es war diesmal vollkommen anders als bei all den anderen Erdbeben.«

»Ich habe Schwefel gerochen. Sie wissen doch, der Geruch von verdorbenen Eiern. Ich glaube mehr, dass da ein Vulkan ausgebrochen ist.«

»Aber der Fuji war es nicht«, hielt ihm die Frau entgegen, »Sonst würde es hier ganz anders aussehen.«

Rudi wusste noch immer nicht genau, was wirklich in der Gegend um Tokio geschehen war. Nachrichten kamen nicht an, es gab weder Fernsehen noch Radio, die Mobilfunknetze funktionierten nicht und an den Druck einer Zeitung dachte momentan kein Mensch. Man war schon froh, wenn es gelang, einem Soldaten zu begegnen, der Neuigkeiten hatte, meist in Form irgendeiner Anweisung.

»Darf ich Ihnen noch etwas Tee hier lassen? Oder etwas zu essen? Brauchen Sie sonst Hilfe?«, fragte Rudi. »Ich will nämlich versuchen, irgendwie nach Hause zu kommen. Mein Weg ist noch weit.«

»Danke«, sagte die Frau, erhob sich mühsam, nahm Rudi in ihre Arme und drückte ihn fest an sich. »Danke für das

Angebot. Aber lassen Sie ruhig. Sie werden es dringender brauchen als ich. Ich danke Ihnen vielmals. Und, passen Sie auf sich auf.«

Rudi verabschiedete sich von der alten Frau mit ein paar freundlichen Worten und der üblichen tiefen Verbeugung. Dann setzte er seinen Weg nach Hause fort, von dem er nicht wusste, wie lange er dauern und wohin er ihn am Ende führen würde.

Flughafen Haneda, Tokio, Japan

E in General gab einem der Offiziere, die mit ihm in dem großen Zelt auf dem Flughafengelände standen, einen Befehl:

»Leutnant, Sie gehen mit Ihren Männern in das Gebiet um Asakusa!« Der General zog mit einem Stift einen Kreis um das von ihm genannte Gebiet. »Dringen Sie besonders in die Seitenstraßen vor. Und, suchen Sie bitte nicht nur nach Überlebenden, suchen Sie mit Ihrem Zug auch nach Opfern. Die Überlebenden schicken Sie auf dem schnellsten Wege zum Sammelpunkt B21! Ich schicke Transportfahrzeuge, um zuerst Verletzte von dort abholen zu lassen. Orte, an denen Sie Opfer finden, markieren Sie bitte mit einer Flagge. Wir lassen sie später abholen, um sie in Würde beerdigen zu können.«

»Zu Befehl, Herr General«, bestätigte der Leutnant den Befehl, salutierte, machte eine Kehrtwende und verließ das Zelt. Der General drehte sich zu einem Mann in einem trotz allem sauberen Anzug.

»Das wird unser nächstes großes Problem, Herr Minister Takahashi«, sagte er leise. »Was sollen wir mit den unzähligen Toten machen? Wir haben keinen Platz, den wir als Friedhof nutzen können und der dazu auch noch von einem Priester geweiht ist.«

»Herr General«, antwortete der Minister. »Dann werden wir im schlimmsten Fall eben aus einem Tempel einer anderen Stadt einen Priester holen, der uns dann einen Flecken Erde weihen soll, auf dem wir die Toten mit allem nötigen Respekt beisetzen können. Dennoch werden wir uns diesem Problem erst später zuwenden können. Bitte, General, haben Sie noch ein wenig Geduld. Sagen Sie mir jetzt bitte, wie sich die aktuelle Lage darstellt?«

Der General strich sich mit den Händen durch sein kurzes, dunkles Haar, wischte sich über das kantige Gesicht, das von Müdigkeit gezeichnet war, zeigte auf eine Karte und antwortete:

»Bislang haben wir allein auf dem Flughafengelände mehr als dreißigtausend Opfer. Und das nur hier! Es ist schrecklich und man kann es inzwischen auch riechen, was uns sehr großen Kummer bereitet. Wir haben die Körper der Toten in die Reste eines Hangargebäudes gebracht, das relativ intakt geblieben ist. Es wurde erst vor wenigen Jahren gebaut. Dort können sie jedoch nicht mehr lange bleiben, weil wir keine Möglichkeit haben, das Gebäude zu kühlen. Es besteht inzwischen akute Seuchengefahr. Und dort sind nur die Opfer, die wir anhand der Unterlagen, die sie zum Zeitpunkt ihres Todes bei sich trugen, zweifelsfrei identifizieren konnten. Bei vielen anderen ist das nicht möglich. Auffallend und tragisch ist, dass viele Angestellte des Flughafens unter den Opfern sind. Sie waren bei der Arbeit. Es ist schrecklich, Herr Minister.«

»Es ist für alle schrecklich«, entgegnete der Minister nachdenklich. »Aber wir müssen stark sein für die Menschen in unserer Stadt und im Land. Wie weit sind Ihre Männer schon ins Stadtzentrum vorgedrungen?«

»Welches Stadtzentrum, Herr Minister?« Der General hob fragend die Arme. »Tokio hatte ja noch nie ein direktes Stadtzentrum. Um aber Ihre Frage direkt zu beantworten: Wir kommen nur langsam voran. Das allergrößte Problem sind die vielen Stahlteile, aus denen die Wolkenkratzer und

auch die modernen Gebäude gebaut sind. Wir müssen diese
Teile eines nach dem anderen zerschneiden, was jedes Mal
viel Zeit kostet, weil das kein normaler Stahl ist, sondern zum
größten Teil extra gehärteter.

Aber ja, wir kommen voran. Meine Leute haben am Vormittag eine Gruppe mit dreißig Überlebenden aus dem Keller
eines Betriebes für Nahrungsmittel befreit. Dort haben sie
mit Hilfe der gelagerten Zutaten für die Produktion überleben können.«

Der Minister war über diese gute Neuigkeit sehr erfreut.
Aber, was waren dreißig Überlebende gegenüber den mehr
als 30000 Toten allein auf dem Flughafengelände?

Der Minister war nicht in der Lage, sich das Ausmaß der
Tragödie vorstellen. Die materiellen Schäden waren kaum
noch in Zahlen auszudrücken. Tokio war eine der größten
Metropolen der Welt und sowohl politisches als auch öko-
nomisches Zentrum Japans. Die Stadt beherbergte nicht nur
mehrere Millionen Menschen, sie war das pulsierende Herz
eines Volkes und ein Vulkan hatte es der Nation aus dem
Körper gerissen, hatte es zerfetzt, wie ein junger Hund eine
alte Decke zerfetzt. Nur eine einzige Welle war nötig, um die
Metropole dem Erdboden gleich zu machen. Eine einzige
Welle hatte gereicht, um Milliardenwerte in der Bedeutungs-
losigkeit verschwinden zu lassen. Würde sich Japan jemals
von diesem Schock erholen?

»Haben Sie schon Mitglieder der kaiserlichen Familie retten können?«, fragte der Minister.

General Nakamura, der das Kommando über die Truppen auf dem Flughafengelände hatte, schloss die Augen. Er
hatte die Leitung der Hilfstruppen, die im Raum Tokio im
Einsatz waren. Sein Truppenkontingent setzte sich aus Überlebenden der hier stationierten Einheiten und den Soldaten
zusammen, die aus anderen Landesteilen nach Tokio abkom-
mandiert waren. Diese kamen mit ihren Hubschraubern oder
ihren Fahrzeugen, die jetzt eine wertvolle Unterstützung im
Kampf um das Überleben darstellten. Eine Kompanie mit

fünfzig Soldaten hatte den Befehl, schnellstmöglich zum Kaiserpalast vorzudringen, ohne sich dabei von irgendetwas aufhalten zu lassen.

Der Kaiser selbst hatte zwar keinerlei politische Bedeutung mehr im Land, aber er war noch immer das höchste und wichtigste Symbol des Landes. Mitten in Tokio, unweit vom Hauptbahnhof der Stadt, stand der Kaiserpalast, umringt von einem breiten Wassergraben. In unmittelbarer Umgebung des Palastes gab es keine Wolkenkratzer, die dem Anwesen gefährlich werden konnten. In den weitläufigen, zum Palast gehörenden Grünanlagen campierten sicher viele Menschen, die sich aus den Trümmern der Großstadt retten und in den Gärten in Sicherheit bringen konnten.

Dem Suchtrupp war es noch nicht gelungen, sich bis zum Kaiserpalast durchzukämpfen. Ihre Fahrzeuge konnten sie in dem Gebiet kaum benutzen. Sie fuhren nur auf Straßen, die schon geräumt wurden. Die Armeefahrzeuge dienten hauptsächlich dem Transport von Verletzten und Überlebenden zu den verschiedenen Sammelstellen. Bahnen und Busse fuhren nicht und die Hubschrauber versuchten, Schwerstverletzte in Kliniken der nahe gelegenen, aber nicht zerstörten Städte zu bringen, aber damit waren ihre Möglichkeiten auch schon ergeschöpft.

Der General schüttelte den Kopf und sagte mit müder Stimme:

»Wir glauben, dass wir den Kaiserpalast heute Abend erreichen werden.« Der General ließ sich auf einen der Hocker fallen. Die Anzeichen der Erschöpfung waren nicht zu übersehen. Seit Tagen hatte er kein Auge zugemacht, war immer als Ansprechpartner für seine Untergebenen verfügbar und versuchte dabei auch noch, die Lage unter Kontrolle zu bringen. »Meine Männer kämpfen sich zu Fuß durch die Trümmer, weil wir die wenigen verfügbaren Hubschrauber anderweitig brauchen. Einen davon mussten wir samt Piloten auch noch an einen Professor abgeben, damit der sich in der Umgebung umschauen kann. Das ist schon ein wenig eigenartig,

Herr Minister, wo wir doch jeden Hubschrauber hier brauchen, um Schwerstverletzte zu den Kliniken im Umfeld bringen zu können. Ich ...«

»General Nakamura«, fiel Minister Takahashi den General scharf ins Wort. »Professor Matsumoto und sein Team haben die Wahrscheinlichkeit einer Explosion lange im Voraus erkannt, nur haben wir ihnen nicht geglaubt oder besser, wir haben ihm nicht glauben wollen. Wir haben die Worte des Professors nicht so ernst genommen, wie wir es hätten tun sollen. Als vor einigen Wochen das Wasser aus dem Ashi-See verschwunden war, ist er sofort zu uns gekommen und hat uns über seine Befürchtungen unterrichtet. Wir haben ihn damals nur ausgelacht und nicht für voll genommen. Und ich muss leider auch zugeben, dass wir viel zu sehr auf die Aussagen und Meinungen gehört haben, die unseren eigenen und den Ansichten der Partei wesentlich mehr entsprachen. Was wir letztendlich davon hatten, das können Sie hier und heute mit eigenen Augen sehen.

Nach der Explosion des Owakudani hat der Professor nahe Tachikawa Veränderungen an einer Verwerfungslinie im Boden festgestellt, die er und sein Team untersuchen wollten, da der Bruch eine weitere Gefahrenzone darstellen könnte. Die Anweisung, ihm dafür einen Hubschrauber zur Verfügung zu stellen, kam direkt von mir. Wir sollten endlich anfangen, auf die Wissenschaftler zu hören, selbst wenn uns das, was sie uns sagen, nicht gefällt oder von weit her geholt erscheint.«

In diesem Moment begann der Boden unter ihren Füßen einen neuen, wilden Tanz, warf sie zu Boden und versetzte die Menschen in Panik. Sollte das alles kein Ende nehmen?

Tachikawa, Tokio, Japan

P rofessor Matsumoto konnte dem Geschehen zu seinen Füßen keinen Glauben schenken, obwohl er es mit eigenen Augen sah.

Die Erdspalte, an der er mit seinen Mitarbeitern gerade stand, begann, sich weiter zu öffnen. Durch das Erdbeben, das sich in diesem Moment ereignete, trennten sich die Seiten des Bruches wie nach dem Hieb mit einer Axt und wurden gleichzeitig beträchtlich in der Höhe versetzt. Der unerwartete Erdstoß riss dem Professor mit einem Ruck den Boden unter den Füßen weg. Seine Mitarbeiter lagen jetzt auf der anderen Seite der Verwerfung über einen Meter von ihm entfernt und etwa drei Meter unter ihm. Auch sie waren von der abrupten Bewegung der Erde von den Beinen geholt worden.

Die Erschütterungen, die jetzt durch den Boden gingen, waren gewaltig und übertrafen alles, was Professor Doktor Takayuki Matsumoto jemals erlebt hatte. Und dabei verfügte er über Erfahrungen für mindestens zwei, wenn es um Erdbeben ging. Es gab nur ein Ereignis, das ihm noch gewaltiger gewesen zu sein schien: Die Bodenwelle nach der Explosion des Owakudani, die erst vor einigen Tagen unter Tokio hindurch gefegt war.

Der Professor versuchte, sich von der Erdspalte zu entfernen. Er musste unbedingt einen größeren Abstand zu der Bruchkante gewinnen, wenn er dieses Starkbeben überleben wollte. Er wusste nicht, ob der Rand der Erdspalte durch die chaotischen Erdbewegungen abbrechen würde oder nicht.

»Entfernt euch von der Spalte!«, rief er seinen Kollegen zu, die auf der anderen Seite lagen und nicht begreifen konnten, was passierte. »Weg von der Spalte, schnell!«

Keiji und Keiko bemühten sich, sich schnellstmöglich auf allen Vieren von der Spalte zu entfernen. Die Erde bewegte sich in unvorhersehbaren Mustern. Es erschien einem, als ob Mutter Erde gerade einen Epilepsieanfall erlitt. Der Boden unter ihnen schlug Wellen, war dabei ständig in seitlicher Bewegung und warf die Wissenschaftler hin und her. Ein Starkbeben, wie sie es in ihrer wissenschaftlichen Laufbahn noch nicht erlebt hatten, schüttelte ein Land erbarmungslos durch, das schon inmitten einer Katastrophe steckte. Alles, was den vorausgegangenen Ereignissen noch einigermaßen standgehalten hatte, wurde jetzt dem Erdboden gleich gemacht. Es gab kein Entrinnen vor dem, was sich in der Erde abspielte, eine Flucht vor den Naturgewalten war unmöglich.

War durch die Explosion des Owakudani nur ein Umkreis von etwa 100 Kilometer Durchmesser um den Vulkan in Mitleidenschaft gezogen worden, so wurde dieses Starkbeben auf der gesamten Inselkette und im näheren Ausland gespürt und hatte sogar Auswirkungen auf den Erdball, wie sich Wochen später herausstellen sollte.

Nach ungefähr acht Minuten, die den Wissenschaftlern wie eine Ewigkeit vorkamen, wurden die Bodenbewegungen endlich langsamer und weicher. Es dauerte aber noch weitere Minuten, bis auch die letzte Erdbebenwelle abgeklungen war.

Der Professor erhob sich langsam, nahm ein paar Meter Anlauf und sprang mit einem gewaltigen Satz zu seinen Kollegen auf die andere Seite der Erdspalte.

Keiko und Keiji verstanden nicht, was sie gerade erlebt hatten. Der Schreck, aber auch eine gehörige Portion Angst steckte ihnen in den Gliedern und lähmte ihr Denken und Handeln. Zusammen mit ihrem Mann half der Professor Keiko auf die Beine, die sich den Bauch hielt. Im Gesicht der Schwangeren glaubte der Professor deutliche Anzeichen von Schmerz zu sehen.

»Wie geht es dir, Keiko?«, fragte der Professor sorgenvoll. Obwohl seine Teamkollegin und Angestellte im fünften Monat schwanger war, hatte sie es sich nicht nehmen lassen, mit ihnen an diese Erdspalte zu fliegen und sich alles vor Ort genau anzusehen.

»Es geht, Professor. Danke. Ich bin nur dumm gefallen, fast genau auf den Bauch.«

Professor Matsumoto sah Keiko tief in ihre dunklen Augen und schimpfte:

»Du musst hier nicht die Heldin spielen, das habe ich dir schon einmal gesagt! Es war wirklich eine dumme Idee von dir, mit uns ins Gelände zu fliegen. Es wäre für dich und dein Kind besser gewesen, wenn du im Büro geblieben wärst.«

»Und was dann, Professor?« Keikos Stimme klang trotzig. »Wenn ich im Büro vom Stuhl gefallen wäre, wer hätte mir dort helfen können? Da ist doch derzeit niemand. Vom Büro aus hätte ich noch nicht einmal irgendjemanden anrufen können, weil die Telefone nicht funktionieren. Ganz nebenbei bin ich Wissenschaftlerin. Und die Schwangerschaft ist auch bald vorbei.«

Eine heftige Schmerzwelle raste durch Keikos schlanken Körper und sorgte dafür, dass ihr Gesicht einer Fratze glich. Sie beugte sich nach vorn und presste die Hände auf den Bauch. Keiko keuchte:

»Es sind die Tritte oder Schläge der Kleinen, die mir diese Schmerzen bereiten. Ihr scheint auch nicht zu gefallen, was hier gerade passiert ist. Und ich kann ihr da nur beipflichten.«

Professor Matsumoto sah sie böse an. Er wollte schon zu einer Erwiderung ansetzen, überlegte es sich jedoch anders und machte eine abwinkende Handbewegung.

Der Pilot des Hubschraubers, der über einhundert Meter von der Bruchkante entfernt auf die Wissenschaftler wartete, hatte sich nach dem Starkbeben auch wieder erhoben, den Schmutz von der Uniform gewischt und kam auf sie zugerannt. Er hatte am Funkgerät gestanden, als das Erdbeben auch ihn zu Boden zwang. Der Helikopter tanzte wie wild auf der Erde, wurde aber zu ihrem Glück von dem Erdbeben nicht beschädigt. Er war ihre Rückfahrkarte.

»Entschuldigung, Professor! Wir müssen sofort zurück!«, rief der Pilot den Wissenschaftlern schon von Weitem zu. »Ein Funkspruch von General Nakmura. Sie müssen sich umgehend zum Fuji begeben. Wie mir der General mitteilte, sind dort gewaltige Veränderungen im Gange.«

»Wie meinen Sie das?«

»Ich habe auch nicht mehr und auch keine anderen Informationen als Sie, Professor«, antwortete der Pilot schärfer als er eigentlich wollte. »Wir müssen sofort aufbrechen. Ist bei Ihnen alles in Ordnung?«

Den Wissenschaftlern selbst war nichts geschehen und die blauen Flecke, die sie sich durch die Stürze zugezogen hatten, würden im Laufe der nächsten Tage und Wochen verblassen. Um Keiko machte sich der Professor jedoch große Sorgen. Er äußerte diese aber nicht in Anwesenheit des Piloten.

»Junger Mann!«, entgegnete Professor Matsumoto stattdessen langsam und verdächtig ruhig in Richtung des Piloten. »Nur für den äußerst unwahrscheinlichen Fall, dass Sie es selbst nicht bemerkt haben sollten: Es gab eben in unmittelbarer Nähe ein Erdbeben mit einer Magnitude von mindestens 8,5. Und dann sollen wir zu einem Vulkan fliegen, der schon seit über dreihundert Jahren keinen Mucks mehr von sich gegeben hat. Wir haben jetzt wirklich mehr als genug zu tun!« Die Stimme des Professors war beim Sprechen gefährlich ruhig geblieben und hatte einen leichten Hauch von Ironie angenommen, für Eingeweihte und Kollegen ein sicheres Anzeichen dafür, dass er vor einem seiner gefürchteten Wutausbrüche stand.

»Und ich habe den Befehl, Sie sofort zum Fuji zu fliegen, ob Sie wollen oder nicht!«, konterte der Pilot gelassen. Er würde sich von dem Professor nicht die Butter vom Brot kratzen lassen. »Mein Chef hat mich schon davor gewarnt, dass Sie Probleme machen werden, wenn es darauf ankommt. Machen Sie mir bitte keine Vorwürfe, ich bin auch nur Befehlsempfänger.

Verdammt, Professor, das Beben hier und die Veränderungen am Fuji haben doch garantiert etwas miteinander zu tun, das verstehe sogar ich. Und ich bin nur der Pilot des

Helikopters da drüben.« Er wies mit ausgestrecktem Arm auf den Hubschrauber. «Kommen Sie jetzt endlich, wir müssen los, egal, ob es Ihnen gefällt oder nicht!«

Ein Nachbeben ließ die Erde erneut schwanken. Es war viel schwächer als das Hauptbeben, jagte ihnen dennoch einen gewaltigen Schrecken ein.

»Okay«, gab der Professor endlich nach. »Fliegen wir eben zum Fuji. Und wehe, da ist nichts los!«

»Drohen Sie nicht mir, Herr Professor, drohen Sie meinem Chef oder Minister Takahashi, der dem General gewaltig und schmerzhaft auf die Füße gestiegen sein muss, damit der mir so einen Befehl gibt, wo wir die Hubschrauber doch an anderer Stelle brauchen.«

Vorsichtig gingen die vier Personen zum Hubschrauber, stiegen ein und schnallten sich an. Der Pilot checkte routiniert seine Maschine, ließ die Turbine an und schon nach einigen Sekunden kam sie auf die für einen Flug notwendigen Drehzahlen. Kurze Zeit später löste sich der Helikopter vom Boden und der Pilot nahm Kurs auf den rund achtzig Kilometer entfernten Mount Fuji.

Schon von weitem war deutlich zu erkennen, dass sich an dem Berg gewaltige Veränderungen abgespielt hatten und noch immer in vollem Gange waren.

»Professor!«, schrie Keiko erschrocken und deutete zum Gipfel des in der Ferne deutlich sichtbaren Vulkankegels. Mit der einen Hand hielt sie sich den Bauch und die andere zitterte, als sie auf den Fuji zeigte. Ihre Augen hatte sie vor Schreck weit aufgerissen. Was sie am noch entfernten Horizont sehen konnte, war durchaus dazu geeignet, ihr mehr als nur Angst zu machen. Sie spürte deutlich, wie sich Panik in ihrem Körper ausbreitete. Was sie sehen konnte, hatte nichts mehr mit dem zu tun, was bis vor wenigen Tagen noch der heilige Berg Japans war.

Der 3776 Meter hohe Kegel des Vulkans hatte sich ungefähr in der Mitte gespalten, zwischen den Berghälften quoll in einem breiten Strom rot glühende Lava und floss auf dem sanft geschwungen Hang ins Tal. Eine gewaltige Wolke aus Asche stieg über dem Vulkan auf, wurde in größeren Höhen vom Wind erfasst und in Richtung Nordost getrieben, in Richtung Tokio und somit zu den Trümmern der Hauptstadt Japans. Aber dies allein wäre nicht dazu geeignet gewesen, in Keiko dieses Gefühl der Panik zu erzeugen, das sie empfand.

Vom Krater des Mount Fuji aus gesehen hatten sich in einer fast geraden Linie mehrere neue, kleinere Krater gebildet, die in dünnen Strömen ihre Laven zu Tal schickten.

»Wie konnte das passieren, Professor?«, fragte Keiko mit zitternder Stimme. »Wie um alles in der Welt konnte so etwas passieren?« Sie begann hemmungslos zu weinen. Mit ihrem Weinen ließ sie alles das heraus, was sich seit Beginn dieser Katastrophenkette in ihr angestaut hatte. All ihre Ängste, all ihre Sorgen, aber auch die Anstrengungen der letzten Tage und Wochen und all ihr Schrecken machten sich Luft, quollen aus ihr wie die Lava aus dem Vulkan, auf den sie zuflogen. Keiko spürte ihre Hilflosigkeit und erkannte ihre Machtlosigkeit.

Der Professor, der neben ihr saß, legte einen Arm um Keikos Schulter, zog sie ein wenig zu sich heran und ließ sie einfach nur weinen. Er verstand sie nur zu gut, sogar ihm war in den letzten Tagen manchmal zum Weinen zumute gewesen. Er wollte seinen eigenen Gefühlen auch gern den Raum schaffen, den sie eigentlich brauchten, aber er konnte nicht. Er holte tief Luft, sah sich das Drama der Natur aus der Ferne an und fragte sein eigenes Ich, wie das alles weiter gehen sollte.

»Ich habe auch nur meine Theorie«, versuchte der Professor mit ruhiger Stimme zu antworten, was ihm jedoch völlig misslang. »Circa zwanzig bis dreißig Kilometer unter dem Fuji existierte ja schon immer die riesige Magmakammer, in der sich das Magma ansammelt, das langsam aus dem Erdinneren nach oben steigt und in vergangenen Zeiten den Fuji ausbrechen ließ. Die Erde darüber wölbt sich in genau dem gleichen Tempo, wie sich die Kammer füllt und das Magma

Platz einnimmt. Wie wir allerdings in den letzten Wochen und Monaten herausgefunden haben, scheint es noch eine zweite, kleinere Kammer zu geben, die in nur rund sieben Kilometern Tiefe zu finden ist und die aus der großen, noch tiefer gelegenen Kammer gespeist wird. Das waren die Fakten aus der Wissenschaft.

Nun gab es die Explosion des Owakudani, verursacht durch das Wasser, das aus dem Ashi-See verschwunden ist. Ihr habt von den Auswirkungen des Ganzen einen unmittelbaren Eindruck bekommen. Diese Explosion hat sich garantiert auf die Erdplatten ausgewirkt und die ganze Region in Unruhe versetzt. Wir hatten die vielen Erdbeben in letzter Zeit, die uns ordentlich durchgerüttelt haben.

Jetzt kommt noch der Umstand hinzu, dass die beiden Kammern schon gut gefüllt waren. Wir hatten es schon am Owakudani bemerkt und selbst der Fuji ist nach dem Erdbeben im Jahr 2011, verstärkt jedoch in letzter Zeit, wieder aktiv geworden, ohne dabei eine unmittelbare Gefahr für Tokio darzustellen. Vielleicht wäre das auch noch längere Zeit so angenehm langsam und ruhig weiter gegangen, wenn es im See nicht diese rätselhaften Öffnungen gegeben hätte, durch die am Ende das Wasser verschwand, wie ich schon sagte.« Professor Doktor Matsumoto unterbrach seinen Vortrag, um sich mit der Zunge die Lippen ein wenig anzufeuchten. Er konnte alles das, was das Land gerade durchleben und erleiden musste, in Gedanken logisch zwingend nachvollziehen und auch mit wenigen Worten erklären. Aber das war nur seine Theorie, nicht mehr als eine Hypothese, die es jetzt zu beweisen galt. Er sah noch einmal aus dem Fenster des Helikopters, schüttelte den Kopf, als ob er das Gesehene nicht wahrhaben wollte und fuhr dann in ruhigeren Worten mit seinen Ausführungen fort:

»Magma und Wasser treffen tief in der Erde aufeinander. Das ist schon unter relativ normalen Bedingungen an der Erdoberfläche nicht gerade harmlos. Im Erdinneren ist dieses Zusammentreffen jedoch verheerend. Der entstehende

Druck erreichte irgendwann eine Stärke, bei der ihm nichts mehr widerstehen konnte und der Owakudani ist explodiert. Die dabei freigesetzte Energie hat locker ausgereicht, um die Plattenränder hier in der Umgebung in Schwingungen zu versetzen. Diese Schwingungen haben sich dann natürlich in den Platten fortgesetzt. Wenn wir noch die Spannungen hinzufügen, die sich schon durch die normale Plattentektonik im Gestein angestaut hatten, dann haben wir alle Zutaten für das zusammen, was wir hier sehen können. Dass wir so etwas früher oder später einmal erleben werden, wurde uns eigentlich erst so richtig klar, als wir die Verwerfung in Tachikawa gesehen haben. Die Bewegung war ja mit bloßem Auge verfolgbar.

Wir wissen zudem, dass die Vulkane im Gebiet um Tokio und Hakone früher zu einem einzigen System gehört haben, von dem heute nur noch der Fuji und der Owakudani übrig sind. Deswegen kann man in diesem Fall auch nicht von einem Supervulkan sprechen, dazu sind die Magmakammern selbst zusammen genommen noch viel zu klein. Dass die Vulkane hier aus der gleichen Kammer gespeist werden, nun ja, sprechen wir von einem Zufall. Und es war Glück, dass wir das herausgefunden haben. Wir wissen aber noch nichts darüber, wie sich die Spannungen in Folge der Explosion und der Erdbeben verändert haben. Da sagt sich so ein Vulkan dann: ›Na, dann will ich mal!‹ und spuckt Feuer.

Entschuldigung, mein Ton ist unpassend, ich weiß, aber ich kann das alles fast nicht mehr aufnehmen oder gar verarbeiten. Aber jetzt wissen wir zumindest in Etwa, was uns noch bevorstehen könnte. Die traurige Wahrheit ist jedoch, dass das alles Mögliche sein wird, nur nichts Gutes und wir nichts dagegen unternehmen können.«

Der Professor kannte viele der Studien, die sich insbesondere mit der Frage befassen, was passieren könnte, wenn der Fuji wirklich wieder einmal ausbrechen würde. Auch in diesen Studien und Aufsätzen der Forscher waren lediglich neue Theorien zu lesen, wenn auch sehr wahrscheinlich in ihren

Folgen. Die Wissenschaftler rechneten unter anderem damit, dass sich eine bis zu fünf Zentimeter dicke Ascheschicht über Tokio ausbreiten wird.

Der Pilot drehte sich zum Professor um und sagte:

»Danke schön, Professor. Endlich mal eine Vorlesung, die auch ein normaler Mensch verstehen kann. Jetzt kann ich die ganze Hektik und Geheimniskrämerei auch verstehen. Nur, was machen wir jetzt?« Der Pilot hatte jedes Wort des Professors mitgehört, da die bordinterne Sprechanlage jeden mit jedem verband.

»Das, junger Mann«, antwortete der Professor, »genau das ist die Hundert-Millionen-Yen-Frage, aber auch eine Frage auf Leben und Tod. Und das im wahrsten Sinne des Wortes.«

Er schaute wieder aus dem Hubschrauberfenster und begann, in seinen Gedanken die weitere Entwicklung abzuschätzen.

Stuttgart, Deutschland

Wieder lief im Fernsehen eine Sondersendungen zu den Ereignissen in Japan.

»Ein Land kommt nicht zur Ruhe«, sagte der Moderator, der die Sendung an diesem Abend leitete. Die Sendung sollte sich, wie viele andere auch, mit den Vorgängen am anderen Ende der Welt befassen. Der Film, der eigentlich zu dieser Zeit ausgestrahlt werden sollte, war auf einen anderen Termin verlegt worden. Antje hatte sich auf den Film gefreut, schaute nun aber gespannt auf die Bilder, die ihr anstelle des Streifens vom Bildschirm entgegen flimmerten.

Die Vorgänge im Land des Lächelns hatten in den letzten Tagen andere Meldungen vollkommen in den Hintergrund gedrängt. Zu schrecklich waren die Ereignisse, die sich am östlichen Ende der Welt abspielten, zu verstörend die sich daraus ergebenden Konsequenzen für die Welt. Natürlich gab es auf der Erde noch andere Brennpunkte, im mittleren Osten einen seit Jahren andauernden Krieg zwischen verschiedenen Gruppen islamischer Fundamentalisten und dem Rest der Welt, in den Ländern Südamerikas tobte ein Krieg zwischen der Polizei und den Mafiakartellen und die Vereinigten Staaten von Amerika wurden von großen Unruhen heimgesucht, nachdem weiße Polizisten bei einer Verkehrskontrolle wieder einen dunkelhäutigen Amerikaner erschossen hatten. Aber all diese Meldungen, so wichtig sie auch waren, wurden von den Ereignissen, die aus dem Gebiet um die Hauptstadt Japans in den Nachrichten zu sehen waren, in den Schatten gestellt.

Im Hintergrund des Fernsehbildes war eine Fotomontage zu sehen, auf der Bilder vom Fuji und Tokio so zusammengesetzt worden waren, als würde unmittelbar hinter Tokio der Fuji aufsteigen. Unter der Kollage war die Frage »Wann kommt das Land zur Ruhe?« in flammend roten Lettern platziert.

Im Studio saßen neben einem seriös wirkenden Moderator Personen, die der Reihe nach als Journalisten, Politiker und Wissenschaftler vorgestellt wurden und nach einem kurzen Einspieler in eine Diskussion einstiegen, in der es um die Ereignisse ging, die den Bewohnern Tokios und der Umgebung der Metropole von der Natur zugemutet worden waren.

Während trotz der mitschwingenden Emotionen sowohl Journalisten als auch Wissenschaftler darum bemüht waren, die Zusammenhänge und Vorgänge sachlich zu erklären, versuchte ein als Vorsitzender einer kleineren Partei vorgestellter Herr in den Vierzigern ständig, die Diskussion auf das Thema Politik zu bringen. Immer wieder musste er vom Moderator und den anderen Teilnehmern der Diskussion in die Schranken verwiesen werden, die man sich für diese Sendung gesetzt hatte. Es sollte in der Diskussion nicht um Politik gehen. Das Leben von Millionen von Menschen stand zur Debatte, es sollte versucht werden, das Warum der Ereignisse genauer zu ergründen und darzulegen. Auch eine mögliche weitere Entwicklung wollte man während der Sendung erörtern und zumindest im Ansatz erklären.

»Wenn eine Explosion mit der Sprengkraft von vielen Megatonnen TNT eine Gegend erschüttert, dann kommt es auch zu Verschiebungen im Spannungsgefüge der einzelnen tektonischen Platten, was gerade in Japan nicht ohne Gefahren ist. Wir können uns an die Atombombentests von Nevada in Amerika oder Kasachstan in der ehemaligen Sowjetunion erinnern. Die Beben, die dabei von Menschenhand ausgelöst wurden, hat man auf der ganzen Welt registriert und analysiert.

Leider waren wir noch nicht in der Lage, zu berechnen, wie groß die Sprengkraft der Explosion in Japan war«, sagte ein Wissenschaftler, der sich auf die Geophysik spezialisiert hatte.

»Aber glauben Sie denn wirklich, dass es für die Menschen, die überlebt haben, eine entscheidende Rolle spielt, welche Stärke die Explosion am Ende hatte? Sollten wir nicht denen helfen, die versuchen zu retten, was zu retten ist? Sollten wir den Premierminister Japans, der erfreulicherweise nicht zu Schaden gekommen ist, nicht mit allem unterstützen, was wir nicht nur finanziell und materiell, sondern auch auf politischer Ebene aufbieten und anbieten können? Nach der Wahl werden meine Partei und ...«, warf der Politiker ein und wurde binnen Sekunden von den anderen Diskussionsteilnehmern verbal niedergemacht.

»Ich darf doch wohl darum bitten, dass Sie Ihre Versuche unterlassen, auf den Rücken der Japaner Wahlkampf zu machen! Hier sind weder der richtige Zeitpunkt noch der korrekte Ort dafür.« Der Journalist einer überregionalen Zeitung war außer sich vor Wut. Im Verlauf der Diskussion hatte er dem Politiker schon mehrmals unverblümt seine Meinung gesagt. »Wie oft sollen wir es Ihnen eigentlich noch sagen? Es reicht mir langsam mit Ihnen, wissen Sie das? Sie machen sich doch noch viel unbeliebter und unglaubwürdiger, als Sie und Ihre Partei es ohnehin schon sind. Ich kann nicht glauben, dass Sie versuchen, hier Wahlkampf zu machen.« Der Journalist schüttelte ungläubig den Kopf.

»Aber das hängt doch auch politisch alles zusammen«, versuchte sich der Politiker zur Wehr zu setzen.

Höhnisches Lachen ging durch die Reihen des Publikums im Studio. Kein Mensch konnte den Gedanken des Mannes folgen, der eine sehr kleine Partei, die bei der anstehenden Bundestagswahl über die Hürde von fünf Prozent zu kommen hoffte, energisch vertrat und deren Ansichten er immer wieder zum Ausdruck zu bringen versuchte.

»Das müssen Sie uns im Studio und den Zuschauern zu Hause erklären«, sagte der Moderator mit ernstem Ton zu dem Politiker, der ins Schwitzen geraten war. »Was genau haben die Explosion eines Vulkanes, mehrere starke Erdbeben und der Ausbruch einer Vulkankette mit Politik zu tun? Hat da vielleicht jemand gesagt: ›Genau das muss jetzt geschehen, damit sich in einem anderen Land der Welt jemand politisch profilieren kann.‹

Leider kann ich Sie nicht aus der Diskussionsrunde werfen, so gern ich das auch würde, sicher auch im Interesse der Zuschauer.« Für diese Bemerkung erntete der Moderator den starken Beifall der Zuschauer im Studio. »Ich bitte Sie deshalb um eines: Sagen Sie entweder nichts mehr oder nur dann etwas, wenn es ausschließlich um die Sache geht und der Wahlkampf außen vor bleibt! Ich glaube, damit spreche ich allen hier aus der Seele.«

Der Politiker schnaufte vor Wut, die anderen Diskussionsteilnehmer nickten zustimmend.

Das erste Mal seit Tagen saß Antje amüsiert auf dem Sofa. Einem Politiker war live und vor laufender Kamera das Wort verboten worden. Endlich!

Was in Japan vor sich ging, konnte sie kaum noch aufnehmen und schon lange nicht mehr verstehen. Aber man hatte erreicht, dass wieder Liveberichte aus dem fernöstlichen Land zu sehen waren. Nur die Bilder selbst waren noch immer schlimm und wurden nicht besser. Antje wischte sich eine Träne aus den Augen, trank einen Schluck Tee und sah sich die Sendung weiter an. Sven lag neben ihr. Die Szene hatte auch ihm ein Lachen ins Gesicht gezaubert.

»Wie wird sich Ihrer Meinung nach die Situation in Japan weiter entwickeln?«, stellte der Moderator eine neue Frage an die Runde. Er war offensichtlich darum bemüht, schnellstmöglich zum Thema der Sendung zurückzukommen. »Wie hoch sind die schon entstandenen Schäden?«

Ein Wissenschaftler ergriff das Wort.

»Wir haben keine Ahnung, wenn ich das einmal so salopp sagen darf. Alles, was wir über die weitere Entwicklung sagen könnten, wäre nichts als reine Spekulation. Und das hilft keinem, nicht in Japan und nicht in Deutschland. Die ganzen Ereignisse hat niemand selbst in seinen kühnsten Fantasien für möglich gehalten. Sicher, die Inseln Japans liegen auf der Nahtstelle von mehreren tektonischen Platten, aber dass sich die Dinge so dramatisch entwickeln und dass es am Ende zu solchen Ereignissen kommt, nein, das konnte keiner auch nur ahnen.

Wie sich das Ganze weiter entwickeln wird? Diese Frage kann Ihnen niemand beantworten. Hoffen wir, dass sich die Situation an und unter der japanischen Inselkette schnell wieder beruhigt und dass sich, so drastisch und brutal sich das auch angesichts der Opfer auch anhören mag, durch die Ereignisse die vorhandenen Spannungen in der dortigen Subduktionszone abgebaut haben. Erst wenn das geschehen ist, kann man in Japan an einen Wiederaufbau denken.

Wie hoch die schon entstandenen Schäden sind? Ich weiß es nicht. Ich bin mir allerdings ziemlich sicher, dass es mehrere hundert Milliarden US-Dollar sein werden, die in Japan allein während der letzten Tage vernichtet wurden. Und das physikalisch, nicht nur an den Finanzmärkten. Diese Probleme kommen noch zu all dem hinzu, womit sich dieses Volk jetzt schon plagen muss.«

»Wird Japan das allein bewältigen können?«

»Das wird eine schwere Aufgabe für das Land und die Menschen werden den Gürtel enger schnallen müssen. Das Land ist ohnehin schon sehr hoch verschuldet und jetzt dieses Drama.« Der Wissenschaftler schüttelte den Kopf und fügte dann hinzu:

»Aber ich glaube: Wenn die Welt hilft, dann schafft es Japan auch.«

Die offenen Worte des Wissenschaftlers sollten Zuversicht und Hoffnung verbreiten, die Zweifel jedoch blieben.

Im weiteren Verlauf der Sendung wurde über die Probleme der Plattentektonik gesprochen, die Wissenschaftlern beantworteten besonders die Fragen zum Thema Vulkanismus ausführlich und leicht verständlich.

Die Ereignisse, die am anderen Ende der Welt Millionen Menschen in großes Unglück und eine ungewisse Zukunft gestürzt hatten, hatten auch die Menschen in Deutschland wachgerüttelt, wie man an den Fragen erkennen konnte, die per Telefon und Internet von den Zuschauern an die Gäste im Studio gestellt wurden.

Shinjuku, Tokio, Japan

Rudi hatte gerade eine breite Straße erreicht, als ihn das Erdbeben umwarf. Der Boden unter seinen Füßen ruckte und zuckte, schleuderte ihn über die Trümmer und sorgte dafür, dass er sich neue Hautabschürfungen und blaue Flecke zuzog.

Es war das zweite so starke Erdbeben, das Rudi in seinem Leben und in diesem Land miterlebte. Er hatte das Gefühl, dass dieses Beben sogar noch stärker war als das Jahre vorher. Stärker oder näher, so viel hatte er inzwischen durch seine Studien gelernt. Aber, wie stark musste ein Erdbeben sein, wenn man es in solcher Intensität spüren konnte? Und dann war die Frage, wo die Erde diesmal bebte.

Erdbeben. Schon der Ausdruck, der für diese Art der Entladung von Spannungen in der Erde gebraucht wurde, brachte ihn manchmal zum Lachen. Zwei tektonische Platten verhaken sich ineinander, Spannung wird aufgebaut und irgendwann wird sie zu groß. Die Gesteine können dem Zug oder Druck nicht mehr standhalten und es kommt zu einem Erdbeben. Betrachtete man sich die Angelegenheit aus diesem Blickwinkel, dann rutschte die Erde nur ein kleines Stück weiter. Dabei lösten sich die Spannungen und der ganze Prozess begann von Neuem. Die Erdkruste war kein festes Gefüge, auch wenn viele es so sehen mochten. Die Erde lebte, sie atmete und – sie bewegte sich. Und wie Rudi aus vielen Büchern wusste, war genau das der Grund dafür, dass es den Planeten und damit die Menschheit überhaupt noch gab. Wenn sich der Druck aus dem Erdinneren nicht durch die Plattenbewegungen und die damit verbundenen Erdbeben und Vulkanausbrüche abbauen konnte, so hatte Rudi gelesen, würde der Planet platzen wie ein Luftballon.

Hinter Rudi stürzten die Trümmer eines Bürohauses in sich zusammen und rissen ihn aus seinen Gedanken. Er musste sich in Sicherheit bringen, selbst wenn ihm das in diesem Moment unmöglich erschien.

Die Wellen, die durch den Boden gingen, warfen ihn immer wieder um, selbst dann, als er versuchte, auf allen Vieren zu kriechen. Wie stark war dieses Beben? Das war nur eine der vielen Fragen, die er sich selbst stellte. War das vielleicht das Tokai-Beben, von dem Rudi in allen Medien die übereinstimmende Information erhalten hatte, dass es sich mit an Sicherheit grenzender Wahrscheinlichkeit innerhalb der nächsten achtzig Jahren an der Südküste Japans ereignen sollte? Innerhalb von achtzig Jahren, aber wann begann der Countdown?

Er hörte, wie hinter ihm Glas zerbarst und war im ersten Moment überrascht darüber, dass es überhaupt noch intaktes Glas gab. Splitter bohrten sich in seine Waden und ließen ihn vor Schmerz aufschreien.

Die Erde schüttelte die Stadt noch immer durch, die Bewegungen schienen kein Ende nehmen zu wollen. Wie lange noch? Wann konnte er endlich aufstehen und sich in Sicherheit zu bringen? Sicherheit? Gab es so etwas überhaupt noch in dieser Stadt oder in diesem Land?

Er sah, wie an der gegenüberliegenden Straßenseite die Ruine eines Nobelkaufhauses in der Erde versank. Er wusste es zwar nicht, aber er nahm an, dass die Stützen in den Tiefgeschossen nachgegeben hatten und jetzt die darüber liegende Massen aus Stahlbeton und Glas in das Loch stürzten, das sich dadurch gebildet hatte. Wenn dort noch Menschen waren, dann würden diese jetzt tot sein.

Wie viele Leben würde dieses Erdbeben fordern? Waren es nicht schon genug Tote?

Der Gestank nach Verwesung trieb durch viele Straßen, vor allem durch jene, in denen noch nicht nach Opfern gesucht werden konnte. Durch die Bodenwelle allein musste es Hunderttausende von Opfern gegeben haben.

Rudi robbte vorsichtig auf eine Gruppe von Bäumen zu, die standhaft Trotz geboten hatten. Er lehnte sich an einen der dicken Stämme, zog die Beine dicht an seinen Körper und zog sich große Glassplitter aus dem Bein. Noch hatte er seinen kleinen Rucksack und noch hatte er ein paar mit Alkohol getränkte Erfrischungstücher, mit denen er sich sofort die Wunden zu säubern begann. Das erschien ihm angesichts dessen, was um ihn herum geschah, zwar vollkommen sinnlos, aber sein Ziel, lebend nach Hause zu kommen, hatte er nicht aufgegeben. Und eine Infektion war das Letzte, was er sich im Augenblick leisten wollte.

Er kontrollierte seine Insulinpumpe und stellte fest, dass er nur noch für knapp vierzig Stunden Insulin hatte. Er reduzierte die Abgabe, weil er nicht wusste, ob, wie und wann er an Nachschub kommen konnte. Er musste also mit dem auskommen, was er bei sich hatte. Zu Hause hatte er einen Vorrat für sechs Monate, aber bis nach Hause war es noch ein weiter Weg. Wie lange würde er brauchen? Er hatte keine

Vorstellung von dem, was vor ihm lag. Die größte Sorge bereitete ihm der Fluss Tamakawa, der sich Rudi mehr als hundert Meter breit in den Weg legte und den Zugang zum Bereich dahinter versperrte. Neben vielen kleineren Brücken für Autos spannte sich eine mehrgleisige Eisenbahnbrücke über den Fluss. Würde auch nur einer dieser Übergänge noch existieren? Nach all dem, was er bislang erfahren und ertragen hatte, war er nicht mehr willens, daran zu glauben.

Rudi gönnte sich einen Schluck Tee, der lauwarm geworden war und nach Abwaschwasser schmeckte. Noch hatte er einige Flaschen mit jeweils einem halben Liter. Sogar zum Essen fand sich etwas in seinen Vorräten, aber ihm war der Appetit vergangen.

Seit Tagen war er jetzt schon unterwegs. Diese Zeit hatte er für eine Strecke gebraucht, die er mit dem Zug in weniger als einer Stunde zurücklegen konnte. Es fuhren jedoch keine Züge, jeden einzelnen Meter musste er zu Fuß zurücklegen.

Er hörte die leisen Rufe erst, als er sich schon wieder auf den Weg machen wollte. Wie durch eine Lage Watte gedämpft drangen die Worte an sein Ohr, sie brauchten aber noch eine Weile, um auch in sein Bewusstsein vorzudringen. Irgendwo in der Nähe rief ein Mensch nach Hilfe.

Rudi stand auf, drehte sich langsam im Kreis, in der Hoffnung, so schneller bestimmen zu können, woher die Rufe kamen.

Nicht weit entfernt erblickte er eine kleine, blutige Hand, die aus einem Loch kurz über dem Fußweg winkte. Die Stimme war nur leise zu hören, wurde durch die Entfernung gedämpft und der Raum, aus dem sie kam, schien nicht dazu geeignet, die Rufe zu verstärken.

Vorsichtig ging er zu den Resten eines Hauses, aus dessen Fenster im Untergeschoss ihm die Hand entgegen gestreckt wurde. Rudi war überrascht, ausgerechnet in Shinjuku ein Haus mit Keller zu finden. Er beugte sich nach unten und versuchte, durch die Reste des Kellerfensters in das Innere zu sehen, in dem sich einige Menschen aufzuhalten schienen.

Er konnte nicht erkennen, was in den Räumlichkeiten vor sich ging und wie viele Personen sich darin aufhielten, aber er konnte deutlich das ängstliche Wimmern eines Kindes und das Schreien eines Säuglings hören.

»Wie viele Personen sind Sie?«, fragte er durch das Loch in der Wand.

»Wir sind vier Frauen und zwei Kinder«, sagte die Stimme einer Frau zu ihm. »Danke, dass Sie uns helfen kommen. Sind Sie von den Hilfstruppen?«

»Nein«, antwortete Rudi. »Ich bin auch nur ein Opfer. Wo ist der Eingang zu dem Gebäude?«

»Etwa fünf Meter rechts neben Ihnen«, kam die Antwort aus dem Keller. »Aber die Türen hier unten sind von außen versperrt, wir können nicht hinaus. Bitte, helfen Sie uns!« Die Stimme war zwar schwach, aber dennoch klar verständlich.

»Ich werde es zumindest versuchen«, sagte Rudi, stellte seinen Rucksack neben dem Fenster an die Wand und suchte nach der Tür. Er hatte Glück und fand sie offen vor. Was er jedoch im Inneren des Gebäudes sah, ließ ihn schier verzweifeln.

Unmengen von Trümmern lagen in einem schmalen Flur, Teile einer Holztreppe ragten aus dem Schutt hervor. Allein konnte er hier nicht viel ausrichten können. Und er wusste nicht, wo der nächste Sammelplatz war. Moment! Er konnte sich schwach daran erinnern, dass er mit seiner Frau einen Park besucht hatte, der ganz in der Nähe liegen musste. Sollte er seinen Glücksvorrat für ein Jahr auf einmal verwenden, dann würde er dort auf Menschen treffen, die ihm unter Umständen helfen konnten, die Menschen aus dem Gebäude zu befreien.

Er ging zurück zu dem Kellerfenster, beugte sich hinunter und sagte leise in seinem fehlerhaften Japanisch:

»Ohne Hilfe schaffe ich es nicht, Sie aus dem Keller zu befreien. Da ist zu viel Schutt im Flur. Aber ich werde versuchen, den Park zu finden. Vielleicht treffe ich dort Menschen, die mir helfen können. Bitte haben Sie etwas Geduld.«

Er wollte bereits losgehen, als er von einer Hand aus dem Keller am Bein gefasst wurde.

»Können Sie wenigstens unsere Kinder mitnehmen?«

»Ich komme nicht an die Tür ...« Rudi hielt inne, dachte einen Augenblick lang nach und fuhr dann fort: »Ich kann versuchen, die Trümmer um das Fenster herum wegzuräumen. Dann können Sie ihre Kinder durch das Loch nach außen schieben. Schaffen Sie das?«

Es war eine eigenartige Kommunikation, aber sie funktionierte.

Bald begann er, die Trümmer um das zerbrochene Fenster im Untergeschoss beiseite zu räumen. Es war anstrengend, manche der Teile waren sehr groß und er musste mehrmals eine Pause einlegen, bevor er das nächste Stück wegräumen konnte. Aus dem Inneren des Kellers konnte er Geräusche vernehmen, die ihn beunruhigten. Während er vor dem Fenster die Trümmer wegräumte, dachte er darüber nach, ob es nicht möglich wäre, die Erwachsenen zu befreien, wenn sie sich durch das Fenster zwängen würden. Er fragte in den Raum hinein und bekam zur Antwort, dass das zwar für die jüngeren Frauen möglich wäre, dass aber noch zwei ältere Damen im Untergeschoss waren, von denen eine zudem ein gebrochenes Bein hatte. Die jungen Frauen wollten allerdings die beiden älteren nicht ohne Hilfe zurücklassen.

Erschöpft machte Rudi eine weitere Pause, gönnte sich etwas von dem warmen Tee und reichte einen Teil seines Vorrates in den Keller, wo er dankend in Empfang genommen wurde.

Die Sonne strahlte heiß vom Himmel, der Staub brannte in Augen und Lunge, trotzdem arbeitete Rudi verbissen weiter. Endlich hatte er auch das letzte Stück der Trümmer vor dem Fenster beiseite geräumt.

»Gehen Sie bitte einen Schritt zurück! Ich will versuchen, das letzte Glas aus dem Rahmen zu bekommen!«, rief er in den Keller und begann, mit einem Stück Holz die scharfen Glassplitter aus dem Rahmen zu schlagen.

»So, das hätten wir«, rief er laut und schon streckten sich ihm zwei Kinderhände entgegen, die er vorsichtig ergriff. Die Hände gehörten zu einem Mädchen, das etwa acht Jahre alt war und das sich nun ängstlich vor ihrem Retter zu verstecken versuchte. Das kleine Gesicht war schmutzig und die großen, dunklen Augen blinzelten geblendet in der Sonne. Dann schob eine der Frauen vorsichtig einen Säugling durch das Fenster. Rudi nahm das Baby vorsichtig in den Arm, versprach, so schnell wie möglich Hilfe zu organisieren, verabschiedete sich von den noch immer Eingeschlossenen, nahm seinen Rucksack auf die Schultern und das Mädchen an die Hand und machte sich langsam auf den Weg zum Park, der sich in der Nähe befinden musste, wenn er sich richtig erinnerte.

Schnell fand er ein erstes Hinweisschild und bald konnte er das immer laute Gewirr der Stimmen hören, die zu den Menschen gehörten, die sich bereits auf den Rasenflächen versammelt hatten.

Als er mit den beiden Kindern am Eingang ankam, wurden sie zuerst wie weitere Überlebende behandelt. Wie die anderen auch musste er sich und die Kinder in Listen eintragen und sie bekamen ein Schild, das sie sich um den Hals hängen mussten. Später wurde er von einem Soldaten der SDF nach Wohnort und Papieren gefragt, weil er Ausländer war. Rudi hatte große Mühe, die schnell gesprochenen Worte des Helfers zu verstehen und er fragte, ob der Helfer auch englisch spräche.

»*Do you speak English?* Sprichst du englisch?«, fragte das kleine Mädchen an seiner Seite, von dem alle annahmen, es sei seine Tochter.

Rudi war im ersten Moment vollkommen überrascht, in Englisch angesprochen zu werden, obwohl er wusste, dass viele Kinder in Japan schon im Kindergarten anfingen, die englische Sprache zu lernen.

»Ja, warum?«

»Na, dann kannst du mir auf Englisch sagen, was ich dem

Soldaten auf Japanisch sagen soll.«

Rudi fand die Idee hervorragend. Schnell konnte er jetzt dem Soldaten erklären, dass er sich nach der Zwangspause durch das Starkbeben gerade wieder auf den Heimweg machen wollte, als er in einem Keller die kleine Gruppe Menschen gefunden hatte , allein aber nur die Kinder in Sicherheit bringen konnte und dass in dem Untergeschoss noch immer vier Frauen eingeschlossen waren, die dringend Hilfe benötigten. Er, so sagte er dem Soldaten, wolle weiter versuchen, sich nach Hause durchzuschlagen, auch auf die Gefahr hin, dass das noch sehr lange dauern würde.

Daraufhin bekam er ein neues Schild und die beiden Kinder wurden in die Obhut eines Betreuers gegeben. Nachdem Rudi seine Vorräte aufgefrischt und sich etwas erholt hatte, machte er sich wieder auf seinen Weg nach Hause.

Als er gerade am Tor des Parks angelangt war, zupfte ihn jemand von hinten an der Hose. Er drehte sich verwundert um und erblickte das Mädchen, das er aus dem Keller befreit hatte.

»Danke«, sagte sie schüchtern, umarmte Rudi und drückte ihm die Blüte eines Gänseblümchens in die Hand. »Danke, weil du uns geholfen hast.«

Flughafen Haneda, Tokio, Japan

*G*eneral Nakamura und Minister Takahashi berieten mit Offizieren und Mitgliedern anderer Hilfsorganisationen das weitere Vorgehen. Sie alle standen um einen großen, roh gezimmerten Tisch und schauten auf eine Karte, auf der eingetragen war, wo sich die verschiedenen Hilfsgruppen befanden. Mittlerweile konnten sie auch Zahlen entdecken, die positive Nachrichten verkündeten. Sie zeigten neben der Zahl Überlebender auch die Menge an Vorräten, die man gefunden hatte.

Aus der Ferne hörten die Männer ein Grollen, das lauter wurde und am Ende in einem Tosen endete, das zusammen mit den ersten Wellen des Erdbebens bei ihnen ankam.

Das Beben traf die Anwesenden wie ein Hammerschlag, warf den Tisch um, ließ das Zelt in sich zusammenstürzen und riss alle zu Boden. Die Bodenwellen, die sie spürten, waren ähnlich stark wie die Welle, die bei der Vulkanexplosion ausgelöst wurde, hielten jedoch wesentlich länger an. Das Reiben der Betonplatten, die sich gegeneinander verschoben, marterte die Ohren mit einem Geräusch, das stark an einen Schredder für Gesteine erinnerte. Sich verbiegendes Metall quietschte martialisch und die Mitglieder des Krisenstabes hörten das panische Schreien der Menschen, die sich auf dem weiten Gelände des Flughafens in Sicherheit wähnten. Die Erdstöße waren schwer, zu schwer, als das jemand auf den Beinen bleiben konnte. Nach der japanischen Skala für Erdbeben würde auch dieses Beben mit der Stärke 7, der höchsten Stufe, in die Geschichte eingehen. Das Erdbeben schlug erneut mit aller Wucht zu, die in der Energie aus der Erde steckte.

General Nakamura befreite sich mühsam aus den Stoffbahnen des Zeltes und versuchte, das Geschehen in das Gefüge aus Gedanken, Ereignissen und Erinnerungen einzuordnen, das sich in seinem Kopf ergab. Ein neues Erdbeben, vom Gefühl her weitaus schlimmer noch als das Jahre vorher im Nordosten Japans. War dieses Beben nun sehr stark oder nur sehr nahe? So viel hatte er während der Diskussionen mit vielen Wissenschaftlern gelernt: Die von den Menschen gefühlte Stärke eines Erdbebens ging nicht nur mit der tatsächlichen Magnitude einher, sie hing auch davon ab, wie weit man vom Erdbebenherd entfernt war. So konnte es passieren, dass selbst ein Starkbeben zweihundert Kilometer entfernt nicht mehr spürbar war, wenn die Bodenverhältnisse es zuließen. Auch die Tiefe des Epizentrums war von maßgeblicher Bedeutung. Je tiefer in der Erde sich ein Beben ereignete, desto weniger war davon an der Oberfläche zu spüren, da die darüber liegenden Erdschichten die Energie des Erdbebens absorbierten.

›Wenn ich die Wucht eines Bebens mit dieser Intensität spüren kann‹, sagte sich der General, ›kann es sich entweder nur sehr nahe an der Oberfläche oder in unmittelbarer Umgebung ereignet haben. Oder es musste von gigantischer Stärke gewesen sein. Wie auch immer‹, setzte der General seinen Gedankengang fort, ›keine der drei Möglichkeiten kann mich begeistern. Ihnen ist nämlich gemeinsam, dass sie wieder für viele Menschen den sicheren Tod bedeuten.‹

Was der General als Erstes brauchte, waren genaue Angaben über das Zentrum des Bebens. Sollte es mit dieser Wucht unter Wasser gebebt haben, dann drohte ihnen auch noch ein Tsunami. Eine Flucht von dem Gelände war nicht möglich. Ein Tsunami würde der sichere Tod für die Menschen sein, die sich auf dem Flughafengelände aufhielten.

Als die Bewegungen endlich nachließ, stand der General auf und half dem Minister auf die Beine, den er als kompetenten Menschen schätzen gelernt hatte.

»General Nakamura«, sagte Minister Takahashi als erstes. »Versuchen Sie bitte, irgendwie Verbindung mit Professor Matsumoto aufzunehmen. Wir müssen unbedingt wissen, ob wir nach dem Erdbeben mit einem Tsunami rechnen müssen, wenn wir die Menschen hier schützen wollen.« Die geäußerten Befürchtungen des Ministers waren nicht aus der Luft gegriffen. Der Flughafen lag im Durchschnitt nur vier Meter über dem Meeresspiegel. Aber, und das machte die Sache so gefährlich, er war komplett vom Meer umgeben.

General Nakamura gab einem in der Nähe stehenden Soldaten den entsprechenden Befehl und wandte sich wieder dem Minister zu. Der telefonierte bereits mittels eines Satellitentelefons.

Minister Takahashi hörte mit gespanntem Gesicht aufmerksam dem zu, was ihm vom anderen Ende der Verbindung gesagt wurde. Plötzlich holte er tief Luft, sein Gesichtsausdruck änderte sich und er wurde zornig. Der Minister musste sich zur Ruhe zwingen, brüllte aber nach einer Weile des Zuhörens in das Telefon:

»Es ist mir vollkommen egal, mit welchen Dingen Sie sich gerade beschäftigen! Ich will genau die Informationen haben, die ich von Ihnen angefordert habe und zwar sofort! Sie sind nicht im Urlaub! Wir, und damit meine ich auch Sie, haben in einer Situation wie dieser nichts anderes zu tun als dafür zu sorgen, dass die Menschen überleben können oder wenigstens die Chance dazu bekommen. Sollte es Ihnen noch nicht aufgefallen sein, uns hat gerade ein neues Starkbeben von den Füßen geholt. Und Sie sind der Meinung, jetzt Ihre Pause machen zu müssen! Wenn Sie Ihren Hintern nicht innerhalb einer Sekunde in Bewegung setzen, werden Sie sich eine Stelle beim Aufräumen in der Stadt suchen müssen. Habe ich mich klar genug ausgedrückt?«

Der Minister beendete das Gespräch ohne die in Japan wichtigen und üblichen Grußformeln. Er schäumte vor Wut. Minister Takahashi schüttelte den Kopf. Er konnte nicht glauben, was er eben gehört hatte.

»Und so was nennt sich nun Regierungsmitarbeiter. So ein Arschloch!«, schrie er laut. »Entschuldigen Sie bitte meine Worte, aber so geht es doch nicht. Die Menschen kämpfen ums nackte Überleben. Wir versuchen hier, mit dem fertig zu werden, womit uns die Natur überrascht und der Kerl macht Pause. Kann das denn wahr sein? Und sich dann darüber aufregen, dass ich von ihm Daten brauche, die Ihnen, General, unter Umständen dabei helfen, ein paar Menschen mehr in Sicherheit bringen zu können.« Der Minister verbeugte sich zum Zeichen der Entschuldigung zum General, der Zeuge des Telefonates geworden war und fuhr dann mit ruhigerer Stimme fort:

»Ich habe Daten zum Epizentrum des Erdbebens haben wollen. Ich hatte gehofft, dass es Ihnen hilft, wenn Sie wissen, ob es zu einem Tsunami kommt oder nicht. Das Beben war entweder sehr stark, sehr nahe oder es hat in äußerst geringer Tiefe stattgefunden.«

Der Minister wurde dem General immer sympathischer. Schon seit einiger Zeit verfolgte er den Werdegang und die Äußerungen dieses Mannes. Der Minister, vielleicht um die fünfzig, hatte schon in einigen Debatten auf sich aufmerksam gemacht. Immer wieder hatte er sich für die Belange der kleinen Leute eingesetzt, hatte seinem Chef, dem Premierminister, nicht nur einmal gesagt und öffentlich dargelegt, wie er über das Vorgehen der Regierung dachte. Noch war er nur für einen Teil der Sicherheit des Landes zuständig, für die Sicherheit von Einrichtungen zum Schutz vor Naturkatastrophen wie der, in der sie seit mehreren Tagen steckten. Minister Takahashi forderte immer wieder und mit Nachdruck Mittel ein, die er sofort an Institutionen weiterreichte, die sich für die Erforschung der Natur stark machten. Der Minister hatte unter anderem durchgesetzt, dass im Land vor allen Atomkraftwerken, die in einem zwei Kilometer breiten Streifen hinter den Küsten erbaut worden waren, nachträglich Schutzwände von mindestens fünfzehn Metern Höhe errichtet werden mussten. Er hatte gegen den Widerstand der Kraftwerksbetreiber durchgesetzt, dass man in größeren Abstand zu den Kraftwerken künstliche Hügel errichten musste, auf denen die Aggregate für die Notstromversorgung aufgebaut werden mussten. In den Hügeln selbst gab es Tanks, die die Maschinen bis zu einer Woche mit Treibstoff versorgen konnten. Minister Takahashi war von allen dafür gescholten worden, viele Milliarden Yen für diese, wie man es noch bis vor kurzem nannte, unnötigen Vorsichtsmaßnahmen ausgegeben zu haben. Er jedoch hatte sich durchgesetzt und sich so den Rückhalt in der Bevölkerung gesichert. Den Menschen saßen noch immer die Auswirkungen des Bebens 2011 und die Konsequenzen für das Kernkraftwerk Fukushima Daiichi tief im Gedächtnis.

»Herr Minister«, sagte der General. »Wenn wir definitiv wüssten, ob wir auch noch mit einem Tsunami rechnen müssen, würde uns das die Arbeit sehr erleichtern. Aber wenn Sie gestatten, würde ich gern nachschauen, was sich hier getan hat und wo ich helfen kann. Wenn das alles doch endlich vorbei wäre.«

»Ich gebe Ihnen so schnell wie möglich Bescheid«, erwiderte der Minister und griff erneut zum Satellitentelefon, um bei den zuständigen Leuten an den entsprechenden Stellen die Informationen anzufordern, die er dringend brauchte. Er würde sich damit zwar auch bei anderen Stellen unbeliebt machen, aber hier ging es nicht um ihn oder seinen Ministerposten, hier ging es ausschließlich um Menschen, für deren Wohlergehen er verantwortlich war.

General Nakamura erteilte einer Kompanie Soldaten Befehle und ging zu einem Hubschrauber, der zu einem Rettungseinsatz in den Resten Tokios fliegen wollte. Das Erdbeben musste zu weiteren Schäden und zu einer Panik unter den Menschen in der Stadt geführt haben, so viel stand für den General fest. Er wollte an vorderster Front stehen und seinen Männern und anderen Helfern zeigen, dass er sich der Probleme mehr als bewusst war. Er konnte nicht anders.

Auch seine Familie war durch die Explosion des Vulkanes aus dem Leben gerissen worden, seine Frau und seine Kinder waren Glieder in der langen Kette der bereits identifizierten Opfer.

Pacific Tsunami Warning Center (PTWC), Honolulu, Hawaii

Auch die Geräte im weit entfernten Pacific Tsunami Warning Centers auf Hawaii registrierten die Auswirkungen, die das Starkbebens in Japan auf die verschiedenen Gesteinsschichten tief in der Erde hatte.

Nach einer ersten automatischen Auswertung wurde sofort eine Tsunamiwarnung für die japanische Inselkette herausgegeben und die entsprechenden Stellen informiert.

Die Männer und Frauen, die an diesem Tag ihren Dienst versahen, hasteten zu ihren Rechnern und begannen mit der weiteren Aufbereitung der eingegangenen Daten. Es galt, die Angaben schnellstmöglich zu analysieren und zu verifizieren. Die in den Küstenbereichen der anliegenden Staaten lebenden Menschen hatten ein Anrecht auf den höchsten Grad an Sicherheit, den das PTWC bieten konnte.

Das Team um John McFarley war schon seit Tagen in erhöhter Alarmbereitschaft. Die Explosion des Owakudani in Japan hatte sie auf brutalste Art aufgeschreckt und ihnen ins Bewusstsein gerufen, wofür sie im PTWC ihren Dienst versahen und jeden Monat ihre Gehaltsschecks bekamen.

Die Daten, die sie auf den Monitoren sahen, zeigten nicht das einheitliche Schema, das sie von normalen Erdbeben gewohnt waren. Einige der Daten widersprachen sich sogar. Am Grund des Ozeans vor dem japanischen Archipel hatte es die schwersten Erschütterungen gegeben, die auch in Honolulu den Alarm ausgelöst hatten. Die eingegangenen Daten zeigten allerdings, dass das Erdbebenzentrum nicht im Ozeanboden zu suchen war. Sicher gab es auf dem Meeresgrund Veränderungen in den Druckverhältnissen, die denen eines sich aufbauenden Tsunamis täuschend ähnlich waren, aber es gab keinen Tsunami. Es gab auch keinerlei Veränderungen in der Höhe des Meeresbodens, die einen Tsunami auszulösen imstande waren.

»Das mag verstehen, wer will, ich kann es nicht«, sagte John McFarley zu den anderen, die mit ihm im Raum standen und auf die Monitore starrten. »Wir nehmen zwar den Tsunamialarm zurück, bleiben aber in Bereitschaftsstufe Eins, zumindest solange, bis wir mehr Gewissheit darüber haben, was sich dort abgespielt hat. Und wenn etwas Neues reinkommt, möchte ich sofort informiert werden.«

McFarley war an diesem Tag der diensthabende Leiter des PTWC. Er schob seine breiten Hände hinter den Bund seiner Jeans, sah noch einmal auf die Monitore, schüttelte ratlos den Kopf und ging zurück in den kleinen Verschlag, der sein

Büro darstellte. Nachdem er die Tür hinter sich geschlossen und sich gesetzt hatte, griff er zum Telefon und begann ein langes Telefonat.

»Kim, hast du so etwas schon einmal gesehen?«, fragte Sue eine Kollegin, die neben ihr saß.

»Nein, aber das Beben war mit einer Magnitude von acht Komma acht gewaltig. Und ich kann immer noch nicht sagen, wo das Zentrum eigentlich lag. Nur eines scheint derzeit festzustehen, nämlich, dass sich das Beben nicht unter Wasser ereignet hat. Ich will verdammt sein, wenn die Dinge da drüben nicht alle irgendwie zusammenhängen. Zuerst der Vulkan, wie heißt der doch gleich ...« Kim dachte kurz nach, der Name des Vulkans war ihr noch nicht geläufig, obwohl sie ihn den letzten Tagen oft benutzt hatten. »Ach ja, Owakudani, was auch immer das bedeuten mag, wenn man es übersetzt. Dann die oft sehr starken Beben überall in Japan und nun das hier. Verdammt, verdammt, verdammt! Was mag da drüben nur vor sich gehen?«

Auf ihren Monitoren flammten neue Zahlen auf, die den Ort des Erdbebens genauer festlegten.

»Das kann doch nicht wahr sein!«, rief Sue Thomas. Sie wurde oft gefragt, wo denn ihr Hund sei. Sie trug den gleichen Namen wie die gehörlose Hauptfigur und Namensgeberin einer Fernsehserie, in der sie ständig von einem Gehörlosenhund begleitet wurde. »Fast genau unterm Fuji. Da stehen uns noch einige verdammt unangenehme Überraschungen ins Haus.«

Sue nahm den Zettel, auf dem sie sich die Koordinaten des Erdbebenherdes notiert hatte, und rannte zu ihrem Chef.

»Haben wir das schon den Japanern mitgeteilt", wurde sie von John gefragt, nachdem er die Koordinaten geprüft hatte. »Die Leute da drüben tun mir wirklich Leid. Immer was Neues, aber nie was Gutes. Verdammt. Die Küsten?«

Sue wusste, worauf ihr Chef anspielte. Vor der West- und Ostküste Japans gab es große Vorkommen an Methanhydrat, das seit ewigen Zeiten dort lagert und dessen Stabilität nur vom Wasserdruck und den niedrigen Temperaturen garantiert wurde. Sollten sich Änderungen der Bedingungen ergeben, dann konnte dieses Methanhydrat zerfallen und mehr als das 164fache seines ursprünglichen Volumens an Methan freisetzen, so stark war das Gas in den Kristallen des Hydrates komprimiert. Stellte das Gas allein schon eine Gefahr dar, gab es noch eine viel größere, die eine weit drastischere Bedrohung für die ganze Welt darstellte. Wenn das Methanhydrat zerfallen sollte, konnte das Gestein, unter dem es lagerte, ins Rutschen kommen und so einen Tsunami auslösen, der wiederum dazu führen konnte, dass weiteres Methanhydrat freigelegt wurde, das bislang geschützt unter dem Gestein lagerte. So wäre es möglich, dass sich eine Kettenreaktion in Gang setzte, die sich solange fortsetzte, wie es Methanhydrat und Gestein darüber gab. In der Fachwelt war dieses Phänomen unter dem Synonym »Storegga-Effekt« bekannt. An der mittelnorwegischen Küste gab es vor sehr langer Zeit so ein Ereignis, von dem man vermutete, dass der dabei ausgelöste Tsunami Schottland komplett überspülte. Der von den Wissenschaftlern angenommene Ausgangspunkt dieses Ereignis gab dem Vorgang seinen Namen: Storegga.

Vor Japan fiel das Meer bis über 8000 Meter tief ab. Wie hoch konnte im schlimmsten Fall ein Tsunami werden? Sue mochte sich die Höhe der möglichen Tsunamiwelle nicht vorstellen.

»Noch scheinen sie stabil zu sein«, antwortete Sue leise. »Aber wie lange noch? John, ich habe keine Ahnung. Und wir haben derzeit leider auch kein Team vor Ort, das die jetzt notwendigen Messungen vornehmen kann. Ich könnte eine Gruppe aus der Reserve anfordern und hinschicken, aber das würde sicher ein, zwei Tage dauern.

Verdammt, verdammt, verdammt, wieso muss denn alles auf einmal kommen?«

Wenn die vor Japan lagernden Methanhydratvorkommen von den Aktivitäten der Erdkruste wirklich destabilisiert würden und es dadurch zu einem Tsunami kommen sollte, dann wären alle Staaten betroffen, die direkt am Pazifik lagen, auch Amerika und auch Hawaii.

Stuttgart, Deutschland

*D*ie Nachrichten, die im Fernsehen gezeigt wurden, waren an Schrecken nicht zu überbieten. Wenn Antje das Internet öffnete, wurde sie von den schrecklichsten Neuigkeiten aus dem Land der aufgehenden Sonne förmlich erschlagen. Von den Zeitungen und Zeitschriften prangten in großen Lettern Schlagzeilen wie »Geht Japan unter?« und »Das Weinen im Land des Lächelns«. In den Medien gab es keine Ausgabe, die nicht mit einer neuen Hiobsbotschaft aus Japan aufmachte.

Aber nicht nur Japan litt unter den Folgen der Ereignisse. Die Börsen der Welt brachen zusammen, schlimmer und steiler als 2007 nach dem Lehmann-Schock. Der Yen war praktisch wertlos geworden. Von ihrer Bank hatte Antje für einen Euro mehr als dreihundert Yen angeboten bekommen, als sie am Morgen nach dem Kurs schaute. Im Laufe des Vormittages war der Yen noch billiger geworden. Die Welt schien das Land im Stich lassen zu wollen.

Antje saß im Büro und bereitete die Unterlagen für eine Präsentation vor, die sie am Nachmittag vor Vertretern einer Autofirma halten sollte. Sie konnte sich allerdings nicht vollständig auf die Arbeit konzentrieren. Die Ereignisse in Japan ließen ihr keine Ruhe.

Sie lebte weit weg auf einem anderen Kontinent, aber ihr bester Freund lebte mitten im Katastrophengebiet, wohnte in Tokio, genau in der Stadt, die von der vollen Wucht der Naturereignisse getroffen worden war.

Inzwischen war es zwar gelungen, einige Wege nach Tokio einzurichten und aus den benachbarten Städten und dem ganzen Land trafen mehr und mehr Hilfslieferungen in der

Hauptstadt ein, aber das reichte bei Weitem nicht aus, um die Menschen mit dem zu versorgen, was sie am Dringendsten brauchten. In den Nachrichten sah Antje auch, wie überall provisorische Zeltstädte errichtet wurden. Wie am Abend zuvor während einer Sondersendung zu sehen war, waren deutsche Hilfskräfte mit Spürhunden in Japan eingetroffen und halfen dabei, unter den Trümmern Vermisste zu finden.

Bei all dem Tragischen, über das man berichtete, gab es sie, die kleinen Wunder, die wieder neuen Mut machten. In den Untergeschossen von Kaufhäusern fand man viele Überlebende. Familien nahmen tot geglaubte Angehörige in die Arme. Trotz der positiven Nachrichten, die natürlich am Beginn der Meldungen über Japan standen, das Grauen und der Schrecken überwogen alles bislang Dagewesene. Langsam sickerten erste Zahlen über die Opfer durch. Die Behörden gingen inzwischen von mehr als vier Millionen Toten nur in Tokio aus. Niemand sprach von Vermissten, dafür war es einfach noch viel zu früh. Und noch waren die genannten Zahlen äußerst vorsichtige Schätzungen, die nahezu täglich nach oben korrigiert werden mussten.

»Antje«, sagte der Kollege, der am Schreibtisch gegenüber saß. »Ich war gerade im Netz. Es gab eine weitere Katastrophe, noch schlimmer als alles, was bislang geschehen ist."

Antje schaute von den Unterlagen auf und spürte, dass sie einer Ohnmacht nahe war. War alles, was bis jetzt in Japan passiert war, nicht schon tragisch genug? Womit konnte man das noch übertreffen?

»Was ist passiert?« Antje lehnte sich zurück und sah zu ihrem Kollegen hinüber, der mit sorgenvollem Gesicht zurück schaute. »Was kann denn schlimmer sein als das, was schon passiert ist?«

»Der Fuji ist ausgebrochen. Wenn die Angaben hier richtig sind, dann haben sich mehrere neue Krater aufgetan und eine riesige Aschewolke treibt auf Tokio zu.«

Antje holte tief Luft, versuchte, dem Gefühl, das sich in ihr breit machte, Einhalt zu gebieten. Es gelang ihr nicht. Vor

ihren Augen wurde es dunkel, sie rutschte vom Stuhl und fiel
hart zu Boden.

Regierungsviertel Nagatachou, Tokio, Japan

P rofessor Matsumoto und seine beiden Mitstreiter
waren in den Regierungssitz bestellt worden. Trotz der Ereignisse schienen einige Politiker wohl doch noch am Arbeiten zu sein, wie der Professor zynisch vermutete.

Der Premierminister war umgehend aus seinem Urlaub in
die Hauptstadt zurückgekommen, um die anstehenden Maßnahmen selbst zu leiten. Der Weg zurück war nicht einfach
gewesen und mehr als einmal musste er seine Position einsetzen, um voran zu kommen. Dennoch stand er jetzt in seinem Arbeitszimmer, richtete noch einmal seine Krawatte
und wartete auf die drei Wissenschaftler, die sich seit Langem
intensiv mit einem Thema befasst hatten, das innerhalb weniger Tage für das Land enorme Bedeutsamkeit erlangt hatte.
Der Chef des kleines Teams, Professor Doktor Takayuki
Matsumoto, hatte schon mehrmals bei ihm vorstellig werden
wollen, um ihn auf die Gefahren aufmerksam zu machen, die
sich aus dem Verschwinden des Wassers aus dem Ashi-See
ergaben. Daneben wollte der Professor Maßnahmen bespre-
chen, die unbedingt in Angriff genommen werden mussten,
um die Menschen vor den Auswirkungen einer möglichen
Katastrophe zu schützen. Der Wissenschaftler war mit seinen Anfragen fast zu einer Nervensäge geworden. Von Minister Takahashi hatte der Premierminister jedoch erfahren,
dass es dem Gelehrten in allen Belangen nur um das Wohlergehen der Menschen ging. Der Premierminister kannte sich
auf dem Gebiet der Geowissenschaften nicht aus und hatte
die vielen Bitten des Professors um ein Gespräch entweder

abgelehnt oder an andere delegiert. Jetzt rächte sich seine Ignoranz, aber nicht an seiner Person, sondern an den Menschen, die ihn gewählt hatten, die ihm vertrauten und nun unter den Trümmern der Stadt begraben lagen.

Über vier Millionen Tote waren bislang registriert worden. Eine Tragödie mit Ausmaßen, wie sie die Welt in Friedenszeiten noch nicht erlebt hatte. Was waren dagegen die Naturkatastrophen, die bislang geschehen waren? Nichts! Im Jahr 2004 waren bei einem Tsunami in Indonesien über 200000 Menschen ums Leben gekommen. Fast 20000 Japaner hatten 2011 bei einem Erdbeben und dem anschließenden Tsunami ihr Leben verloren. Die aktuellen Zahlen, die dem Premierminister vorlagen, ließen diese Fakten schnell in den Hintergrund treten. Die Zahl der Toten glich der eines Krieges. Die Werte, die vernichtet wurden, gingen in die Billionen Dollar, wenn er den Angaben vertrauen durfte, die ihm zu Ohren gekommen waren.

Er setzte sich an seinen Schreibtisch und schüttelte ungläubig den Kopf. Da wurde eine Metropole in Schutt und Asche gelegt, doch er saß an seinen Schreibtisch, als wäre nichts von alledem geschehen. Angestellte der Regierung hatten sein Büro wieder so weit in Ordnung gebracht, dass der nach dem Kaiser wichtigste Mann im Staate seiner Pflicht den Menschen gegenüber nachkommen konnte. Noch waren nicht alle Schäden durch die fleißigen Helfern beseitigt worden, immer noch hingen Kabel aus den Wänden, die Fenster hatte man nur notdürftig reparieren können, aber er konnte seiner Arbeit nachgehen und versuchen, dem Land zu helfen, hoffentlich besser, als er es jemals vorher getan hatte.

Es klopfte an der Tür und sein Sekretär kündigte beinahe auf die Sekunde pünktlich die wartenden Wissenschaftler an. Der Premierminister bat sie in den Raum und bot ihnen Platz an.

»Professor Matsumoto«, sagte er leise. »Ich weiß, dass es ausschließlich meine Schuld ist, dass wir erst jetzt miteinander sprechen. Und ich weiß auch, dass dieses Gespräch zu spät stattfindet. Können Sie bitte dennoch versuchen, mir genau zu erklären, wie das alles passieren konnte und was uns im allerschlimmsten Falle noch bevorsteht.«

Der Professor horchte bei den Worten des Premierministers auf. Mit einem solchen Geständnis hatte er nicht gerechnet und es ließ den Staatschef in der Wertung sofort einige Stufen nach oben steigen.

»Wie viel verstehen Sie von der Materie, um die es hier geht, Herr Premierminister?«, fragte der Professor vorsichtig, um ein Bild davon zu bekommen, wie weit er die Grundlagen der Wissenschaften erklären musste, die sich mit den Vorgängen im Inneren der Erde befassten.

»Ich muss leider gestehen«, antwortete der Premierminister leise, »dass ich von alle dem keine Ahnung habe. Jedenfalls weiß ich darüber nicht mehr als das, was ich damals in der Schule gelernt habe, und das war nicht besonders viel. Mein Unwissen war, und auch das muss ich Ihnen gestehen, einer der Gründe, warum ich Ihre Bitten um ein Gespräch immer wieder abgelehnt habe.«

Und wieder stieg das Ansehen des Premierministers ein paar Stufen auf der Rangliste des Professors.

»So ist das also.« Professor Matsumoto runzelte die Stirn. Aber er war es gewohnt, mit Menschen zu tun zu haben, die zwar die Entscheidungen trafen, aber von den Dingen, die sie entschieden, im Grunde genommen keine Ahnung hatten.

»Also, vor längerer Zeit ist aus dem Ashi-See in der Nähe von Hakone Wasser verschwunden, sehr viel Wasser, um es genau zu sagen. Wir haben es uns nur so erklären können, dass es in die Hohlräume gesickert ist, die durch die vulkanische Tätigkeit in dem Gebiet schon vor Urzeiten entstanden sind und die es noch immer gibt. Vielleicht ist bei einem der kleinen Erdbeben der letzten Monate oder sogar Jahre eine Erdspalte aufgebrochen oder ein Hohlraum eingebrochen, was einen Weg tief in die Erde freigelegt hat, oder … Um es in anderen Worten auszudrücken, wir wissen nicht genau, was im Vorfeld passiert ist. Und wir werden es auch niemals erfahren, denn den See und den Owakudani gibt es nicht mehr, ebenso wenig wie es die Stadt Hakone noch gibt.«

Der Professor wischte sich eine Träne aus den Augen. Er musste wieder an seine Exfrau denken, die von SDF-Soldaten unter den Resten ihres Hauses gefunden worden war. Bisher war er noch nicht dazu gekommen, ihr die letzte Ehre zu erweisen. Die Ereignisse hatten eine Eigendynamik von apokalyptischem Ausmaß entwickelt. Als Mann der Wissenschaft konnte er das verstehen, als Mensch war er jedoch von dieser Eigendynamik überrumpelt worden. Trotzdem erklärte er dem Premierminister in leicht verständlichen Worten, wie er sich die Entwicklung vorstellte.

»Was noch kommt, Herr Premierminister, fragen Sie mich bitte nicht, ich habe keinerlei Vorstellungen. Das alles ist auch für mich neu«, schloss er seine Erklärung.

»Danke für Ihre Ausführungen«, entgegnete der Premierminister und sah dem Professor dabei nachdenklich ins Gesicht. »Hätten wir irgendetwas von dem verhindern können?«

»Nein, Herr Premierminister«, beantwortete der Professor die Frage, mit der er gerechnet hatte und schüttelte zur Bestätigung seiner Worte den Kopf. »Man kann die Macht der Natur nicht eindämmen, wir müssen uns mit der Natur auf die eine oder andere Art einlassen. Wir erbauen zum Schutz vor Tsunamis hohe Mauern, unsere Gebäude errichten wir so erdbebensicher, wie es heute technisch möglich ist. Aber wenn die Mauern acht Meter hoch sind und ein Tsunami mit zehn Metern kommt, dann nutzen uns die besten Mauern nichts. Es wird immer ein Erdbeben geben, für das unsere Gebäude nicht ausgelegt sind.« Der Professor erhob sich und machte ein paar Schritte im Büro des Premierministers. »Verstehen Sie? Wir können nicht gegen die Natur leben, wir müssen mit ihr leben. Und, um noch einmal auf Ihre Frage zurück zu kommen«, er drehte sich zum Premier und schaute ihm direkt ins Gesicht. »Gegen einen Vulkan kann man absolut nichts machen, außer ihm so weit wie möglich aus dem Weg gehen. Kein Mensch konnte damit rechnen, dass aus einem See, der seit tausenden von Jahren existiert, plötzlich das Wasser zu einem großen Teil verschwindet. Es gibt, da sind wir uns nach vielen Nachforschungen inzwischen sicher, in der Fachliteratur keine Informationen zu vergleichbaren Vorgängen.«

»Und was sollen wir Ihrer Meinung nach jetzt tun?«

»Was wir machen sollen?« Professor Matsumoto war über die naive Frage des Premierministers erstaunt. Er setzte sich wieder in seinen Sessel, lehnte sich zurück und schloss kurz die Augen. »Was soll ich Ihnen sagen? Zuerst einmal müssen wir den Menschen helfen, so schnell es irgendwie möglich ist. Dann müssen wir natürlich herausfinden, ob sich die Spannungen in und zwischen den tektonischen Platten durch die Ereignisse vollkommen abgebaut haben oder nicht.«

Der Premierminister schaute dem Professor fassungslos ins Gesicht, beugte sich ein wenig vor, stützte die Ellenbogen auf den Schreibtisch und fragte:

»Wieso das?« Aus seinem Gesicht sprach echtes Interesse. Jetzt wollte er erfahren, was er noch vor kurzer Zeit als uninteressant und aus der Luft gegriffen weit von sich gewiesen hatte.

»Sehen Sie, erst wenn wir wissen, ob noch Spannungen im Untergrund vorhanden sind oder nicht, können wir unsere nächsten Schritte planen. Erst dann sollten wir anfangen, darüber nachzudenken, ob wir mit dem Wiederaufbau der Stadt und der Umgebung beginnen oder ob wir uns vorrangig und mit aller Kraft auf die Rettung der noch immer hier lebenden Menschen konzentrieren müssen. Erst wenn die Frage nach den Spannungen in der Erde beantwortet ist, erst dann können wir eine Entscheidung treffen.«

Der Premierminister ließ sich entmutigt zurücksinken. Die Augen fielen ihm zu und es schien, als ob er eingeschlafen wäre. Dabei dachte er angestrengt über das nach, was ihm gerade erklärt worden war und er versuchte zu verstehen, welche Konsequenzen das Gehörte für die Betroffenen in der Stadt und der Umgebung hatte. Auch er war von den Ereignissen überrannt worden. Sprachlos hatte er in seinem Urlaubsort auf Hokkaido von den Dingen gehört, die weiter im Süden geschehen waren.

Mit einer entschiedenen Geste wendete er sich seinen Gästen zu.

»Herr Professor, welche Mittel brauchen Sie und Ihr Team für Ihre Arbeit?« Der Premierminister hatte einen Entschluss gefasst. Die Wissenschaftler waren zu ihm gekommen, als die Gefahr erkennbar wurde, er jedoch hatte sie schroff abgewiesen. Er wollte sich die Worte der Menschen, die sich Tag für Tag nicht nur mit den Fragen der Sicherheit des Landes, sondern auch mit der Zukunft der Menschen befassten, nicht anhören. Jetzt, so hatte er sein weiteres Vorgehen innerhalb weniger Augenblicke festgelegt, wollte er alles tun, was in seiner Macht stand, um diese Menschen in die Lage zu versetzen, ihre Arbeit auch machen zu können. »Was genau benötigen Sie, um herauszufinden, ob diese Spannungen noch vorhanden sind oder nicht?«

Jetzt war es am Professor, überrascht zu sein. Mit dieser Wendung hatte er nicht gerechnet. Er blickte zu seinen Mitarbeitern, denen es genauso schwer fiel, den eben gehörten Worten Glauben zu schenken.

»Wie ... wie meinen Sie das, Herr Premierminister?« Keiko versuchte, ihre Worte bewusst zu wählen.

»Ganz einfach: So, wie ich es gesagt habe«, war die Antwort. Der Premierminister richtete seinen Blick direkt auf Keiko. »Ich habe Ihren Chef abgewiesen, als wir noch Zeit dafür gehabt hätten, Menschen zu evakuieren oder zumindest vor dem zu warnen, was passieren könnte. Ich kann mir vorstellen, dass Sie eine Ahnung davon bekamen, als Sie feststellten, wie viel Wasser verschwunden war. Ihr Chef ist zu mir gekommen, aber ich habe Ihn nicht anhören und Ihm nicht glauben wollen. Das war ein großer Fehler von mir, nein, das war mein größter Fehler, für den ich mich im Augenblick lediglich bei Ihrem Chef und Ihnen entschuldigen kann. Später, wenn wieder einigermaßen normale Verhältnisse eingekehrt sind, werde ich bei der Bevölkerung unserer Stadt und unseres Landes um Vergebung bitten.« Der Premierminister strich sich kurz über die Augen und richtete die nächsten Worte an die drei Wissenschaftler. »Aber von nun an sollen Sie alles bekommen, was Sie dafür brauchen, um zu verhindern, dass uns so eine Katastrophe noch einmal trifft. Und glauben Sie mir: Wenn ich sage, Sie bekommen alles, dann bekommen Sie auch wirklich alles. Minister Takahashi wird Sie auch weiterhin unterstützen, wo er kann. Und ich werde den Minister unterstützen. Er wird außerdem als Verbindung direkt zu mir fungieren.«

Die Wissenschaftler standen wortlos auf und verneigten sich, den Sitten des Landes folgend, zu dem Mann, der mit starker Hand schon seit langer Zeit versuchte, das Land zu regieren und ihnen nun zeigte, dass er doch nur ein Mensch war.

»Nein, Professor Matsumoto«, lehnte der Premierminister die Geste der Ehre ab und verbeugte sich zum Professor. »Sie haben sich meinen Respekt und meine Anerkennung verdient. Sie müssen sich nicht klein machen. Die Ereignisse und Sie haben mich davon überzeugt, dass wir endlich lernen müssen, manche Dinge anders zu sehen. Also, was brauchen Sie für Ihre Arbeit?«

Professor Matsumoto sah den Premierminister lange in die Augen. Dann sagte er nur kurz:

»Ich werde Sie beim Wort nehmen, Herr Premierminister, und Ihnen meine Liste über Minister Takahashi zukommen lassen.« Trotz der Zusicherung des Premierministers hielten sich bei Professor Matsumoto Vertrauen und Skepsis noch immer die Waage.

Es klopfte und der Sekretär des Premierministers trat ins Büro. Die vier Personen im Raum drehten die Köpfe zur Tür, die Unterbrechung der Unterhaltung war ihnen unangenehm, es ging um nicht weniger als die Sicherheit der Menschen in der Hauptstadt und vielleicht auch im ganzen Land.

»Herr Premierminister«, sagte der Angestellte nach der in dem Land zum guten Benehmen gehörenden Verbeugung. »Neue Nachrichten von den Hilfskräften. Die Mitglieder der kaiserlichen Familie werden derzeit in eine der Sommerresidenzen seiner Majestät gebracht.«

Der Premierminister bedankte sich bei seinem Angestellten und wandte sich dann wieder an die Wissenschaftler.

»Herr Professor, ich möchte mich bei Ihnen und Ihrem Team für Ihre Arbeit bedanken.«

Kurz darauf hatte der Besuch beim Premierminister Japans sein Ende gefunden und die drei Wissenschaftler waren auf dem Weg zurück in ihr Institut, dass inzwischen auch zur Wohnung der drei geworden war.

Inagi-Shi, Tokio, Japan

Wenn man auf einem der Hügel stand, die überall um die Stadt Inagi herum aufragten, konnte man von einigen Stellen aus den Gipfel des Fuji betrachten. Wenn der Gipfel des Vulkanes im Sommer abends schwarz gegen den dunkelblauen Himmel abstach, war dies ein Anblick, den man so schnell nicht wieder vergessen konnte. Im Winter leuchtete der Vulkan mit seiner weißen Kapuze weit ins Land.

Jetzt stand Kazuko Yamada auf der Kuppe eines Hügels und schaute zu dem Berg, aus dem dicker schwarzer Rauch in den Himmel stieg. Eigentlich war das kein Rauch, sondern Wasserdampf, vermischt mit Gestein, das in mikroskopisch kleine Teile zermahlen worden war und sich später irgendwo absetzen würde. Sie schaute zu, wie die Ascheflocken niederregneten und alles nach und nach unter einer grauen Schicht begruben. Dabei hatten sie hier in Inagi-Shi noch Glück im Unglück. Die Wolke, die sich seit Tagen am Himmel ausbreitete, zog nur mit ihren Randzonen in Richtung ihrer Stadt und ließ die tödlich werden könnende Asche an anderen Orten auf das Land niederregnen.

Kazuko Yamada hatte die Explosion des Owakudani überstanden, dabei jedoch eine Kollegin verloren, die auch ihre Freundin war. Sie hatte das schwere Erdbeben überlebt, das einige Tage nach der Explosion das Land heimgesucht hatte. Sie hatte es geschafft, sich bis nach Hause durchzukämpfen, ein zu Hause, das es wider Erwarten sogar noch gab. Zu allem Überfluss war noch der Fuji ausgebrochen. Würde sie diesen Teil der Geschichte auch lebend überstehen?

Was Kazuko dort am Horizont sah, ließ sie nichts Gutes ahnen. Sowohl aus dem Hauptkrater des Fuji, der sich erst während der letzten Eruption im Jahre 1707 gebildet hatte, als auch aus mehreren neuen, kleineren Kratern floss Lava die sanft geneigten Hänge hinab. Die aufsteigende Aschewolke machte selbst über achtzig Kilometer entfernt das Atmen mehr und mehr zur Qual.

Weshalb war sie überhaupt auf diesen Hügel gestiegen?

Sie wusste auf diese Frage keine Antwort. Sie war einfach einem inneren Impuls gefolgt, einer Laune und ihrem Gefühl. Nun sah sie mit eigenen Augen genau das, wovor ihr Mann sie oft gewarnt hatte.

Ihr Mann, wie ging es ihm? Wo war er? Würde er es nach Hause schaffen? Die Fragen ließen sie nicht zur Ruhe kommen, trieben sie immer wieder in die Unsicherheit des Freien hinaus, als ob sie dort eine Antwort finden könnte.

Ihr eigener Weg nach Hause hatte mehr als drei Tage gedauert. Sie war immer parallel zu den Gleisen gelaufen, wie ihr Mann empfohlen hatte. Dort stehen normalerweise nur wenige Häuser, die auf die Gleisanlagen stürzen und so den Weg versperren konnten, so hatte Rudi argumentiert. Der Weg von ihrer Firma bis zu dem Bahnhof, an dem sie immer umsteigen musste, war der weitaus schwierigere Teil gewesen und hatte die längste Zeit in Anspruch genommen. Immer wieder war sie von Hilfskräften der SDF angehalten und zu Sammelstellen geschickt worden. Oft musste sie sich in lange Listen eintragen, in denen man die Daten der Überlebenden sammelte. Sie musste darüber lachen, denn allein durch ihre Eintragungen gab es in der Stadt rund zwanzig Menschen mehr, die die Katastrophe überlebt hatten. Und das bei nur der einen Person, die sie in der Realität war.

Sie hatte sich unaufhaltsam durch die Trümmer der Stadt gekämpft, ihr Ziel dabei nie aus den Augen verloren. Die Hoffnung, dass sie ihren Mann zufällig irgendwo unterwegs treffen konnte, hatte sie niemals aufgegeben.

Am Abend des Vortages war sie dann endlich an dem Haus angekommen, in dem sie und ihr Mann wohnten. Sie war angenehm überrascht über den Umstand, dass das Gebäude die Dramen der Natur anscheinend unbeschadet überstanden hatte. Sicher, aus der Fassadeverkleidung waren viele der kleinen Fliesen gebrochen, die vier großen Fensterscheiben im Foyer waren zu Bruch gegangen. Alles in allem war das Gebäude jedoch intakt.

Die letzten Stufen bis zu ihrer Wohnung im dritten Stock war sie mit ihren letzten Energiereserven gerannt, nur um sich vor einer verschlossenen Tür wiederzufinden.

Das Chaos erwartete sie in der Wohnung, in der alles auf dem Boden lag. Das Geschirr war zerbrochen, der Fernseher nur noch ein Haufen Elektronikschrott, selbst das fest mit Zimmerdecke und Fußboden verschraubte Bücherregal des Arbeitszimmers hatte sich aus der Verankerung gerissen und war umgefallen. Die Computer waren nicht mehr zu gebrauchen, aus dem Drucker hatte sich die Tinte geplatzter Patronen auf dem Laminatboden ausgebreitet und war getrocknet. Trotzdem waren sie, verglichen mit den Schäden, die sie unterwegs gesehen hatte, relativ glimpflich davon gekommen.

Kazuko hatte sich auf das Sofa im Wohnzimmer gesetzt und war vollkommen erschöpft eingeschlafen. Sie ruhte sich ein paar Stunden aus, bis sie sich soweit gekräftigt hatte, dass sie in der Lage war, die nächsten Schritte in Angriff nehmen zu können.

In jeder japanischen Wohnung gibt es fest eingebaute, riesengroße Wandschränke. In einem dieser Schränke hatten sie ihre Notfallausrüstung gelagert, die sie jetzt benötigte. Dazu gehörte unter anderem auch ein kleiner, mit einer Gaskartusche betriebener Kocher, auf dem sie sich kurz vor Mitternacht eine der Tütensuppen zubereitete, die Rudi bei seinem letzten Besuch aus Deutschland mitgebracht hatte. Noch vor Jahren, nach dem großen Beben, hatte sie mitleidig darüber gelächelt, als ihr Mann in die Fachgeschäfte fuhr und alles das einkaufte, was in seinen Augen zu einem gut ausgestatteten Notfallset gehörte. Am Lautesten musste sie über den Kocher lachen.

Jetzt, als sie selbst in relativer Sicherheit auf dem Sofa sitzen und die warme Suppe löffeln konnte, war sie froh darüber, dass er in diesem Punkt seinen Kopf durchgesetzt und nicht auf sie gehört hatte. Die Suppe tat gut, wärmte sie und gab ihr Kraft. Mineralwasser zum Trinken und Zubereiten von Mahlzeiten hatten sie genug im Schrank stehen. In den Jahren nach dem Großen Ostjapanischen Erdbeben war bei ihnen ein Kreislauf entstanden, in dem das schon ältere Wasser aus dem Notfallbestand benutzt und durch neues ersetzt wurde, genauso wie die Gaskartuschen und die Batterien regelmäßig ausgetauscht wurden. Sie hatten in der Wohnung alles, was sie für das Überstehen von ein paar Tagen ohne Versorgungsmöglichkeiten von außen benötigten. Sie hatten Kerzen und damit Licht, sie hatten genügend Batterien und auch genug Gaskartuschen für den Kocher. In einer großen Plastikbox lagerten Dauernahrungsmittel, deren Bestand und Haltbarkeit sie wöchentlich einmal kontrollierten und nach Bedarf ersetzten oder aufstockten. Mit allem, was sie im Schrank hatten, so hatten sie es sich einmal ausgerechnet, würden sie zu zweit gut und gerne zwei, bei etwas sparsamen Verbrauch auch drei Wochen überleben können. Sie rechneten damit, dass selbst beim größten Desaster nach dieser Zeit die Versorgung wieder hergestellt sein würde.

Aus einem der 20-Liter-Kanister, die in einer Ecke auf dem Balkon standen und deren Inhalt außer für die Toilette und Körperhygiene zu nichts anderen benutzt werden durfte, nahm sie sich etwas Wasser, um sich nach den Tagen des Laufens wenigstens zu waschen. Eine Dusche oder gar ein heißes Bad wären ihr zwar lieber gewesen, aber aus der Leitung kam kein Wasser, also musste sie mit dem Vorlieb nehmen, was möglich war.

Danach hatte sie noch einmal ein paar Stunden geschlafen, in ihrem Bett geschlafen. Die Stunden der Ruhe taten ihr gut und als sie am Morgen aufwachte, fühlte sie sich frisch genug, um die nächsten Wege in Angriff zu nehmen.

Yomiuri-Land, Tokio, Japan

*N*un stand sie auf dem Hügel, den sie auch vom Balkon der Wohnung sehen konnte. Hinter ihr befand sich ein kleiner Freizeitpark. Nur war keiner der derzeitigen Besucher zu seinem Vergnügen hier. Schnell war der Park zu einem Evakuierungszentrum geworden, in dem sich nach und nach die Menschen einfanden, die vor der Asche und der Lava des Fuji geflüchtet waren. Auch Kazuko war schon mehrmals gefragt worden, ob sie ein Flüchtling sei, weil sie einfach nur auf dem Hügel stand und in die Landschaft blickte.

Was sie am fernen Horizont sah, versetzte sie in Angst. Wie hatte ihr Mann ihr einmal erklärt? ›Im Netz habe ich einen Artikel gefunden, in dem vor einem neuen Ausbruch des Fuji gewarnt wird. Die Folgen für Menschen und Natur werden sehr schlimm.‹ Damals hatte sie ihm nicht geglaubt. Nach dem schweren Erdbeben des Jahres 2011 aber kam der Vulkan nicht mehr aus den Schlagzeilen. Immer häufiger und immer eindringlicher in ihren Worten warnten die Wissenschaftler vor den Folgen einer möglichen Eruption.

Am Horizont standen mehrere Rauchsäulen, die mit ihrer heißen Fracht den Himmel verdunkelten. Die Luft, die Kazuko atmete, war mit Vulkanasche versetzt und ohne die Maske würde sie alles einatmen müssen. Wie sollte das alles enden?

Obwohl sie dieses Schauspiel der Natur erschreckte, ihren Blick konnte sie nicht abwenden. Vom Gipfel schlängelte sich ein breites rotes Band den Abhang hinab. Jedes Mal, wenn sich der Lavastrom aus einem der kleineren Krater mit dem Hauptfluss vereinte, wurde dieser breiter. Immerhin hatten die Menschen das Glück, dass die Lava sehr zähflüssig und damit langsam war. So hatten sie Zeit, sich in Sicherheit zu bringen. Aber was bedeutete das? Gab es so etwas Ähnliches wie Sicherheit überhaupt? Wie lange würde die Lava aus dem Berg quellen? Wie weit würde sie sich im Gelände unterhalb des Vulkanes ausbreiten? Was immer noch geschehen sollte, dieses Land würde sein Gesicht gravierend verändern.

Mehrmals am Tag gab es kleinere Erdstöße, die die Menschen jedes Mal in Panik versetzten. Kazuko nahm die Erdbeben inzwischen gelassen, hatte ihre Angst verloren, nachdem sie alles überstanden hatte, was in den letzten Tagen geschehen war. Was konnte sie noch erschrecken?

Kazuko drehte sich um und schaute über den Ort bis hin zu ihrer Wohnung. Sie staunte darüber, dass es in dem Ort zu ihren Füßen kaum zu Komplettverlusten gekommen war. Die Gebäude hatten zwar Schäden abbekommen, waren aber noch bewohnbar.

Auf den Straßen quälte sich der Verkehr in endlosen Schlangen. In Richtung Innenstadt fuhren die mit Hilfsgütern schwer beladenen LKW der Armee und verschiedener Hilfsorganisationen. Mit diesen Gütern sollten die Menschen versorgt werden, die noch im Zentrum der Hauptstadt ausharren mussten. Aus der Hauptstadt kommend fuhren in langen Kolonnen Busse und Transporter der Armee, die Verletzte in andere Evakuierungszentren und Kliniken außerhalb Tokios brachten.

Die Randgebiete der Hauptstadt schienen nicht so hart getroffen zu sein wie der Kern der Stadt selbst. Kazuko versuchte gar nicht erst, einen Grund dafür zu finden. Auf ihrem Weg nach Hause war sie durch blankes Grauen gestolpert, hatte mit eigenen Augen die Trümmer einer hypermodernen Weltstadt gesehen, stieß unterwegs auf die Körper von Toten und sie begegnete unzähligen Menschen, die versuchten, sich in Sicherheit zu bringen. Längst hatte sie ihre Bemühungen aufgegeben, über irgendwelche Gründe nachzudenken. Es würde sie am Ende nur verrückt machen, wenn sie die Ursache dafür wusste, weshalb im Kerngebiet Tokios die Schäden so immens waren, während in vielen Bereichen am Stadtrand, die noch mehr ländlichen Charakter hatten, nur relativ wenig passiert war. Am Stadtrand waren nur Gebäude zerstört, die schon älter waren und den Erdstößen nicht mehr standhalten konnten. Kazuko hatte aber auch Trümmer in dem Teil der Stadt gesehen, in der sie mit ihrem Mann lebte.

Vorsichtig nahm sie den Weg nach Hause in Angriff. Eigentlich wollte sie die Treppe benutzen, die sich am Berg hinauf schlängelte. Ihr kamen jedoch so viele Menschen entgegen, dass sie neben den Stufen gehen musste. Würde der vorhandene Platz auf dem Plateau überhaupt reichen, um alle Flüchtlinge aufzunehmen und ihnen einen Ort zu bieten, an dem sie vorübergehend eine Bleibe finden konnten?

Sie selbst fühlte sich sicher, hatte sie doch den großen Vorteil, in ihrer eigenen Wohnung leben zu können.

Hakone-Fuji-Izu-Nationalpark, Hakone, Japan

*P*rofessor Matsumoto und sein kleines Team waren erneut in der Gegend unterwegs, in der alles begonnen hatte. Hier lag nicht nur der Fuji, hier fand man auch das, was von den anderen Vulkanen der Gegend übrig war. Ein Fahrzeug der SDF hatte sie hierher gebracht. Sie suchten noch immer nach einer Antwort auf die Frage, ob das Land an den Wiederaufbau gehen konnte oder ob mit weiteren bösen Überraschungen von Mutter Natur gerechnet werden musste.

An der Stelle, wo einst der tausende Jahre alte Owakudani in den Himmel ragte, fanden sie jetzt nur noch einen gigantischen Krater, an dessen Rand die Explosionswelle pulverisiertes Gestein kreisförmig aufgeschichtet hatte. Professor Matsumoto sah sich alles sehr genau an, nahm Messungen vor, machte sich viele Notizen und suchte zwischen den Gesteinstrümmern nach Hinweisen, wie sich das Drama zugetragen hatte, das im Land zu so vielen Opfern geführt hatte.

Wie war es dazu gekommen? Er war noch immer felsenfest von der Richtigkeit der Hypothese überzeugt, die er kurz nach dem Verschwinden des Wassers aufgestellt hatte. Er brauchte jetzt nur noch Beweise dafür – oder auch dagegen. Er hoffte, anhand der verschiedenen Gesteinsarten die ungefähre Tiefe bestimmen zu können, in der das Wasser auf das Magma getroffen war. Sollte er Gesteine aus tieferen Schichten finden, wäre das ein unumstößlicher Beweis für die Richtigkeit seiner nahe liegenden Vermutungen.

»Keiko, haben wir in unseren Unterlagen irgendwelche Angaben zu den Lavagängen, die es in der Gegend gegeben haben muss?«, fragte er seine schwangere Mitarbeiterin, die es sich trotz ihres Zustandes nicht nehmen ließ, mit hinaus ins Gelände zu fahren. »Vor allem interessiert mich die Tiefe der Gänge.«

»Ich glaube, wir haben dazu einige Angaben im Archiv. Ob uns das aber weiterhelfen kann, möchte ich bezweifeln, weil das nur Überlieferungen sind«, antwortete Keiko. Im Institut war unter ihrer Leitung als Resultat ihrer Dissertation ein Archiv über die Geologie der näheren Umgebung entstanden. »Ich muss da zuerst einmal in den Unterlagen suchen. Bis wann brauchen Sie eine Antwort?«

»Wäre vorgestern machbar?«, versuchte der Professor in seiner Art zu scherzen. »Nein, so schnell wie möglich, aber bitte keine neue Panik verbreiten, davon hatten wir in den letzten Wochen eindeutig genug.«

Die Tage nach dem ersten Ausbruch des Fuji seit mehr als 300 Jahren wurden für Tokio und das nähere Umfeld der Stadt zu einem Albtraum mit beängstigender Schönheit. Mehrere neu entstandene Krater entließen ihre Lavaströme und Aschewolken, die sich in Richtung Tokio bewegten und auf ihrem Weg alles mit einer dicken grauen Schicht überzogen. In Tokio selbst war diese Ascheschicht stellenweise bereits mehr als fünf Zentimeter dick. Sie bedeckte alles und behinderte die Maßnahmen zur Rettung der Menschen, die Opfer von drei großen Katastrophen geworden waren.

Inzwischen hatte der Himmel zwar wieder aufgeklart, die Wolke zog weiter hinaus auf den Ozean. Die Fracht allerdings, die sie mit sich führte, blieb zum größten Teil in Japan. Und noch immer flossen die Lavaströme und keiner konnte sagen, wie lange es dauern würde, bis der Ausbruch zum Erliegen käme. Aus historischen Überlieferungen wusste man, dass beim letzten Ausbruch des Fuji im Jahr 1707 die Lava über zwei Wochen lang aus dem Vulkan quoll und sich weit über das Land ergoss. Dabei war auch der aktuelle Kegel des Fuji geformt worden.

»Professor Matsumoto, wie finden wir nun aber heraus, wie das alles miteinander in Verbindung steht?«, wollte Keikos Mann Keiji wissen. »Ich meine, hier werden wir dafür sicher keine Beweise finden. Schauen Sie sich doch mal die Gegend an! Hier gibt es kaum noch was, was einen Rückschluss zulässt. So gesehen müssten wir unsere These eigentlich nur noch formulieren und bei den zuständigen Stellen einreichen. Wäre das nicht der schnellere Weg?«

»Keiji«, entgegnete Professor Matsumoto in väterlichem Tonfall. »Wir dürfen nicht so schnell aufgeben! Sicher, hier gibt es nichts zu holen. Ich will es aber genau wissen. Ich glaube, das sind wir all denen schuldig, die umgekommen sind.«

Inzwischen verfügte man über erste genaue Schätzungen der Opfer. Über sieben Millionen Menschen hatten durch die Naturkatastrophen ihr Leben verloren. Dennoch war auch diese Zahl nur eine Schätzung, viele Vermisste waren trotz intensiver Suche noch nicht gefunden worden. Große Teile der Armee und viele freiwillige Hilfskräfte durchkämmten die Straßen auf der Suche nach Verwundeten, Vermissten und Toten.

Das Gelände, in dem sie gerade standen, schien direkt vom Mond zu kommen. Kein lebendiges Wesen zeigte sich, weder Pflanzen noch Tiere waren zu sehen. Lediglich verschiedene Arten pulverisierten Gesteins bedeckten das Terrain. Die Caldera, in der einst der Ashi-See lag, war aufgefüllt mit dem Material, das bei der Explosion des Vulkans aus der Erde gespien wurde und wieder zurück gefallen war. Die vielen kleinen Ortschaften mit den alten Gebäuden im japanischen Stil am gegenüberliegenden Ufer des Sees waren durch die Wucht der Explosion sofort ausradiert worden, nicht einmal die Trümmer der Gebäude waren zu sehen. Nur nackter Boden, übersät mit Gesteinsresten, lag zu ihren Füßen.

Der Anblick ließ einem den Atem stocken. Von einem der beliebtesten Ausflugsziele in der Ebene von Kanto mit seinen liebevoll gepflegten Badeanstalten war nicht mehr geblieben als nackter, toter Boden. Niemand wusste, wie viele Menschen hier ums Leben gekommen waren, es fanden sich nicht einmal Spuren dafür, dass an dieser Stelle jemals Menschen gelebt und gearbeitet hatten.

Der Professor begann plötzlich, kleinere Steine aufzusammeln und zu einem Hügel aufzuschichten. Keiko und Keiji sahen ihm sprachlos dabei zu, ohne das Handeln ihres Chefs zu verstehen. Der stand jetzt vor dem kleinen Hügel, hatte den Kopf geneigt und seine Hände aneinander gelegt. Es schien, als ob er vor dem Hügel beten würde. Was sollte das bedeuten?

Eines der ungezählten Opfer der mörderischen Bodenwelle war die Exfrau des Professors. Bislang hatte er noch keine Zeit zum Trauern gefunden. Die Ereignisse hatten ihn vollkommen in Anspruch genommen, hatten ihm keine Zeit gelassen, das Geschehen und seinen Verlust zu verarbeiten oder auch nur darüber nachzudenken. War jetzt der Moment gekommen, in dem die bislang in ihm angestauten Gefühle sogar über die Wissenschaft siegten und einen so genialen Professor wie den ihren zu dem machten, was er am Ende doch nur war: ein Mensch?

Keiko und Keiji Matsuda vergrößerten den Abstand zum Professor, ließen ihm den Raum, den er jetzt für sich benötigte. Sie brauchten den Professor noch. Nicht nur sie, das ganze Land war auf ihn angewiesen.

Noborito, Tokio, Japan

Nur noch acht Kilometer trennten ihn von seinem Zuhause, nur noch achttausend verdammt lange Meter. Aber immerhin, er hatte es schon bis hierher geschafft. Sein Ziel war in erreichbare Nähe gerückt, aber noch lag das größte Hindernis vor ihm.

Rudi hatte sich auf seinem Weg immer gefragt, wie er an das andere Ufer des Flusses Tamakawa gelangen sollte. Der Fluss legte sich ihm mit über einhundert Metern Breite in den Weg. Aber Rudi musste irgendwie auf die andere Seite gelangen, wenn er nach Hause wollte. Er hatte keine Wahl, es gab keinen anderen Weg. zumindest keinen ohne mehrtägige Umwege.

Am Ende stellte sich die Überquerung des Flusses als das kleinste Problem heraus. Etwa dreihundert Meter von der breiten Eisenbahnbrücke entfernt gab es vor den Katastrophen eine Staumauer, die dazu gedacht war, die Strömung des Flusses, der sich in flachem Gelände schlängelte, etwas zu beschleunigen. Diese Mauer hatte sich als äußerst stabil erwiesen und allen Erschütterungen standgehalten. Die etwa zehn Meter breite Lücke, die es in der Staumauer gab, stellte für die Menschen zwar ein Problem dar, aber kein unüberwindbares Hindernis. Ein paar findige Männer hatten in dieser Lücke aus Türen und alten Balken eine Brücke gezimmert, über die man ohne größere Mühen auf die andere Seite des Flusses gelangen konnte. Der Fluss selbst war nur ein schlammige Ebene. Fußabdrücke zeugten davon, dass ganz mutige versucht hatten, den Fluss direkt zu überqueren.

Rudi hatte den Weg über die Staumauer genommen und stand jetzt neben den kläglichen Resten des Bahnhofes Noborito in einer Schlange an. Die SDF hatte an dieser Stelle einen Verpflegungsstützpunkt eingerichtet, der Menschen mit Nahrungsmitteln und Getränken versorgte. Um seinen

Hals hing eine grün-blau gestreifte Karte, mit der für die Helfer sichtbar war, dass er auf dem Weg nach Hause war und dafür nur geringe Hilfe benötigte. Als er endlich an der Reihe war, erhielt er eine große Flasche Mineralwasser und drei Nigiri, dreieckige, etwa handtellergroße Reisbällchen. Hunger spürte er keinen, dafür aber Durst. Er musste sich das Wasser allerdings einteilen, weil er nicht wusste, ob und wo es auf dem vor ihm liegenden Weg einen weiteren Versorgungspunkt gab. Abseits der Ausgabestelle gab es Toiletten und Möglichkeiten, sich die Hände und das Gesicht abzuwischen, von Reinigung konnte allerdings keine Rede sein. Rudi säuberte sich ein wenig und gönnte sich eine längere Pause. Er fühlte sich etwas erholt, als er endlich die letzten acht Kilometer in Angriff nahm.

Trotz all dem Elend, das er bislang gesehen hatte, war er darüber erstaunt, wie diszipliniert sich die Menschen sogar in einer so dramatischen Situation verhielten. Sie warteten geduldig in den Schlangen vor den Ausgabestellen, es gab keine Rangeleien um Nahrung oder Wasser, man stritt sich nicht um einen Platz zum Ausruhen. Fast schon apathisch warteten die meisten, bis sie an die Reihe kamen. Die Menschen waren noch immer zu sehr von den Ereignissen geschockt, die sie erlebt und froh darüber, dass sie überlebt hatten.

Es war Rudi nicht anders ergangen als den anderen. Ihm war nur gelungen, die Gedanken an Tod und Elend bewusst in den Hintergrund zu drängen. Er wusste allerdings genau, dass die verdrängten Gedanken und Emotionen wieder zurückkommen, ihn belasten, in die Verzweiflung und bis an den Rand des Wahnsinns treiben würden. Bis dahin aber wollte er schon zu Hause sein. Sofern es sein Zuhause denn noch gab.

Er folgte der Hauptstraße, die ihn bis fast an die Haustür bringen würde. Wie ein Roboter setzte er einen Fuß vor den anderen. Seine Beine brannten, die Schultern hatten durch den viel zu kleinen Rucksack wund geriebene Stellen, in denen der Stoff des Hemdes scheuerte und ihm zusätzliche

Schmerzen bereiteten. Aber Rudi biss die Zähne zusammen, versuchte, die Schmerzen zu ignorieren und stapfte erschöpft und müde weiter. Mit jedem einzelnen Schritt kam er seinem Ziel ein paar Zentimeter näher: Die Wohnung, von der er hoffte, dass sie noch existierte und dass er dort ein wenig von dem finden konnte, was er seit Tagen suchte: Ruhe.

Dennoch war er über den Fakt erstaunt, dass in dem Gebiet, durch das er marschierte, die Zerstörungen weitaus geringer waren als im Innenbereich der Hauptstadt, durch den er sich in den letzten Tagen gekämpft hatte. Hier, in den doch eher ländlich wirkenden Teilen der Stadt, konnte er vollkommen intakte Gebäude sehen, bei denen aus einigen Fenstern weiße Tücher hingen. Er hatte inzwischen erfahren, dass man mit diesen Tüchern um Hilfe bat. In Häusern, die man mit einer blauen Fahne gekennzeichnet hatte, waren Menschen untergebracht, die nicht mehr weiter kamen, weil die Kräfte sie verlassen hatten. Unter den Menschen hier war das weit verbreitet, was man gemeinhin Solidarität nannte. Man gab, wenn man konnte und man half, wo und wie es einem möglich war. Um dies den anderen zu signalisieren, hängte man gut sichtbar eine grüne Fahne aus dem Fenster. Es konnte einem so erscheinen, als ob die Katastrophenkette die Menschen einander näher gebracht hatte. Bedurfte es denn immer erst einer Apokalypse, um ein Ziel zu erreichen?

Rudi ging Schritt für Schritt weiter und kam nach vielen Stunden an der Kreuzung an, von der aus er vor den Katastrophen den Gipfel des Fuji sehen konnte. Jetzt war von dort aus kein Vulkangipfel mehr zu sehen. Die vormals große Aschewolke über dem Krater hatte sich in kleinere Wölkchen aufgeteilt und war schon beinahe verschwunden. Knapp 300 Meter trennten ihn noch von seinem Ziel und er erkannte schon von Weitem, dass das Haus noch stand. Dieser Anblick gab ihm Kraft und machte ihm neue Hoffnung.

Die Glasscheiben im Eingangsbereich des Hauses waren zwar zerbrochen und die Schiebetür des Hauseinganges stand weit offen, aber das Gebäude stand und wie er den vielfältigen Geräuschen aus dem Inneren entnehmen konnte, bot es auch Menschen ein Obdach. Er mobilisierte seine letzten Kraftreserven, atmete noch einmal tief durch, stieg die letzten Stufen hinauf, öffnete die Tür zu seiner Wohnung, trat in den Eingangsbereich, sah seine Frau im Licht stehen, das durch die Balkontür in das Wohnzimmer und den Flur fiel und brach vollkommen entkräftet, aber unendlich glücklich, im schmalen Flur hinter der Wohnungstür zusammen.

Stuttgart, Deutschland

*D*rei Tage musste Antje im Krankenhaus bleiben. Sie konnte die Aufregung um ihre Person gar nicht verstehen. Okay, sie war im Büro ohnmächtig geworden und vom Stuhl gefallen, als ihr die neuesten Nachrichten aus Japan zu Ohren kamen, aber deswegen gleich drei Tage im Krankenhaus bleiben? Sie verstand die Welt nicht mehr. Zwei der drei Tage, so hatte ihr Mann es ihr anschließend berichtet, hatte sie geschlafen, ohne dass sie ein Sedativ bekommen hatte. Wie die Ärzte sagten, hatte sie all die negativen Dinge, die sie erfuhr und die Sorgen, die sie sich um ihren besten Freund machte, zu lange vor sich her geschoben. Die letzten Neuigkeiten über den Ausbruch des Fuji waren der viel zitierte berühmte Tropfen, der das Fass zum Überlaufen brachte.

Nun lag Antje zu Hause auf dem Sofa und las ein Buch. Sie durfte noch nicht wieder zur Arbeit gehen, von ihrem Hausarzt waren ihr noch sieben Tage Ruhe verordnet worden. Zeit, die sie damit verbringen sollte und wollte, Dinge zu tun, die ihr Spaß bereiteten. Dazu gehörte auch, wieder einmal in einem Buch zu schmökern. Während der letzten Monate war sie durch die Ereignisse auf der japanischen Inselkette nicht zum Lesen gekommen.

Sie hatte es sich bequem gemacht, ihre Lieblingsmusik drang aus den Lautsprechern der Stereoanlage, auf dem

Couchtisch vor ihr dampfte heißer Tee und auf ihren Beinen hatte es sich Kalle gemütlich gemacht.

Das Telefon klingelte und riss Antje aus ihren Gedanken.

»Ja«, sagte sie ins Telefon.

»Ich bin's nur«, hörte sie eine vertraute Stimme, die vom anderen Ende der Welt kam und deren Klang sie lange vermisst hatte. Ein dünner Schleier legte sich vor ihre Augen, sie fühlte sich einer Ohnmacht nahe und es war ihr, als ob die Zeit stehen bleiben würde. »Antje, bist du noch dran?«

»Ja. Klar. Doch«, stotterte Antje ins Telefon. »Ich kann es nur irgendwie nicht so richtig glauben.« Rasch überwand sie ihre Überraschung. Sie hatte mit allem gerechnet, nur nicht damit, dass ihr bester Freund aus Japan anrufen würde. »Von wo aus rufst du an? Wie geht es dir? Bist du in einem Notquartier untergekommen?«

»Ich rufe von zu Hause aus an, so komisch sich das vielleicht auch anhören mag«, antwortete Rudi. Es ging ihm also gut und Antje beruhigte sich weiter. »Bei uns ist alles soweit in Ordnung und seit gestern können wir auch wieder telefonieren. Und da habe ich sofort an dich gedacht. Wir hatten noch mal Glück im Unglück, hier in der Gegend ist nicht so viel kaputt gegangen. Die Hügel um die Stadt haben wohl doch das Meiste abgefangen.«

»Ja, aber der Fuji und die Asche und …«

»Große, das sind die einzigen Probleme, die wir hier noch haben. Die Asche ist schlimm. Sie kommt durch jede Ritze in die Zimmer. Frage nicht nach Sonnenschein. Und wenn wir mal raus wollen, dann müssen wir uns Schutzklamotten anziehen. Und das bei knapp dreißig Grad im Schatten, kommt gut, sage ich dir, aber anders können wir uns nicht schützen. Aber es kommt zumindest kaum noch neue Asche dazu.«

„Weißt du eigentlich, wie froh ich bin, deine Stimme live hören zu können?«, rief Antje mehr ins Telefon als sie sprach. »Ich habe mir solche Sorgen gemacht. Wie geht es Kazuko? Und wie sieht es bei euch aus?«

»Wie ich schon gesagt habe, uns geht es relativ gut. Zwar gibt es noch die eine oder andere Einschränkung, gerade bei Strom, Wasser und Gas. Wenn man es mal aus der Perspektive sieht, sind wir noch einmal mit zwei blauen Augen davon gekommen.«

Antje saß auf dem Sofa und wischte sich ihre Tränen aus den Augen. Sie konnte es nicht glauben. Ihr bester Freund rief sie an, informierte sie über seine aktuelle Situation und teilte ihr mit, dass es ihm gut ging. Er dachte sofort an sie. Dieser Augenblick war für sie unbezahlbar. Diesen Moment nahm sie in ihr Herz auf und schloss ihn darin ein. Niemals würde sie vergessen, dass ihr liebster Freund als Erstes an sie gedacht hatte.

»Es klingt alles so schlimm, was hier in den Nachrichten zu sehen ist. Ist es wirklich so dramatisch?«

»Ich weiß nicht, was ihr in Deutschland seht, aber es ist schlimmer als katastrophal«, antwortete ihr Freund. »In Tokio liegt kein Stein mehr auf dem anderen, es gibt Millionen Tote. Und ich sage dir, wir hatten immerhin noch das Glück, dass die große Hügelkette hier zwischen den Vulkanen und uns steht. Diese paar Meter haben uns wohl das Leben gerettet. Nur vor der Asche konnten sie uns nicht bewahren, leider.«

»Kann ich euch irgendwie helfen?«, wollte Antje von ihrem Freund wissen.

»Nein, nicht wirklich«, entgegnete Rudi, nachdem er rasch über Antjes Angebot nachgedacht hatte. »Es gibt keine Post, die Geschäfte und Banken sind noch zu. Ab Mitte der Woche sollen wir auch Nahrungsmittelrationen bekommen. Wir haben aber unsere eigenen Vorräte. Und ich denke mir ...« Rudis Stimme brach mitten im Satz ab. Antje glaubte schon, dass die Lage in Japan ein Weiterführen des Telefonates unmöglich machte, aber da hörte sie seine Stimme wieder. »... Aber verrate mir mal, was du zu Hause machst!« Erst jetzt hatte Rudi registriert, dass Antje an einem ganz normalen Werktag in Deutschland zu Hause erreichbar war.

»Als die Nachrichten über den Ausbruch des Fuji im Netz zu lesen waren, bin ich in der Firma vom Stuhl gekippt. Ich musste drei Tage im Krankenhaus bleiben und darf noch den Rest der Woche zu Hause bleiben. Das Ganze hat mich wohl stärker mitgenommen als ich mir selbst eingestehen wollte. Du kennst mich ja.«

»Mädchen, mach mir keinen Scheiß, hörst du! Ich brauche dich noch eine ganze Weile.«

»Rudi«, schluchzte Antje ins Telefon, »Ich vermisse dich so sehr. Ich wünsche mir, du und Kazuko, ihr könntet jetzt hier bei mir sein. Könnt ihr nicht einfach rüber kommen?«

»Nichts würde ich lieber machen als das, das kannst du mir glauben. Aber du weißt ja, ich habe hier meine Heimat gefunden. Bis das der Tod uns scheidet oder ich aus dem Land geschmissen werde. Aber wenn hier alles wieder einigermaßen in Ordnung ist und das normale Leben sich wieder eingestellt hat, dann würden wir gern ein paar Tage zu euch kommen, wenn wir dürfen.«

»Rudi, da musst du nicht um Erlaubnis bitten, das weißt du. Unsere Tür steht für euch immer offen. Sag einfach nur Bescheid, wann es soweit ist und dann werden wir am Flughafen auf euch warten.«

Das Telefonat zog sich noch eine ganze Weile hin und als sie es beendeten, war Antje die Ruhe in Person. Ihre Sorgen waren verflogen und sie fühlte sich wie neu geboren.

Tokio, Japan

Professor Matsumoto stand allein vor dem Gebäude des Institutes zur Erdbebenforschung. In der Luft schwebten noch kleinere Teile der Vulkanasche, aber die Luft klarte mehr und mehr auf. Aus dem Fuji, so hatte er beim letzten Überflug festgestellt, ergoss sich zwar noch immer Lava, aber nur noch aus dem Hauptkrater. Die kleinen Krater, die sich beim Ausbruch des Fuji gebildet hatten, hatten ihre Eruptionen eingestellt. Der Meinung des Professors nach war der Druck aus dem Erdinneren schneller abgefallen als von den Wissenschaftlern angenommen wurde. Nun reichte der noch vorhandene Druck nicht mehr aus, um den Ausstoß der Laven aus allen Kratern aufrecht zu erhalten.

Professor Matsumoto war beruhigt, aber nicht zufrieden. Durch Messungen hatten die Forscher festgestellt, dass sich die Lava nur noch in einem dünnen Strom ergoss und sich ihre chemische Zusammensetzung geändert hatte. Alle rechneten damit, dass in wenigen Tagen der Druck vollkommen abgebaut sein würde, der sich im Erdinneren über viele Jahrzehnte angesammelt hatte. Wenn dies geschehen war, dann erst konnte man in Japan daran denken, die Hauptstadt wieder aufzubauen und den Millionen von Opfern ein würdiges Denkmal zu setzen.

Die multiple Katastrophe, wie der Professor die Abfolge der Ereignisse nannte, war für den Tod von zu vielen Menschen verantwortlich. Er konnte so weiterarbeiten wie bisher. Er fühlte sich schuldig, nicht genug getan zu haben, um die Menschen zu retten. Aber – hätte er etwas anders machen können oder müssen? Er hatte von seinen Mitarbeitern die Fakten bekommen, hatte sie mit ihnen ausgewertet und versucht, die Leute in der Regierung, die also, die für das Land die Verantwortung trugen, von den dringend notwendigen Maßnahmen zu überzeugen. Gelungen war ihm das nicht.

Jetzt stand er in den Trümmern einer Metropolregion, die bis vor wenigen Tagen seine Heimat war. Er dachte an die Opfer, für deren Tod er sich verantwortlich fühlte, obwohl er wusste, dass es nichts gab, was er hätte tun können, um sie vor dem zu bewahren, was auf sie zukam. Nichts, absolut nichts hätten er oder andere dagegen unternehmen können.

Er drehte sich um und schaute zum Gebäude des Institutes, das wie ein Fels in der Brandung allem standgehalten hatte, was die Natur der Stadt zugedacht hatte. Er schüttelte den Kopf. Er konnte einfach nicht verstehen, wie dieser

Klotz aus Stahlbeton, der da vor ihm thronte, allem trotzen konnte.

Langsamen Schrittes ging er in das Gebäude und mit einem Nicken grüßte er die Menschen, die hier Schutz und Obdach gefunden hatten. Weil sich die Mitarbeiter und Angestellten des Institutes auf so wenig Raum wie möglich beschränkten, war es ihnen gelungen, etwa einhundert Menschen Zuflucht zu bieten, ein Dach über dem Kopf, nachdem ihre Häuser von der Natur zerstört worden waren. Hier fanden diese Menschen nicht nur einen geschützten Platz zum Schlafen, es gab auch Verpflegung und sogar eine, wenn auch nur rudimentäre, medizinische Versorgung. Vor allem aber gab dieses Gebäude den Menschen ein Gefühl von Sicherheit.

Die Geretteten grüßten zurück und einige der Kinder schenkten ihm kleine Bildchen, die sie auf die Rückseiten der Ausdrucke hinfällig gewordener Prognosen gemalt hatten. Es würde lange dauern, bis diese Kinder die Schrecken der Natur soweit überwunden hatten, dass sie ein halbwegs normales Leben führen konnten.

»Keiko, wie geht es Dir und dem Kind?«, fragte Professor Matsumoto, als er den winzigen Raum betrat, in dem sie ihre wichtigsten Computer in abenteuerlichster Weise untergebracht hatten. »Ich werde jetzt zu Minamis Beisetzung und danach zu den Resten unseres Hauses gehen. Haltet bitte die Stellung. Ich denke, dass ich in einigen Stunden wieder da sein werde.«

Seit dem Ende der Katastrophenkette waren fast zwei Wochen vergangen und in der Stadt kehrte nach und nach eine Normalität ein, die absolut nicht normal war. Die wichtigsten Straßen waren inzwischen geräumt, die ersten Busse fuhren wieder. Sie waren aus dem ganzen Land in die Hauptstadt gekommen. Noch fuhren in der Hauptstadt keine Züge, aber im Umland verkehrten die Bahnen wieder auf den wichtigsten Strecken. Man hatte diese Linien in Windeseile und unter Einsatz aller Möglichkeiten instand gesetzt. Das Leben kehrte zurück in die Metropole, mit jedem LKW, der in die Stadt kam, mit jedem Schiff, das im improvisierten Hafen am Flughafen Haneda seine Ladung löschte, mit jedem Zug, der in einem der wieder eröffneten Bahnhöfe hielt. Unzählige Helfer räumten die Trümmer einer Metropole auf. Abermillionen Tonnen Schutt mussten nach den verschiedenen Materialien sortiert und abtransportiert werden. Sehr oft fanden die Helfer in den Trümmern Leichen oder Teile von Menschen, die dann von speziell ausgebildeten Kräften vorsichtig geborgen und zu einem besonderen Platz gebracht wurden, um sie identifizieren und später beerdigen zu können. Die Zahl der Opfer stieg täglich und sie kam der Opferzahl eines Krieges gefährlich nahe. Inzwischen waren es fast acht Millionen Menschen, die die Kette von Naturkatastrophen mit ihrem Leben bezahlt hatten. Eine Zahl, die man sich nicht vorstellen, geschweige denn verstehen konnte.

Professor Doktor Takayuki Matsumoto legte eine Hand auf Keikos Schulter, die den stillen Gruß vorsichtig erwiderte. Sie verstand ihn nur zu gut. Ihr Chef hatte zum zweiten Male in seinem Leben seine große Liebe verloren, Keiko und Keiji eine gute Freundin. Der Professor nahm seinen alten Hut, setzte ihn auf und verließ das Büro ohne ein weiteres Wort.

Inagi-Shi, Tokio, Japan

R udi hatte sich schnell von seinem Zusammenbruch erholt. Bis an den Rand der Leistungsfähigkeit war er bei seinem Marsch durch die Trümmer gegangen, musste Umwege einlegen oder Hindernissen ausweichen, um an sein Ziel zu gelangen.

Kazuko hatte ihn vorsichtig vom Flur ins Wohnzimmer gezogen, auf das Sofa gelegt und erst einmal in Ruhe gelassen. In aller Stille maß sie seinen Blutzucker, der sich, auch für sie überraschend, in normalen Bereichen befand. Damit hatte sie nicht gerechnet. Rudis Hose waren nicht einmal mehr als Putzlappen zu gebrauchen, zusammen mit seinen Schuhen landete sie im Müll. Dabei war ein verwelktes Gänseblümchen aus der Tasche gefallen, das sie vorsichtig auf den Glastisch im Wohnzimmer legte. Es musste für ihren Mann eine besondere Bedeutung haben, sonst hätte er es schon lange weggeworfen. Kazuko hatte fast einen Liter des wertvollen Wassers geopfert, um Rudi das Gesicht abzuwaschen und seine Wunden zu versorgen. Er spürte von all dem nichts. Er schlief nur, schlief und schlief. Fast vierundzwanzig Stunden lag er wie tot auf dem Sofa. Und als er aufwachte, streckte er sich und fragte als erstes nach einer Zigarette, genau so, als wäre nichts von all dem passiert, was um sie herum geschehen war.

»Haben wir irgendetwas Essbares im Haus«, fragte er nach der Zigarette seine Frau, die in der Küche neben ihm stand und ihn mit ungläubigen Augen von der Seite her ansah.

»Klar, haben wir. Nur mit etwas Kaltem kann ich dir nicht dienen, es ist noch kein Strom da.«

»Ich habe Hunger wie eine Armee«, sagte Rudi und nahm seine Frau in die Arme. »Ich bin so froh, dass wir das überstanden haben. Ich liebe dich.«

»Ich dich auch«, schluchzte Kazuko und begann, an seine Schulter gelehnt, hemmungslos zu weinen. »Ich dich auch.«

Drei Tage später konnte Rudi auch wieder gekühlte Sachen essen. Der Strom war in ihrem Stadtteil wieder verfügbar, wenn auch noch nicht vollkommen stabil. Ihr Stadtteil hatte bei all der Dramatik in der Entwicklung der Dinge großes Glück. Eingebettet lag er in den weit ausladenden Hügeln. Die Druckwelle der Explosion des Vulkanes war über den Ort hinweg gelenkt worden. Die Bodenwelle, die für so viel Elend gesorgt hatte, und das schwere Erdbeben waren durch den massiven Untergrund abgeschwächt worden und hatten nur verhältnismäßig geringe Schäden angerichtet.

Rudi stand auf dem Balkon und sah über die Dächer des Vorortes Tokios, in dem sie lebten. Das Bild, das sich ihm bot, war so ganz anders als das, was er in Tokio selbst gesehen hatte. Der Unterschied erschien ihm surreal, es war, als wäre er aus der Welt des Chaos' in die Welt der Harmonie gewechselt. Die Bilder, die er noch immer vor seinem geistigen Auge sah, machten ihm Angst und trieben ihn in die Verzweiflung. Aber jetzt war er in Sicherheit, was immer Sicherheit auch bedeuten mochte.

Einen Tag später funktionierte das Telefon in ihrer Straße wieder, einige Geschäfte nahmen den Betrieb wieder auf und das Leben schien seinen gewohnten Gang zu gehen. Erst an der Hauptverkehrsstraße, auf der Rudi seinen Weg nach Hause genommen hatte, erkannte man deutlich, dass das Bild des Friedens in den Seitenstraßen nur Illusion war. Kraftwagen der Self Defense Force und vieler privater Firmen transportierten in endloser Reihe Unmengen von Trümmern auf die Sammelplätze außerhalb der Stadt. Wenn sie später in die Stadt zurückkamen, waren die Fahrzeuge hoch beladen mit Kisten und Kartons, die aus allen Regionen Japans nach Tokio kamen, um hier an die Überlebenden verteilt zu werden. Busse, die man in nicht zerstörten Depots gefunden oder die aus anderen Orten gekommen waren, brachten Verletzte in die Krankenhäuser im Umfeld der Stadt, die bis an den Rand des Machbaren ausgelastet waren. Aber niemand murrte, wenn man noch ein wenig enger zusammenrücken musste.

Regierungsviertel Nagatachou, Tokio, Japan

An den Wiederaufbau der Stadt dachte in den Tagen nach der Katastrophe niemand. Dazu war es einfach viel zu früh. Noch war die Schadenshöhe nicht einmal ansatzweise ermittelt worden. Was immer diese Zahlen später auch sagen mochten, die Schadenshöhe würde sich kein Mensch vorstellen können. Es mussten Aberbillionen Yen sein, so viel stand auch ohne genauere Zahlen fest.

»Herr Minister Takahashi«, sagte der Premierminister, der am Fenster lehnte und auf die Trümmer der Hauptstadt seiner Heimat sah, »Wie kommen wir da nur wieder raus?«

»Herr Premierminister«, antwortete der Minister. »So oft ich mir diese Frage selbst gestellt habe, ich habe nur eine einzige Antwort finden können: Hoffentlich anders.«

Der Premierminister drehte sich um und warf dem Minister einen fragenden Blick zu.

»Anders? Wie meinen Sie das?«

»Darf ich offen sprechen, Herr Premierminister?«

Japans Premierminister ging einen Schritt auf den Minister zu, verschränkte die Arme vor der Brust und erwiderte:

»Minister Takahashi, Sie dürfen nicht nur offen sprechen, Sie sollen! Von den ewigen Heucheleien habe ich die Nase gestrichen voll. Also, schießen Sie los!«

»Wir haben jetzt die einmalige Chance, unsere Stadt und die ganze Region anders, besser und sicherer wieder aufzubauen, so traurig das auch angesichts der vielen Opfer ist und so makaber es sich auch anhören mag. Lassen Sie mich das bitte erklären.«

Der Premierminister machte eine auffordernde Handbewegung.

»Die schlimmsten Verwüstungen sind genau dort aufgetreten, wo Altes und Neues zu einem System zusammen kamen, das den Namen System nicht verdient. Ohne jede Ordnung sind zum Beispiel die Straßen dort angelegt worden, wo eben ein wenig Platz war. Die Straßen sind eng und dann auch noch durch Masten für Strom und Telefon begrenzt. Die neuen, breiten Straßen aber haben den Menschen einen Schutz geboten, mit dem niemand gerechnet hat. Die Straßen waren zu breit, als dass Feuer von der einen Seite auf die andere springen konnte. Sicher, die Gebäude dort sind durch die Bodenwellen der Explosion und des Erdbebens auch zerstört worden, aber in der Mitte jener breiten Straßen gab es Bereiche, auf die sich die Menschen retten und überleben konnten. Und genau so sollten wir unsere Stadt neu aufbauen: Breitere Straßen, die geplant angelegt werden, sichere Plätze und vor allen Dingen, wir müssen die Gebäude noch viel erdbebensicherer machen, so wie beispielsweise das Gebäude des Erdbebenforschungsinstitutes von Professor Matsumoto. Und wenn das aus Kostengründen schon nicht bei allen Gebäuden möglich sein wird, dann sollte es zumindest für die wichtigen Gebäude wie Krankenhäuser, Schulen und Behörden keine Limits bei der Sicherheit geben. Für die Bauten also, in die sich die Menschen retten sollen. Der Professor war in dieser Frage allen anderen weit voraus, wie sich im Nachhinein zeigte.«

Der Premierminister setzte sich hinter den Schreibtisch und hörte mit geschlossenen Augen die Worte des Ministers. Auch er hatte in den letzten Tagen nur wenig schlafen können und war vollkommen übermüdet. Die Verantwortung, die auf ihm lastete, war nicht zu beschreiben.

»Wie geht es dem Professor eigentlich?«, wollte er vom Minister wissen.

»Wie uns allen«, entgegnete dieser lakonisch. »Heute wird er endlich seine Frau beerdigen lassen. Man hat sie schon vor Wochen in den Trümmern ihres Hauses gefunden.«

Der Premierminister hob überrascht den Kopf und sah Minister Takahashi an. Plötzlich sprang er auf, stellte sich vor den Minister, fasste ihn an die Schultern und fragte:

»Wo? Wo wird sie beerdigt? Reden Sie schon!«

Die Müdigkeit in den Augen des Premierministers hatte erst der Traurigkeit und dann der Entschlossenheit Platz gemacht. Binnen Augenblicke hatte er seinen Entschluss gefasst.

»Auf dem Friedhof in Hino, dort, wo sie in ihrem Haus gelebt hat.« Der Premierminister ließ seinen Minister los, griff nach seinem Jackett und rief:

»Finden Sie bitte den genauen Ort heraus und beschaffen Sie mir etwas, womit ich schnellsten dorthin kommen kann. Danke.«

Der Minister verließ hastig das Büro des Regierungschefs und organisierte einen Hubschrauber. Er wusste auch ohne Worte, dass sein Chef an der Trauerfeier teilnehmen wollte.

Hino, Tokio, Japan

E in Priester schlug in kurzen Abständen eine Glocke an, um der Seele der Verstorbenen mitzuteilen, dass er mit ihr Kontakt aufnehmen wollte. Der monotone Singsang seines Gebetes war zu hören. Es waren feststehende Formeln und rituelle Handlungen, jede einzelne Silbe und jede einzelne Bewegung hatte ihre in Jahrhunderten genau festgelegte Bedeutung.

Neben einem einzelnen Grab stieg Weihrauch auf. Professor Matsumoto hatte die Hände flach aneinander gelegt und richtete seine Gebete gen Himmel. Seine geschiedene Frau wurde an diesem Tag beerdigt, die Frau, die er geliebt hatte wie keinen anderen Menschen auf der Welt.

Er trug nicht den traditionellen schwarzen Kimono, wie es bei Beisetzungen üblich war. Dieser lag unter den Trümmern des Hauses, das einmal auch sein zu Hause war. Er trug stattdessen einen schwarzen Anzug, der ihm zu groß war, dazu ein weißes Hemd und eine schwarze Krawatte. Selbst diese Sachen hatte er sich leihen müssen. Sein persönlicher Besitz beschränkte sich auf das Wenige, was er zum Zeitpunkt der Katastrophe auf dem Leib trug und als Reserve im Büro hatte.

Tränen rannen ihm über die Wangen. Es waren die Tränen seiner tiefen Trauer. Er hatte Minami geliebt, über alles geliebt. Eine Sache nur hatte er mehr geliebt als seine Frau: den Beruf.

Der Kies hinter ihm knirschte leise. Professor Matsumoto nahm an, dass es ein neues Erdbeben geben würde und drehte sich um. Menschen, die er mochte, waren hinter ihn getreten. Keiji und Keiko verneigten sich zuerst zum Grab und dann zum Professor, legten die Hände aneinander und beteten für die Verstorbene. Auch sie hatten ein sehr enges Verhältnis zur Frau des Professors gehabt. Selbst die Kinder des Professors hatten es geschafft, trotz der noch herrschenden chaotischen Umstände zur Beerdigung ihrer Mutter zu kommen. Ein Hauch von Freude machte kurz der Trauer Platz, die im Gesicht des Professors zu sehen war. Aber nur den Bruchteil einer Sekunde.

In der Ferne hörten sie einen Hubschraubers. In diesen Tagen war das ein Geräusch, das man immer und überall hören konnte. Das Knattern wurde zuerst lauter, dann wieder leiser und erstarb ganz.

Nur wenige Sekunden später stellte sich Japans Premierminister schweigend an die Seite Professor Matsumotos, verneigte sich tief zum Grab der Verstorbenen und verharrte einige Sekunden in dieser Haltung. Professor Matsumoto sah den Premierminister verwundert an und nickte ihm dann leicht zu. Es waren Zeichen des Dankes und der Anerkennung, aber auch Zeichen der Freude und Zeichen des Verständnisses.

Zusammen mit der Frau des Professors wurde die lange andauernde Feindschaft der beiden Männer zu Grabe getragen.

Tokio, Japan

Zwei Monate später erblickte in einem kleinen Krankenhaus am späten Vormittag eines sonnigen Tages ein neuer Erdenbürger kerngesund das Licht der Welt, obwohl er schon im achten Monat der Schwangerschaft geboren wurde. Mit kräftigen Lungen schrie er seinen Frust hinaus. Schnell war das Mädchen untersucht, gemessen, gewogen, gewaschen und in einen warmen Strampler gewickelt. Nach der anstrengenden Geburt hielt Keiko Matsuda ihre Tochter endlich in den Armen und sah Keiji in dessen strahlende Augen. Auch er war erschöpft, aber über alles glücklich.

»Ist sie nicht süß?«, fragte er seine Frau, als er in das Gesicht des kleinen Menschen sah, der seine Tochter war.

Die Ärztin und die Hebamme waren schon gegangen, die Schwestern sorgten wieder für Ordnung im Kreißsaal und halfen Keiko dabei, vom Geburtsbett in ein normales Bett umzusteigen.

»Wie soll sie heißen?«, fragte eine der Schwestern, weil sie den Namen für die Behörden in die entsprechenden Listen eintragen musste. Auch wenn Wochen vorher Katastrophen das Land heimgesucht hatten, Ordnung musste sein.

Keiko und Keiji hatten sich schon lange darauf geeinigt, welchen Namen ihre Tochter in ihrem Leben tragen sollte.

»Minami«, antworteten die Eltern des Mädchens aus einem Mund. »Minami Matsuda.«

Tokio, Japan

Nach den Naturkatastrophen, die die japanische Inselkette innerhalb weniger Wochen heimgesucht hatten, war endlich wieder Ruhe eingetreten. Nicht die Ruhe im Leben der Menschen, sondern Ruhe in der Erde.

Dank der Unterstützung seitens der Regierung war es dem Team um Professor Matsumoto gelungen, festzustellen, dass die Spannungen in der Erde durch die Ereignisse fast vollständig abgebaut worden waren, so dass im Land vorerst niemand mit neuen, bösen Überraschungen aus den Tiefen der Erde rechnen musste. Als man diese Meldung veröffentlichte, ging durch die ganze Inselkette ein Aufatmen. Und gemeinsam mit diesem Aufatmen ging ein Ruck durch das Land. Waren nach dem Erdbeben im Jahr 2011 Spruchbänder mit der Losung: »*Ganbare Nippon*! Gib dein Bestes, Japan!« zu lesen, machte nun ein anderer Spruch die Runde: »*Tokio o migoroshi ni shina*! Tokio, wir lassen dich nicht im Stich!«

Aus dem ganzen Land waren endlos lange Kolonnen von Lastkraftwagen in Richtung Kanto-Ebene unterwegs, mit denen aus allen Landesteilen dringend benötigte Hilfsgüter in das Gebiet der Hauptstadt gebracht wurden. Bald änderten sich die Ladungen und mit den Lastkraftwagen wurden erste Baumaterialien nach Tokio und in die angrenzenden Regionen gebracht.

Minister Takahashi war vom Premierminister zum Chef des neu geschaffenen Ministeriums für den Wiederaufbau ernannt worden und arbeitete sehr eng mit den Wissenschaftlern zusammen. Er hatte eine Vision, die er im Rahmen des Möglichen umzusetzen versuchte. Minister Takahashi pfiff noch immer auf seinen Posten, dachte dagegen viel mehr an die Menschen, denen er ein neues und sicheres Zuhause zu geben gedachte.

Nach nur drei Monaten hatten Architekten aus dem In- und Ausland ihre Vorstellungen von einem neuen Tokio vorgelegt, so abstrus die einen, so hervorragend die anderen. Viele Pläne landeten sofort im Papierkorb, weil sie zwar schön anzusehen waren, aber in der Ausführung zu aufwendig und zu teuer werden würden. Allzu futuristische Gedanken waren derzeit bei Niemandem gefragt. Es kam viel mehr darauf an, in kurzer Zeit mit möglichst geringem Aufwand eine Stadt neu aufzubauen. Eine Stadt, die ihren zukünftigen Bewohnern das Maximum an Sicherheit bieten musste, zu dem man technisch in der Lage war. Am Ende lag der Regierung ein Plan zur Entscheidung vor, in dem alles eingearbeitet worden war, was nicht nur den Möglichkeiten des Landes, sondern sowohl den höchsten Anforderungen an die Sicherheit als auch den allerneuesten Erkenntnissen der Wissenschaftler Rechnung trug. Ein neues Tokio mit breiten Straßen sollte entstehen, eine Stadt, in der die Menschen in mehr Hochhäusern als vorher wohnen würden, die aber allesamt mit zusätzlichen Erdbebenschutzelementen versehen werden sollten. Die Pläne legten fest, dass es in allen Gebieten der Stadt Plätze geben musste, auf denen mindestens 5000 Menschen sicher untergebracht werden konnten. Dort mussten auch Einrichtungen vorhanden sein, um diese Menschen mit dem Notwendigsten zu versorgen. In die Planungen waren alle Erkenntnisse eingeflossen, die man aus den Fehlern der Vergangenheit gezogen hatte.

Nachdem diese Pläne beschlossen und der Beginn ihrer Ausführung bekannt gegeben wurden, schossen die Baustellen wie Pilze aus dem Boden. Tokio hatte sich binnen weniger Wochen aus den Resten einer Stadt in einen Wald aus Baukränen verwandelt.

Im gleichen Zeitraum, in dem man mit dem Wiederaufbau der Hauptstadt Japans begann, starteten die Wissenschaftler die Umsetzung ihres Planes, über das gesamte Land ein noch dichteres Netz an Überwachungsstationen zu legen. In einem Abstand von nur zehn Kilometern wurden, einem

Raster gleich, neue und technisch weiter verbesserte GPS-Stationen installiert, die eine lückenlose Überwachung des beweglichen Untergrundes ermöglichten. Im Orbit schwebten in den notwendigen Umlaufbahnen bereits die für die intensivierte Überwachung benötigten neuen Satelliten. Russland hatte die Kosten für den Transport ins All übernommen, die Elektronik wurde von der Volksrepublik China gespendet und Südkorea wickelte die Überführung der in Taiwan gebauten Satelliten ab. Im Endeffekt würden auch sie zukünftig aus dem neuen Überwachungssystem Nutzen ziehen können.

Tokio, Japan

Professor Doktor Takayuki Matsumoto saß neben Keiji und Keiko Matsuda auf einem der Stühle in der ersten Reihe. Minami Matsuda lag im Kinderwagen und schlief den friedlichen Schlaf eines Kindes. Sie ahnte nichts von den Dingen, die ihre Eltern miterleben mussten, aber Minami würde in einer sichereren Stadt aufwachsen, so zumindest lautete der Entschluss ihrer Eltern. Professor Matsumoto war der Patenonkel der Kleinen geworden. Er hatte diese Aufgabe gern übernommen, als er darum gebeten wurde.

An diesem sonnigen Tag im Herbst wollte man den symbolischen Grundstein für den Wiederaufbau Tokios legen, obwohl bereits überall die ersten Gebäude in die Höhe schossen. Auf ausdrücklichen Wunsch des Premierministers waren auch die drei maßgeblich an der Ergründung der Ursachen für die Katastrophenkette beteiligten Wissenschaftler zu dieser Zeremonie eingeladen worden.

Schon Tage vorher war das Stück Boden, in das man den Grundstein einlassen wollte, mit Bambusruten an seinen Ecken abgesteckt worden, ein Priester hatte in der Mitte dieses Vierecks in einem zeremoniellen Feuer Hunderte dünner

Holzscheite verbrannt, auf die Menschen ihre Wünsche geschrieben und damit die Götter um Beistand gebeten hatten.

Neben dem Loch für den Grundstein hatte man ein einfaches Rednerpult aufgebaut. Ein wenig abseits, aber noch auf Höhe des Rednerpultes, standen auf einem extra dafür errichteten kleinen Plateau zwei bequeme Sessel, in denen das Kaiserpaar Platz nehmen sollte.

Obwohl es ihnen aus Altersgründen sichtlich schwer fiel, verbeugten sich der Kaiser und seine Gattin als Zeichen der Achtung zuerst in Richtung der Stadt und danach zu den Menschen, die an der Zeremonie teilnahmen.

Ein Sprecher sagte einige Worte, um die Menschen auf das Kommende vorzubereiten. Niemals wieder würde ein Bild wie dieses zu sehen sein.

Während der Sprecher den Teilnehmern mitteilte, man würde in einer Minute stiller Anteilnahme verharren und für die Opfer beten, konnten die an der Feier teilnehmenden Personen beobachten, wie sich die Arme der Baukräne, deren Zahl in die Tausende ging, wie auf Kommando gleichzeitig nach unten senkten. Ein Symbol der Trauer und der Anteilnahme, aber auch ein Symbol der Hoffnung. Das Foto, das von dieser Szene um die Welt ging, wurde die am meisten gedruckte Aufnahme überhaupt. Die Erlöse aus dem Verkauf der Lizenzen für dieses Foto flossen direkt in den Wiederaufbau der Stadt.

Der Kaiser sagte einige Worte der Anteilnahme, drückte in seiner kurzen Ansprache auch die Hoffnung darüber aus, dass Japan und allen voran das Kanto-Gebiet dank der Hilfe der Menschen aus aller Welt nun neuer, schöner und sicherer wieder auferstehen würden, wie einst Phönix aus der Asche.

Nachdem der Kaiser wieder in seinem Sessel Platz genommen hatte, trat Japans Premierminister ans Rednerpult, zog aus der Innentasche seines Jacketts ein Redemanuskript, faltete es auseinander, sah in die Gesichter der Menschen, die ihn teils erwartungsvoll, teils gelangweilt anschauten und steckte das Papier wieder zurück.

»Warum soll ich Ihnen Worte vorlesen, die andere für mich aufgeschrieben haben?« Mit dem Beginn seiner Rede erreichte der Premierminister etwas, was kaum einem Politiker vergönnt war: Er hatte die ungeteilte Aufmerksamkeit aller aller Anwesenden.

»Warum soll ich Ihnen Worte vorlesen, die zwar gut klingen, aber nichts sagen?

Wir haben vor einigen Wochen eine Kette von Naturkatastrophen erlebt, die auf der Welt ihresgleichen sucht. Für das, was geschehen ist, gibt es in keiner Sprache der Welt die richtigen Worte. Allein hier in unserer Hauptstadt haben wir über acht Millionen Tote zu beklagen. Worte allein genügen nicht, um unsere Trauer zu beschreiben.« Der Premierminister machte eine kurze Pause.

»Es gibt beinahe kein Haus, das nicht zerstört oder stark beschädigt ist. Wie kann man die dramatische Situation der Überlebenden mit Worten ausdrücken? Wie kann man das Leid ausdrücken, das diese Menschen erfahren haben?« Der Premierminister sah den Gästen in die Gesichter. Mit seinen Armen machte er eine fragende und gleichzeitig resignierende Bewegung

»Für die Höhe der rein materiellen Schäden gibt es in keiner Sprache auf unserer Welt die passenden Worte. Aber das ist nur Geld, um es einmal ganz brutal auszudrücken.

Wir stehen heute vor den Trümmern dessen, was einmal unsere Hauptstadt, was das pulsierende Herz unseres Landes war.

Schauen Sie hinter mich! Sehen Sie sich an, was die Menschen in der Stadt können und was die Menschen in unserem Land können! Wenn ich hinter mich blicke, dann sehe ich nicht die Kräne, mit denen die neuen Häuser gebaut werden. Wenn ich hinter mich sehe, dann erblicke ich die Menschen, die sich nicht entmutigen lassen, sondern nach all dem, was sie erleben und erleiden mussten, wieder von vorn anfangen.

Diesen Menschen, meine Damen und Herren, sollten unser tief empfundener Dank und unsere Anerkennung gelten, diesen Menschen sollten wir unsere Achtung und unser Mitgefühl schenken, nicht aber uns.«

Der Premierminister hielt erneut inne, es schien, als ob er nach den richtigen Worten suchen würde. Er schloss kurz die Augen, wendete sich noch einmal in Richtung der Ruinen der Hauptstadt und fuhr, wieder an die Zuhörer gewandt, fort:

»Einige Wissenschaftler kamen zu mir, als Wasser aus dem Ashi-See verschwunden war und wollten mich informieren. Ich jedoch habe mich ihren warnenden Worten verschlossen. Ich wollte ihnen nicht zuhören. Ich wollte es nicht wahr haben. Es kann nicht sein, was nicht sein darf. Heute weiß ich, dass ich mich geirrt habe. Es war der größte Fehler meines Lebens. Als ich später mit Professor Matsumoto und seinem Team gesprochen habe, habe ich zu den Wissenschaftlern gesagt, dass ich bei den Menschen in der Stadt um Vergebung bitten werde und muss. Wir hätten diese Ereignisse nicht verhindern können, darüber besteht inzwischen absolute Klarheit, aber wir, nein, ich hätte dafür sorgen können, die möglichen Folgen daraus abzuschwächen. Was geschehen ist, wäre so oder so geschehen, aber es hätte viele der Opfer nicht geben müssen. Menschen, die ich niemals persönlich kennen gelernt habe, die mir jedoch vertraut haben. Es wird mir Zeit meines Lebens unmöglich sein, mich bei den Angehörigen eines jeden Opfers persönlich zu entschuldigen und um Vergebung zu bitten. Aus diesem Grunde will ich diese Gelegenheit nutzen, um bei allen Menschen in unserem Land um Vergebung zu bitten.

Vergeben Sie mir, weil ich mich stur gestellt habe und nicht hören wollte, als die Wissenschaftler mit lauter Stimme warnten. Bitte vergeben Sie mir, weil ich die Augen schloss, als andere helles Licht auf den wunden Punkt gelenkt haben.«

Der Premierminister verneigte sich noch einmal lange und besonders tief in Richtung Stadt und ein zweites Mal in Richtung der an der Zeremonie teilnehmenden Menschen, unter denen viele Angehörige von Opfern der Katastrophe waren. Dann holte er Luft und setzte seine Ansprache fort:

»Meine Damen und Herren, ich werde nicht zurücktreten, wie es Feiglinge machen. Ich werde meinen Posten nicht zur Verfügung stellen, weil ich einen schwerwiegenden Fehler gemacht habe. Ich werde mich nicht aus der Verantwortung stehlen. Ich möchte aus den von mir gemachten Fehlern lernen und Ihnen jetzt helfen, ein neues und besseres, ein schöneres und ein sichereres Tokio aufzubauen, ein Tokio, das die Menschen lieben und in dem sich Einwohner und Gäste wohl und sicher fühlen können.« Der Premier zog sein Jackett aus, legte den Schlips ab und krempelte die Arme seines Hemdes hoch. Dann trat er vor das Rednerpult und nahm einen bereitstehenden Spaten in die Hand. Eine Mitarbeiterin des Premierministers klemmte dem zweiten Mann im Staate ein Mikrofon an den Hemdkragen.

»Lassen Sie uns heute nicht nur diesen symbolischen ersten Spatenstich machen.« Der Premier stieß den Spaten kräftig in die Erde und hob einen Haufen davon aus. »Lassen Sie uns heute nicht nur mit dem Wiederaufbau der Stadt beginnen, ...« Noch einmal stieß der Premierminister den Spaten in das schon vorhandene Loch und vergrößerte es ein wenig. »... sondern auch damit, eine neue Nation aufzubauen.« Der Spaten versank erneut in dem Loch und der Premier warf wieder etwas dunkle Erde auf den kleinen Haufen. »Lassen Sie uns für jedes Opfer in der Stadt einen jungen Baum pflanzen. Lassen Sie uns jedem Baum den Namen eines der Menschen geben, die hier umgekommen sind. Und – lassen Sie mich bitte damit beginnen.

Der von mir gepflanzte Baum soll den Namen ›Minami Matsumoto‹ tragen, in Gedenken an die Frau des Mannes, der mich warnen wollte und auf den ich nicht gehört habe.« Der Premierminister griff vorsichtig nach dem Bäumchen, das ihm gereicht wurde und hielt es den Anwesenden mit ausgestreckten Armen entgegen. »Professor Matsumoto, gestatten Sie mir bitte, dem ersten neuen Baum in der Stadt den Namen Ihrer Frau zu geben. Würden Sie uns allen und mir diese Ehre erweisen?«

Der Angesprochene erhob sich langsam und zutiefst gerührt, verneigte sich zuerst zum Kaiserpaar und dann zum Premierminister und sagte mit einem nicht zu überhörenden Tremolo in der Stimme:

»Ja, ich gestatte es.«

Keiner der Anwesenden hatte mit dieser Entwicklung gerechnet. Sie waren zu einer Grundsteinlegung eingeladen und erlebten jetzt eine Situation, die sie erst verarbeiten mussten. So etwas hatte es noch nie gegeben.

Der Premierminister setzte das Bäumchen vorsichtig in das von ihm ausgehobene Loch. Es war ein Ginko, Tokios Wappenbaum. Nachdem der Premierminister das Loch um den frisch gepflanzten Baum gefüllt und den Pflänzling gegossen hatte, bekam das Bäumchen ein kleines Stützgerüst, an dem auf einer Plakette sein Name angebracht war. Ab sofort würde dieses Bäumchen den Namen »Minami Matsumoto« tragen.

Nachdem der Premierminister seine Arbeit beendet hatte, wendete er sich noch einmal zu den Resten der Stadt Tokio, verneigte sich, ging auf den Professor zu und verneigte sich auch vor ihm. Dann breitete er die Arme aus und nahm den Professor in die Arme.

»Takayuki«, sagte der Premierminister in einem Ton, der verriet, dass er den Tränen nahe war. »Vergib mir, bitte! Vergib mir, dass ich nicht auf dich gehört habe, als noch Zeit dafür war.« Zwei dunkle Punkte markierten die Stellen, an denen die Tränen des Staatsoberhauptes auf das Jackett des Professors gefallen waren. »Bitte, vergib mir.«

Professor Matsumoto legte seine Arme um den Premierminister und sagte:

»Ist schon in Ordnung. Wir sind alle nur Menschen. Lass uns nun daran gehen, es besser zu machen. In mir wirst du immer einen Freund haben, der seine Meinung offen auf den Tisch legt. Wenn du damit zurechtkommst, wenn du die Wahrheit verträgst, auch wenn sie unangenehm ist, dann werde ich dir vergeben.«

Gemeinsam liefen die neuen Freunde zu dem Bäumchen, dass der Premier gepflanzt hatte, verweilten kurz, richteten ein Gebet an die Götter und nahmen dann ihre Arbeiten wieder auf.

In den folgenden Wochen und Monaten wurden während des Wiederaufbaus in der Stadt und in der näheren Umgebung mehr als acht Millionen kleiner Ginkobäumchen gepflanzt. Jeder einzelne davon trug einen eigenen.

Auf Initiative des Premierministers wurde so den Opfern der Kette aus Katastrophen ein millionenfaches Denkmal gesetzt.

Danksagungen

Mein Dank gilt an allererster Stelle meiner Frau Kazumi. Sie hat mich in den vielen Stunden ertragen, in denen ich über Text und Interpunktion gebrütet und dabei so manchen Fluch losgelassen habe.

Ein herzlicher Dank geht an Anja und Lars, Rommy und Thomas, die mir unter teilweise recht großem Aufwand viel Material in Deutschland besorgt haben.

Ein weiteres dickes Danke geht an Leo M. Friedrich, dem Autor von „Schatten der Albatrosse" und „Neodymkomplott". Er hat mir beim Probelesen mit so manchem wertvollen Hinweis und vielen Anregungen zur Seite gestanden.

Ein herzliches Dankeschön geht auch an meine Testleser Janina Benner, Tina Augenstein, Kathrin Kröpper und Diana Lichtenthal, die mir mit ihren Hinweisen bei der Verbesserung des Textes geholfen haben.

Weiterhin möchte ich mich bei den vielen Autoren und Lektoren bedanken, die geduldig meine Fragen in diversen Gruppen auf „Facebook" beantwortet haben.

Besonderer Dank geht an den Verlag Kiepenheuer & Witsch und an Frank Schätzing, die mir freundlicherweise gestattet haben, ein Zitat aus „Nachrichten aus einem unbekannten Universum" abzudrucken.

Für die Leser, die sich gern weiter informieren möchten, habe ich hier ein paar Tipps für weiterführende Literatur:

Frank Schätzing, „Nachrichten aus einem unbekannten Universum", Verlag Kiepenheuer & Witsch GmbH & Co. KG, Köln, 2006, deutsch
http://earthquake.usgs.gov/learn/to-pics/Tohoku2011.pdf, englisch
http://earthquake.usgs.gov/earthqua-kes/eqinthenews/2011/usc0001xgp/#summary, englisch
Sakyou Komatsu, „Nihon chinbotsu" („Japan sinkt"), Shogakukan, Tokyo, 2006, japanisch
Masaaki Kimura, „Choukyoudaijishin ha rensa suru", („Megaquake"), Kadokawagei, Tokyo, 2012, japanisch
Masaaki Kimura, „Fujizan daifunka", („Der große Ausbruch des Fuji"), Tamashima, Tokyo, 2011, japanisch
Masaaki Kimura, „Fujizan daifunka ha hajimatte iru", („Der Ausbruch des Fuji hat begonnen"), Tamashima, Tokyo, 2012, japanisch
„Fujizan daifunka", („Der große Ausbruch des Fujisan"), Newton Nr. 2/2013, japanisch
„Tokai draf choukyoudaijishin saishin soutei", („Das große Tokai-Beben, die neuesten Annahmen"), Newton Nr. 11/2012, japanisch

Über den Autor

R. W. Yamamoto ist gebürtiger Deutscher und lebt seit 2006 in Japan. Nach einem abgebrochenen Studium der Philosophie und Psychologie arbeitete er hauptsächlich im Bereich der Informatik. Mit dem Schreiben begann er schon zu Schulzeiten, eine erste Veröffentlichung erfolgte Anfang des neuen Jahrhunderts in einer Fachzeitschrift für Diabetiker, außerdem arbeitete er als Redakteur an der Firmenzeitung seines früheren Arbeitgebers in Deutschland.

In seinen Büchern befasst er sich, im Gegensatz zu vielen anderen Autoren, mit Themen, die abseits des Mainstrams liegen. Allen seinen Arbeiten ist gemeinsam, dass sie stets einen Bezug zu dem Thema Diabetes haben und die menschlichen Verhaltensweisen in den Vordergrund stellen.

Bislang veröffentlichte er seine Werke im Self-Publishing auf verschiedenen Plattformen.

Vom Autor sind außerdem bislang erschienen:

»Wie wär's mal mit was Süßem?«, eine Sammlung von Geschichten mit dem Diabetes

»Das Diabetologische Dilemma«, Berichte und Erlebnisse rund die Behandlung des Diabetes in Japan

und unter dem Pseudonym Maya del Moto

»Abgründe der Einsamkeit«, ein Roman zu den Themen Depression, Diabetes und Misshandlung.

Buchempfehlungen des Autors

Leo M. Friedrich

Schatten der Albatrosse

Print ISBN 978-3-8495-2512-5
Ebook ISBN 978-3-8495-2685-6

Nach einem bewegten Leben als Agent und Waffenhändler will Peter Bohm nur noch eines: Das Leben mit seiner Familie genießen. Doch dann verschwinden seine Kinder. Und die Entführer fordern von ihm eine Atomwaffe. Er nimmt Kontakt zu alten Freunden und Bekannten auf, die ihm bei der Suche helfen. Bald muss Bohm erkennen, dass die wahren Hintermänner nicht nur einen unglaublichen Plan verfolgen, sondern auch alte Rechnungen mit ihm begleichen wollen. Bald weiß er nicht mehr, ob er nun Jäger oder Gejagter ist.

Leo M. Friedrich

Neodym-Komplott

Print ISBN 978-3-8495-8780-2
Ebook ISBN 978-3-8495-8781-9

Neodym, eine der seltenen Erden, gehört zu den begehrtesten Rohstoffen des 21. Jahrhunderts. Um sich ein bedeutendes Vorkommen in Afrika zu sichern, geht ein chinesischer Bergbaukonzern verhängnisvolle Allianzen ein. Nach Bombenanschlägen in Marrakesch und Nairobi wird der ehemalige Agent Peter Bohm von seinen kenianischen Freunden zu Hilfe gerufen. Bald darauf gerät er selbst in höchste Gefahr. Seine Widersacher verfolgen Pläne, die weit über die Eroberung von Bodenschätzen hinausgehen.